中国科协产业技术路线图丛书
中国科学技术协会 / 主编

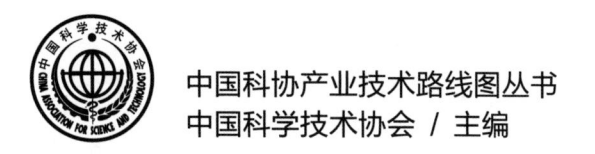

氢能领域关键材料产业技术路线图

中国金属学会 编著

中国科学技术出版社
·北京·

图书在版编目（CIP）数据

氢能领域关键材料产业技术路线图 / 中国科学技术协会主编；中国金属学会编著 . -- 北京：中国科学技术出版社，2024.6
（中国科协产业技术路线图丛书）
ISBN 978-7-5236-0701-5

Ⅰ.①氢… Ⅱ.①中… ②中… Ⅲ.①氢能 – 能源发展 – 产业发展 – 研究 – 中国 Ⅳ.① F426.2

中国国家版本馆 CIP 数据核字（2024）第 091481 号

策　　划	刘兴平　秦德继
责任编辑	杨　丽
封面设计	菜花先生
正文设计	中文天地
责任校对	张晓莉
责任印制	徐　飞
出　　版	中国科学技术出版社
发　　行	中国科学技术出版社有限公司
地　　址	北京市海淀区中关村南大街 16 号
邮　　编	100081
发行电话	010-62173865
传　　真	010-62173081
网　　址	http://www.cspbooks.com.cn
开　　本	787mm×1092mm　1/16
字　　数	271 千字
印　　张	15
版　　次	2024 年 6 月第 1 版
印　　次	2024 年 6 月第 1 次印刷
印　　刷	河北鑫兆源印刷有限公司
书　　号	ISBN 978-7-5236-0701-5 / F・1255
定　　价	88.00 元

（凡购买本社图书，如有缺页、倒页、脱页者，本社销售中心负责调换）

本书编委会

首席科学家 干 勇

项目负责人 田志凌 张少明

主　　编 张少明

副 主 编 韩 伟 顾 虎 孔祥吉

编写组成员
程佳琪 董春阳 葛 鸰 葛 亮 葛莹莹
官万兵 郭辉进 郭腾达 郭子孟 吉力强
金芳军 李 佳 李沁玲 林汉辰 林维康
刘 芳 刘 琦 刘 玮 吕超然 平韶波
宋 青 宋学平 田 艳 万燕鸣 王 蓓
吴明星 谢茜如 杨晓东 杨彦博 叶晓峰
占忠亮 张 岩 赵 欣 赵京辉

审稿专家
韩树民 黄明亮 贾礼超 李 箭 李 媛
刘建国 马天才 毛 崚 史翊翔 王绍荣
王云鹏 王子義 魏学哲 杨佳军 俞红梅
张焰峰

序

习近平总书记深刻指出，要积极培育新能源、新材料、先进制造、电子信息等战略性新兴产业，积极培育未来产业，加快形成新质生产力，增强发展新动能。产业是生产力变革的具体表现形式，战略性新兴产业、未来产业是生成和发展新质生产力的主阵地，对新旧动能转换发挥着引领性作用，代表着科技创新和产业发展的新方向。只有围绕发展新质生产力布局产业链，及时将科技创新成果应用到具体产业和产业链上，才能改造提升传统产业，培育壮大新兴产业，布局建设未来产业，完善现代化产业体系，为高质量发展持续注入澎湃动能。

中国科协作为党和政府联系科学技术工作者的桥梁和纽带，作为国家推动科学技术事业发展、建设世界科技强国的重要力量，在促进发展新质生产力的进程中大有可为也大有作为。2022年，中国科协依托全国学会的学术权威性和组织优势，汇聚产学研各领域高水平专家，围绕信息技术、生物技术、先进制造技术、现代交通技术、空天技术等相关技术产业，以及生命健康、新材料、新能源等相关领域产业，开展产业技术路线图研究，研判国内外相关产业的整体发展态势和技术演进变革趋势，提出产业发展的关键技术，制定发展路线图，探索关键技术的突破路径和解决机制，以期引导广大科技工作者开展原创性、引领性攻关，为培育新质生产力奠定技术基础。

产业技术路线图重点介绍国内外相关领域的产业与技术概述、产业技术发展趋势，对产业技术需求进行分析，提出促进产业技术发展的政策建议。丛书整体兼顾科研工作者和管理决策者的需要，有助于科研人员认清产业发展、关键技术、生产流程及产业环境现状，有助于企业拟定技术研发目标、找准创新升级的发展方向，有助于政府决策部门识别我国现有的技术能力和研发瓶颈、明确支持和投入方向。

在丛书付梓之际，衷心感谢参与编纂的全国学会、学会联合体、领军企业以及有关科研、教学单位，感谢所有参与研究与编写出版的专家学者。真诚地希望有更多的科技工作者关注产业技术路线图研究，为提升研究质量和扩展成果利用提出宝贵意见建议。

前 言

氢能是一种来源丰富、绿色低碳、应用广泛的二次能源。积极发展氢能，引导高碳排放制氢工艺向绿色制氢工艺转变，是能源革新发展，实现碳达峰、碳中和的重要举措。氢能产业链较长、分散且复杂，涵盖氢能端及燃料电池端，涉及新能源、新材料、新工艺、新技术、新制造，整个产业链涉足领域众多，需要多方的强强联合，加强战略创新，开放创新资源，凝聚攻关合力，突破氢能领域的核心技术和关键材料瓶颈，加速产业升级壮大，从而实现氢能产业链良性循环和创新发展。

2022年3月23日，国家发展改革委、国家能源局联合印发了《氢能产业发展中长期规划（2021—2035年）》，标志着我国氢能产业领域拥有了一份长期纲领性文件。在该规划和"碳达峰、碳中和"目标的指引下，氢能正在逐步成为全球能源转型发展的重要载体之一，是深入推进能源生产和消费革命，构建清洁低碳、安全高效的能源体系的重要一环。以先进制氢材料、高效储氢材料和高性能氢燃料电池材料为代表的氢能关键材料在一定程度上决定了中国氢能产业的发展速度，是需要首先突破的技术瓶颈。

在先进制氢材料方面，当前的电极材料存在价格昂贵、比表面积不大、电催化活性低等缺点，导致电解电极析氢电位过高、能耗过大，严重制约了电解水制氢技术的发展。在高效储氢材料方面，高压气态储氢使用方便、成本低，但增压能耗高，安全风险大；液氢需要提供极低温度，当前技术水平会造成液氢较大程度的挥发损失，相对不经济；固态合金储氢具有安全、高效、低压等优点，是储氢材料领域的前沿研发方向，有望成为主流的储氢方式。在高性能氢燃料电池材料方面，电堆是整个燃料电池系统的核心，包括由膜电极、双极板构成的各电池单元，以及集流板、端板、密封圈等组件。膜电极的关键材料是质子交换膜、催化剂、气体扩散层，这些部件及材料的耐久性及其他性能决定了电堆的使用寿命和工况适应性。近年来，我国的氢燃料电池技术研究较为活跃，主要集中在电堆、双极板、控制技术等方面，在一些技术方向具备了与发达国家"比肩"的条件。但整体来看，我国在氢燃料电池系统、组件、控制技术、电极等方面的发展不够均衡，所掌握的核心技术水平、综合技术体系尚不及具有领先地位的国家，一些国际性企业在燃料电池系统、电池组件与加工、控制技术等方面仍居于世界领先地位。

由于氢能领域关键材料涉及面很广，材料种类繁多，技术差异性大，本书基于国内外氢能与燃料电池技术与产业发展的现状及需求分析等，结合"技术–产品–产业"的发展过程，首先从目前关注度最高、涉及的关键材料较为集中的燃料电池环节入手，整理分析了质子交换膜和固体氧化物燃料电池系统的关键材料现状与研究进展，对未来一段时间内的技术与产业发展趋势进行了科学的判断和预测，给出了其产业技术路线图，并提出应优先发展的关键材料、主导产品产业及其相互关系，对于指导、推动我国氢能与燃料电池产业持续、健康、快速发展具有较大的参考价值。

全书的总体构思合理，内容翔实，逻辑清晰。感谢参与本书各章节撰写的专家和编辑们，是他们的辛勤工作和热血付出使得本书得以及时完成和出版。同时感谢编委会成员们，感谢他们在题目范围、方案评估及细节指导等方面的悉心教导和真诚帮助。

当今，氢能领域关键材料的产业技术发展极其迅速，其涉及的相关基础研究和工程应用研发内容繁杂多元，产业发展态势日新月异。本书虽经多次修改，但仍难如人意，有些理论与技术仍在探讨中，书中难免有疏漏和不足之处，敬请广大读者批评指正，提出宝贵意见和建议。

干 勇

中国金属学会

2024 年 6 月于北京

目录

第1章 氢能及燃料电池产业概述 /001
    1.1 氢能与燃料电池简介 /001
    1.2 氢能产业战略历程 /008
    1.3 氢能与燃料电池产业发展现状 /011

第2章 燃料电池产业需求分析和发展趋势 /019
    2.1 需求分析 /019
    2.2 发展趋势 /025

第3章 燃料电池产业技术路线图制定依据与方法 /034
    3.1 任务与愿景 /034
    3.2 燃料电池产业技术范围和边界 /035
    3.3 产业技术路线图制定过程及方法 /037

第4章 质子交换膜燃料电池电堆及系统 /039
    4.1 概述 /039
    4.2 质子交换膜燃料电池电堆 /042
    4.3 质子交换膜燃料电池系统 /047
    4.4 质子交换膜燃料电池电堆及系统发展现状和趋势 /064
    4.5 质子交换膜燃料电池电堆及系统产业化发展路线 /068

第5章 质子交换膜燃料电池关键部件与材料　　/ 079
  5.1 膜电极　　/ 079
  5.2 质子交换膜　　/ 093
  5.3 催化剂　　/ 102
  5.4 气体扩散层　　/ 109
  5.5 双极板　　/ 117
  5.6 密封材料　　/ 135

第6章 固体氧化物燃料电池电堆及系统　　/ 144
  6.1 概述　　/ 144
  6.2 固体氧化物燃料电池电堆　　/ 146
  6.3 固体氧化物燃料电池系统设计及集成　　/ 152
  6.4 固体氧化物燃料电池电堆及系统发展现状和趋势　　/ 161
  6.5 固体氧化物燃料电池电堆及系统产业化发展目标　　/ 168

第7章 固体氧化物燃料电池关键部件与材料　　/ 173
  7.1 单电池　　/ 173
  7.2 电解质材料　　/ 184
  7.3 阳极材料　　/ 190
  7.4 阴极材料　　/ 200
  7.5 电堆关键材料　　/ 206

附录 燃料电池关键材料产业技术路线图　　/ 219
  附表1 质子交换膜燃料电池产业总体目标路线图　　/ 219
  附表2 质子交换膜燃料电池关键材料产业技术路线图　　/ 221
  附表3 质子交换膜燃料电池产业资源平台建设路线图　　/ 227
  附表4 固体氧化物燃料电池关键材料产业技术路线图　　/ 228

第 1 章
氢能及燃料电池产业概述

1.1 氢能与燃料电池简介

氢能作为一种灵活高效、清洁低碳的可再生能源在全球的能源体系中占据着越来越重要的位置，无论是从应对能源危机、环境污染的角度，还是从保障能源安全的角度，氢能在众多国家的战略地位愈加牢固。2020年，中国向世界宣示了2030年"碳达峰"与2060年"碳中和"的目标。"双碳"目标的承诺将加速我国能源体系由以化石能源为主向以可再生能源为主转型升级，以氢能为代表的可再生能源在我国能源体系中的地位愈发重要。2022年，国家发展改革委、国家能源局联合印发了《氢能产业发展中长期规划（2021—2035年）》，明确提出氢能是未来国家能源体系的重要组成部分和用能终端实现绿色低碳转型的重要载体，氢能产业是战略性新兴产业和未来产业重点发展方向。未来，氢能将在我国新一轮能源改革进程中扮演重要角色。燃料电池是将燃料（通常为氢）与氧化剂（通常为氧气）的化学能通过电化学反应直接转换成电能的发电装置，被认为是实现氢能高效利用的最佳能源转换技术，是利用氢能解决未来人类能源危机的终极解决方案之一。随着氢能的快速发展，氢能及燃料电池产业和其他产业深度融合趋势明显，不断涌现出新的技术及发展方向，对解决目前全球面临的能源短缺和环境污染等难题提供了非常有前景的解决方案。

1.1.1 氢能

氢能是氢的化学能，即氢元素在物理与化学变化过程中所释放的能量。氢能是一种来源丰富、绿色低碳、应用广泛的二次能源，氢气可以通过燃料电池转化成电能，应用于汽车、火车、船舶和航空等领域；也可单独作为燃料气体或化工原料进入发电、冶金、化工、建筑等领域。在氢能的应用过程中，氢与氧反应只生成能量和水，不会生成化石能源使用过程中产生的污染物和二氧化碳,可以真正实现零碳排放。因此,氢能是除电能外唯一可广泛应用的零碳终端能源。

从清洁低碳角度看,大规模电气化是我国多个领域实现降碳的有力抓手,例如交通领域的电动汽车替代燃油汽车,建筑领域的电采暖取代传统锅炉采暖等。然而,仍有部分行业是难以通过直接电气化实现降碳的,最为困难的行业包括钢铁、化工、公路运输、航运和航空等。氢能具有能源燃料和工业原料双重属性,可以在上述难以深度脱碳的领域发挥重要作用。

从安全高效角度看,首先,氢能可以促进更高份额的可再生能源发展,有效减少我国对油气的进口依存度;其次,氢能可以进行化学储能和运输,实现能源的时空转移,促进我国能源供应和消费的区域平衡;此外,随着可再生能源电力成本的降低,绿色电能和绿色氢能的经济性将得到提升,被大众广泛接纳和使用;氢能与电能作为能源枢纽,更容易耦合热能、冷能、燃料等多种能源,共同建立互联互通的现代能源网络,形成极具韧性的能源供应体系,提高能源供应体系的效率、经济性和安全性。

1.1.2 燃料电池

燃料电池是一种把燃料中的化学能通过电化学反应直接转化为电能的能量转化装置,是氢能使用最普遍的能量转化方式。与传统火力发电厂通过锅炉、汽轮机、发电机组的多步能量转化不同,燃料电池直接将燃料中的化学能转化为电能,中间不经过燃烧过程,工作时不涉及做功和其他形式的能量转化过程,因而不受卡诺循环限制,因此能量转化效率非常高。同时,燃料电池运行时产生的有毒有害气体极少,可以有效减少环境污染,灵活性高,使用寿命长。因此,从节约能源和保护生态环境的角度来看,燃料电池是最有发展前途的发电技术。

1. 燃料电池特点

与传统能量转化技术相比,燃料电池技术拥有诸多优势和特点,因而有巨大的应用前景。

1)发电效率高

燃料电池可直接将化学能转化为电能,不受卡诺循环的限制,发电效率更高。在理论上它的热电转化效率可达85%~90%,但电于电化学反应中存在的各种极化的限制,燃料电池实际工作时的发电转化效率在40%~60%。但若实现热电联供,燃料的总利用率可达80%以上。

2)燃料范围广

对于燃料电池而言,只要含有氢原子的物质都可以作为燃料,例如天然气、石油、煤炭等化石产物,或是沼气、酒精、甲醇等,因此燃料电池非常符合能源多样化的需求,可减缓主流能源的耗竭,保障能源安全。

3)环境污染小

燃料电池以天然气等富氢气体为燃料时,二氧化碳的排放量比热机过程减少40%以上,这对缓解地球的温室效应非常重要。另外,由于燃料电池的燃料气在反应前必须脱硫,而且按电化学原理发电,没有高温燃烧过程,因此几乎不排放氮和硫的氧化物及粉尘等污染物,减轻了对大气的污染。

4)噪声低、可靠性高

燃料电池的结构简单、紧凑,运动部件少,因而工作时安静,噪声很低。即使在 11 MW 级的燃料电池发电厂附近,所测得的噪声也低于 55 dB。同时,当燃料电池的负载有变动时,会很快响应。无论处于额定功率以上过载运行或低于额定功率运行,它都能承受且效率变化不大,具有很高的可靠性,可作为各种应急电源和不间断电源使用。

5)兼容性好、规模可调节

燃料电池具有常规电池的技术特性,既可用多台电池按串联、并联的方式向外供电,也可用作各种规格的分散电源和可移动电源。因此燃料电池的发电规模通过调整单电池的数目,可进行规模调节,实现微瓦至兆瓦规模的发电。

2. 燃料电池分类

燃料电池种类众多,目前普遍根据电解质类型的不同进行分类,主要包括碱性燃料电池(alkaline fuel cells,AFC)、磷酸燃料电池(phosphoric acid fuel cell,PAFC)、熔融碳酸盐燃料电池(molten carbonate fuel cell,MCFC)、固体氧化物燃料电池(solid oxide fuel cell,SOFC)和质子交换膜燃料电池(proton exchange membrane fuel cells,PEMFC)五种。其中,质子交换膜燃料电池和固体氧化物燃料电池是全球燃料电池应用与推广的最主流技术,其他类型燃料电池受技术水平及市场应用等多因素影响,尚未进入商业化阶段,在本书中不展开叙述。质子交换膜燃料电池凭借其高质子传导性、可低温操作、快速启动及关闭等优势,是目前全球最主要的燃料电池类型,占全部燃料电池出货量的80%;固体氧化物燃料电池主要优点是不使用贵金属催化剂、运行温度高、余热温度高、适合热电联产,其近年来的发展速度非常快,普遍认为未来会与质子交换膜燃料电池一样得到广泛普及应用。

1）质子交换膜燃料电池（PEMFC）

质子交换膜燃料电池是由纯氢作为燃料，纯氧或空气作为氧化剂，将存在于燃料中的化学能通过电化学反应直接转化为电能（直流电）、热和反应产物（水）的电化学能量转化装置。

质子交换膜燃料电池的单电池结构主要由双极板（bipolar plates，BP）和膜电极（membrane electrode assembly，MEA）组成，如图1.1所示，其中膜电极包括阴极、阳极和聚合物电解质膜。在燃料电池中阴极、阳极通常为多孔结构，一般统称电极，由气体扩散层（gas diffusion layer，GDL）和催化层组成。气体扩散层、催化层和聚合物电解质膜通过热压过程制备得到膜电极组件。中间的质子交换膜起到了传导质子（H^+）、阻止电子传递和隔离阴阳极反应的多重作用；两侧的催化层是燃料和氧化剂进行电化学反应的场所；气体扩散层的主要作用为支撑催化层、稳定电极结构、提供气体传输通道及改善水管理；双极板的主要作用是分隔反应气体，并通过流场将反应气体导入燃料电池中，收集并传导电流，支撑膜电极，以及承担整个燃料电池的散热和排水功能。

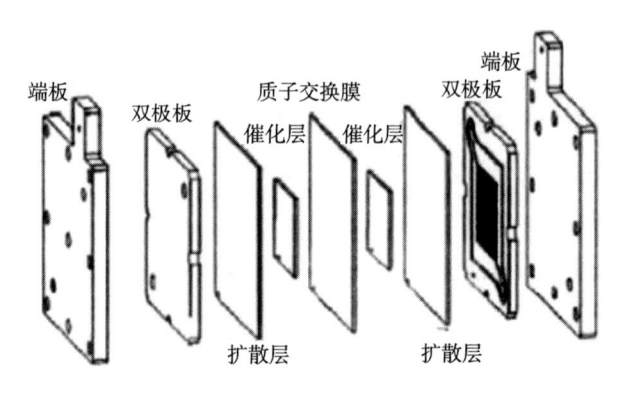

图1.1 PEMFC的单电池结构

质子交换膜燃料电池的工作原理如图1.2所示。氢气在阳极催化剂作用下，解离为氢离子并释放出电子。氢离子穿过质子交换膜到达阴极，电子则通过外电路到达阴极。电子在外电路形成电流，通过适当连接可向负载输出电能。氧气在阴极催化剂作用下，与氢离子及电子发生反应生成清洁无污染的水，同时释放热量。

燃料电池电堆通常包括由膜电极、双极板和密封件构成的各电池单元，以及集流板、绝缘板、端板、紧固件等，如图1.3所示。燃料电池电堆由多个单电池以串联方

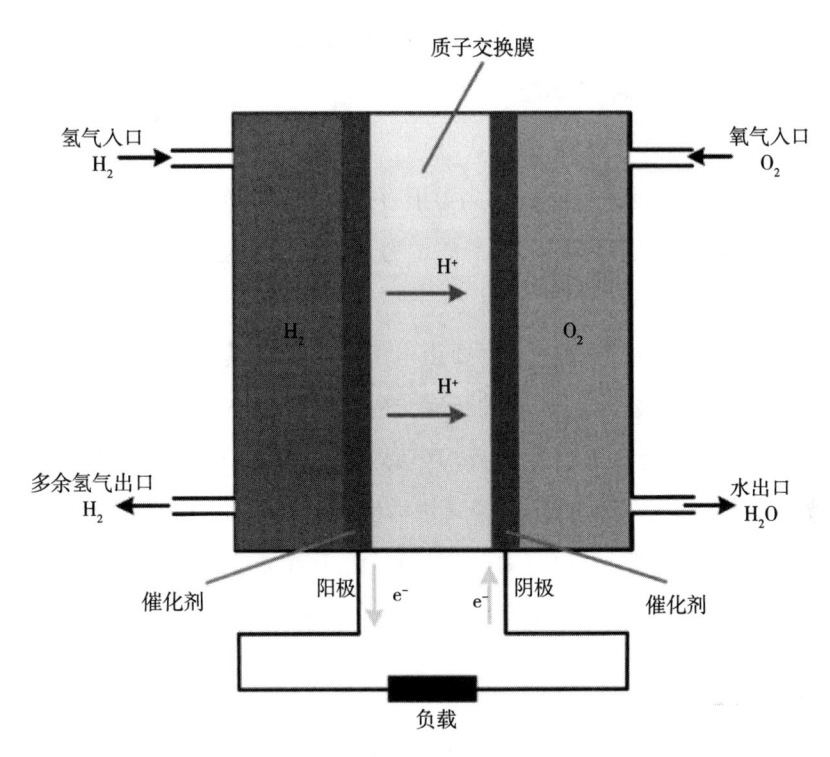

图1.2 质子交换膜燃料电池的工作原理示意图

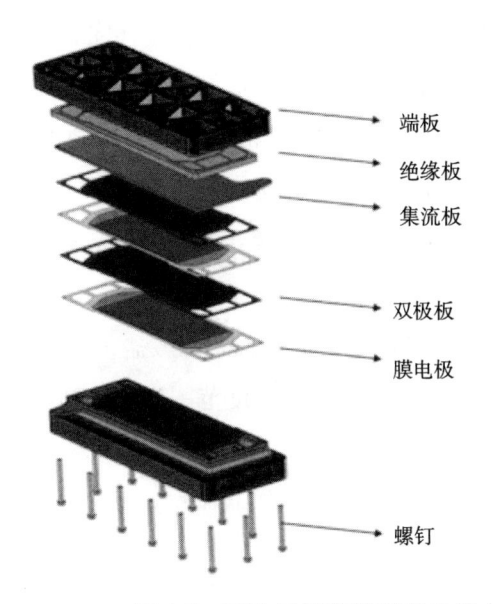

图1.3 质子交换膜燃料电池电堆主要组件

式层叠组合构成,将双极板与膜电极组件交替叠合,各单电池之间嵌入密封件,经前后端板压紧后用螺杆紧固住组装而成。电堆作为燃料电池系统的核心,是电化学反应的场所，其使空气系统输入的空气和氢气系统输入的氢气进行化学反应产生电，电堆主要技术指标是体积比功率及寿命。

2）固体氧化物燃料电池（SOFC）

固体氧化物燃料电池是一种在中高温下直接将储存在燃料中的化学能高效、环境友好地转化成电能的全固态能量转化装置，通过中高温电化学反应直接将燃料的化学能转化为电能。

固体氧化物燃料电池的单电池主要由电解质隔膜及其两侧的阴阳电极构成，其中，电解质隔膜必须具备高的气密性，完全隔离阴极的空气和阳极的燃料气。阴极和阳极则具有多孔结构，不仅促进反应气体的传输，而且可以增大反应面积。根据电解质隔膜传导离子的类型，固体氧化物燃料电池可以分为氧离子传导型SOFC（O-SOFC）和质子传导型SOFC（H-SOFC），由于氧离子传导势垒比质子传导势垒高，O-SOFC一般在650~1000℃高温区间运行，H-SOEC则在相对较低的500~650℃下运行。

3）其他类型

碱性燃料电池（AFC）的电解质为氢氧化钾等碱性水溶液，燃料为纯氢，氧化剂为纯双氧水，工作温度低于260℃，发电效率为50%~60%。其优点为启动快，室内常温下工作，缺点为需要纯氧作为氧化剂、成本高，主要应用于航天领域。

磷酸燃料电池（PAFC）的电解质为磷酸水溶液，电解质腐蚀性强，燃料为天然气、油、甲醇等，氧化剂为空气，工作温度范围为1~210℃，发电效率为40%~50%。优点为对二氧化碳不敏感，缺点为对一氧化碳敏感，起动慢，成本相对较低，主要应用于特殊地面。

熔融碳酸盐燃料电池（MCFC）的电解质为熔融态碳酸盐，电解质腐蚀性强，燃料为天然气、甲醇、煤气，氧化剂为空气，工作温度范围为600~700℃，发电效率高达65%。其最大优点是能用空气作氧化剂和用天然气或甲烷作燃料，但其工作温度很高，主要用于潜艇。

1.1.3 燃料电池的发展与应用

1839年，英国物理学家威廉·罗伯特·格罗夫（William Robert Grove）发明了世界上第一个燃料电池装置。他制作的气态伏打电池，实现了氢气与氧气反应发电，并指出强化气体、电解液与电极三者之间的相互作用是提高电池性能的关键。格罗夫的设计使用了硫酸溶液作为电解质,其形式更类似于现在的铅酸电池。直到 1955 年,在通用电气化学工程师 W. 汤玛斯·葛卢布(W. Thomas Grubb)的改进之后,以磺化聚苯乙烯离子交换膜为电解质的燃料电池才真正问世。而三年后,其通用电气同事李奥纳德·尼德拉克(Leonard Niedrach)进一步将铂带入交换膜作为还原反应的催化剂,并将其命名为"Grubb–Niedrach 燃料电池",至此也奠定了现代质子交换膜燃料电池的雏形。20 世纪 70 年代之后,在环境保护和能源需求的双重压力下,尤其是 1973 年石油危机的暴发,让世界各国开始正视能源的重要性,更加激发了科学家对燃料电池技术的研发热情,以净化重整气为燃料的磷酸型燃料电池,以净化煤气、天然气为燃料的熔融碳酸盐型燃料电池以及固体氧化物电解质燃料电池等相继被开发。

中国从 20 世纪 50 年代开启燃料电池的研究,到 20 世纪 70 年代,燃料电池研究达到高潮,但研究一度中断。20 世纪 90 年代,在国际能源需求告急以及国内环境恶化的情况下,中国的燃料电池开发再度成为热门领域。2019 年,氢能技术首次写入政府工作报告,此后,中国燃料电池产业处于加速发展阶段。中国的燃料电池技术和产业已经有了较为成熟的基础,投资不断增加,目前的重点是提高燃料电池的效率和降低成本,努力推动燃料电池向产业化、商业化方向更快地发展。

20 世纪 60 年代,随着航天工业的发展,燃料电池作为主电源系统被成功应用到航天飞行中。进入 70 年代后,随着技术的不断进步,燃料电池也逐步被运用于发电和汽车。时间迈入 21 世纪,燃料电池的应用场景已十分广泛和多元化,主要在交通运输领域、建筑领域和电力领域。交通运输领域是燃料电池最重要的应用领域,主要应用于乘用车、商用车(轻卡、中重卡、客车等)、专用车(叉车、环卫/物流车、特种车等)等道路运输领域及船舶、航空、轨道交通等其他交通运输领域。建筑领域需要消耗大量的电能和热能,燃料电池通过热电联产的方式,可以在为建筑发电的同时,回收余热用于供暖和热水。燃料电池在建筑领域的应用主要集中在大型商用分布式供能和小型家用热电联产。燃料电池可以通过氢–电转化的方式应用于电力领域,实现电力系统的削峰填谷。燃料电池也可以作为备用电源,保障孤岛、偏远地区的电力供应。随着科技进步和氢能技术的全面发展,燃料电池将会深入到人类活动的各个领域,直至走进千家万户。因此,氢能利用和燃料电池技术研究开发具有重要意义,已受到世界各国的普遍关注和高度重视。

1.2 氢能产业战略历程

截至 2023 年 6 月底,全球公布氢能战略的国家和地区达到 41 个,GDP 占全球 80%,其中制定碳中和目标的多达 35 个。

1.2.1 国外氢能产业战略历程

1. 美国

20 世纪 70 年代,氢能开始被美国政府视为实现能源独立的重要技术路线。2002 年 11 月,美国能源部发布《国家氢能发展路线图》标志着美国"氢经济"理念开始由设想阶段转入行动阶段,自路线图发布之后,氢能在美国国家能源政策相关法案中地位不断得到巩固;2006 年美国能源部制定《氢立场计划》是美国国家氢能计划逐步走向深化的重要标志,它涉及美国国家氢能发展过程中的商业化问题、各参与主体的角色扮演问题等;2009—2012 年,美国不断出台关于氢能技术与研发方面的计划书;2014—2018 年,随着全球气候压力增大及能源转型加速,美国能源部把氢能作为推动全球能源转型和应对气候变化的一种可行性技术来大力发展,深入氢能生产、运输、存储和利用方面的技术研发,以财政补贴的方式鼓励相关项目的开发;2022 年,美国能源部公布了《国家清洁氢战略和路线图》草案,确定了美国清洁氢能价值链的近、中、长期行动,该草案指出到 2050 年清洁氢能将贡献约 10% 的碳减排量,到 2030 年、2040 年和 2050 年美国清洁氢需求将分别达到 1000 万 t/年、2000 万 t/年和 5000 万 t/年;2023 年 6 月,美国正式发布《国家清洁氢战略和路线图》。

2. 日本

日本氢能源研究启动早、发展快,对于氢能产业的扶持覆盖了上下游产业,包含氢和燃料电池、家用燃料电池系统、燃料电池汽车、加氢站四个方面。过去 20 年,日本政府先后投入超过 46 亿美元用于氢能及燃料电池技术的研发和推广。整体发展历程可分为三个阶段,分别是储备期、实证期和加速发展期,不同阶段发布的各项政策相辅相成、联系紧密。

储备期(20 世纪 70—90 年代)。受全球石油危机影响,日本成立"氢能源协会"开展氢能生产、储运和利用相关技术研究,并为其提供财政支持。此后,日本政府相继出台《日光计划》《月光计划》以及《能源与环境领域综合技术开发计划》等政策,出资支持氢能及燃料电池相关技术研究。

实证期（2002—2011年）。日本《能源基本计划》持续加强对燃料电池和氢能技术的研发支持，通过示范项目验证相关技术产业化推广可行性。

加速发展期（2012年至今）。受福岛核泄漏事故影响，日本政府加速"氢能源社会"建设步伐。2013年12月，日本经济产业省（METI）成立了由行业、研究机构和政府各界代表广泛参与的氢能与燃料电池战略协会，负责提出日本氢能源政策、技术和发展方向，并制定出氢能源研发推广时间表；2013—2018年，日本政府在氢能项目上投入了近15亿美元，主要由日本经济产业省支撑；2014年7月，日本《氢能与燃料电池战略路线图》发布，并先后两次修订完善，明确了氢能具体的发展路线，量化了发展目标，进一步细化和降低了成本目标值；2015年，新能源产业技术综合开发机构出台了氢能白皮书，将氢能源定位为国内发电的第三支柱；2017年12月，日本《氢能基本战略》发布，以2030年目标为基础，提出氢能"制造、储藏、运输、利用"的全链条建设方向。2023年6月，日本内阁会讨论修订了《氢能基本战略》，提出将在未来15年内，通过政府和私营部门共同投资约15万亿日元的规模。利用燃料电池和氢气生产等日本具有优势的技术，同时实现脱碳、能源稳定供应和经济增长的目标。

3. 欧盟

欧盟早在2002年就成立了氢能和燃料电池高级专家组，次年发布了《未来氢能和燃料电池展望报告》作为纲领性文件；2004年，欧盟成立欧洲氢能和燃料电池技术平台，随后发布了《战略研究议程》和《部署战略》，提出了未来氢能和燃料电池发展的战略重点；2008年7月，欧盟批准了"燃料电池与氢能联合行动计划"（FCH-JU），通过联合行动的形式推动产业发展，2008—2014年（FP7）共投入4.89亿欧元经费用于氢能和燃料电池技术研究和市场化发展；2019年2月，FCH-JU发布《欧洲氢能路线图：欧洲能源转型的可持续发展路径》报告，为欧洲大规模部署氢能和燃料电池指明方向，提出了面向2030年、2050年的氢能发展路线图，为欧盟监管机构和行业制定明确、长期、可行、全面的脱碳路径提供依据；2020年7月，欧盟委员会发布了《欧洲氢能战略》，提出通过降低可再生能源成本并加速发展相关技术；2022年5月，欧盟委员会继续发布REPowerEU战略，该提案将此前的氢能相关目标进一步提升，体现欧盟迫切推动能源转型、摆脱对俄罗斯天然气的依赖的强烈诉求。2023年6月，欧盟委员会正式通过了可再生氢授权法案，该法案概述了欧盟对可再生氢定义的详细规则。一方面定义了氢、氢基燃料和其他能源载体在什么条件下可以被视为非生物来源的可再生燃料；另一方面附属法案提供了一种计算可再生燃料生命周期温室气体排放的方法。

4. 韩国

韩国能源安全、能源结构、经济发展状况等内外部环境与日本类似，存在能源对外依存度高、化石能源使用量占比高以及经济增长减缓等问题。近年来，韩国密集出台政策支持产业低碳化、绿色化转型，同时出台财税补贴政策、放宽标准、修订法规等系列鼓励措施，重点在交通运输和固定式发电领域，加速燃料电池商业化推广。2008年，韩国政府发布低碳绿色发展战略，先后投入3500亿韩元实施绿色新政、百万绿色家庭、绿色氢城市等示范项目，并在《韩国新能源汽车规划》《燃料电池汽车产业生态战略路线图》等规划政策中明确了燃料电池汽车发展目标；2015年，韩国环境部确定2030年碳排放量降低37%的目标，将氢能定位为未来经济发展的核心增长引擎和发展清洁能源的核心；2016年，韩国环境部发布《燃料电池车和加氢站建设补贴指南》，为每辆现代品牌燃料电池车提供购置补贴；2018年，韩国政府发布《创新发展战略投资计划》，将氢能产业列为三大战略投资方向之一，计划未来5年投入2.5万亿韩元。同年，燃料电池公交车开始在首尔、蔚山示范运行，每辆可获得2亿韩元购车补贴，地方政府根据情况为每辆燃料电池车提供1000万~1250万韩元补贴；2019年，韩国工业部联合其他部门发布《氢能经济发展路线图》，其发展目标和重点与日本《氢能与燃料电池战略路线图》具有高度相似性。该路线图提出氢经济准备期、发展期和领导期三步走战略，明确了氢气生产、储运、加氢站建设、氢能利用和安全等领域在不同发展阶段的目标和任务，提出在2030年进入氢能社会，率先成为世界氢经济领导者。

1.2.2 国内氢能产业战略历程

中国积极推动氢能产业发展，并陆续发布氢能产业发展规划及支持政策，截至2023年6月，全国31省区市有19个将氢能写入2023年政府工作报告，各地方共发布氢能政策370项。

"十一五"时期（2006—2010年），氢能与燃料电池技术被列入超前部署前沿技术。《国家"十一五"科学技术发展规划》将氢能与燃料电池技术列入超前部署技术开展重点研究。

"十二五"时期(2011—2015年),燃料电池汽车纳入国家战略性新型产业规划。2012年5月,《"十二五"国家战略性新兴产业发展规划》将燃料电池汽车纳入新兴产业重点发展方向。2012年6月,《节能与新能源汽车产业发展规划(2012—2020年)》积极推进燃料电池汽车与国际同步发展,制定实现产业化主要目标。

"十三五"时期(2016—2020年),系统化推进燃料电池汽车研发与产业化。2020年6月,《2020年能源工作指导意见》制定实施氢能产业发展规划,组织开展关键技术装备攻关,积极推动应用示范。2020年10月,《新能源汽车产业发展规划(2021—2035年)》将燃料电池汽车实现商业化应用、氢燃料供给体系建设稳步推进等纳入发展愿景。

"十四五"时期(2021—2025年),明确氢能源属性,强调燃料电池汽车示范应用,实施"以奖代补"。2021年3月,《中华人民共和国国民经济和社会发展第十四个五年规划和2035年远景目标纲要》在氢能与储能等前沿科技和产业变革领域,组织实施未来产业孵化与加速计划,谋划布局一批未来产业。2021年12月,《"十四五"工业绿色发展规划》指出加快氢能技术创新和基础设施建设,推动氢能多元利用。2022年3月,《氢能产业发展中长期规划(2021—2035年)》明确了氢能的能源属性,提出氢能产业发展基本原则、氢能产业发展各阶段目标,部署推动氢能产业高质量发展的重要举措。2023年8月,国家标准委等六部门联合印发《氢能产业标准体系建设指南(2023版)》,系统构建了氢能制、储、输、用全产业链标准体系,并明确了标准体系建设目标。

1.3 氢能与燃料电池产业发展现状

1.3.1 氢能产业链概述

氢能产业链包括上游氢气的制备、储存、运输和加注环节,中游燃料电池核心零部件环节和下游氢能的应用环节。从全球氢能发展角度看,产业已进入导入期,发展的重点在于扩大规模,降低成本,寻求适宜的商业模式。从燃料电池发展角度看,全球主要燃料电池系统厂商基本完成了燃料电池系统的性能研发,系统性能已满足使用需求。今后的研究重点集中到进一步提高性能,包括寿命、功率密度、效率等,降低燃料电池系统成本和推广商业化示范等方面。从下游应用角度来看,汽车领域,美国、日本、韩国、德国等国家或地区在氢燃料电池汽车的类型上基本都是以乘用车为主，商用车为辅；发电领域，目前全球的分布式发电用的燃料电池基本以百千瓦级和兆瓦级为主。燃料电池发电技术主要包括燃料电池发电、掺氢或纯氢燃烧发电。

1.3.2 国外发展现状

1. 美国

在氢气制备方面，美国具有氢源广、可供氢量大的特点。2022年美国氢气产量为1200多万t，主要用作工业原料。制氢方式主要为天然气制氢，其次为化工副产氢。化工副产氢主要由石油化工中的乙烯裂解炉和氯碱工业产生，集中在南部海岸的得克萨斯州和路易斯安那州，全美每天的化工副产氢产量超过4000 t。美国的制氢设施大量聚集在墨西哥湾附近，少数产氢设施零星分布在东北部、中部与西海岸。

在氢气储运方面，高压气氢、液氢与管道等多技术路线并行发展，开展有机液体储氢和固体储氢研究。美国运输部规定通过长管拖车运输的气态氢气最高压力在25 MPa以下，美国交通部正在审批关于气态运氢压力达到50 MPa。在液氢方面，全美的液氢总产能超过300 t/d，主要的生产商为空气产品公司、普莱克斯、林德、液化空气公司，产能分布从5~63 t不等，氢源为天然气制氢与化工副产氢。目前氢液化技术的成本偏高，约为1美元/kg。美国共运营超过2700 km的氢气管道，主要在墨西哥湾沿岸服务于工业氢用户高度集中的地区。由于其高建设成本，只有拥有稳定大量的需求时，管道输送氢气才具备经济性，当需求较小或不太稳定时，通常通过现场制氢、长管拖车或液氢卡车来满足需求。此外，除有机液体氢载体外，美国能源部成立了HyMARC平台在氢吸附材料、间隙储氢材料、复合储氢材料、化学储氢材料上也有一定的研究。

在加氢基础设施方面，2020—2022年美国在营加氢站数量分别为41座、49座和54座，主要位于加州。

在燃料电池核心零部件方面，美国布局燃料电池时间较早，2002年便已规划国家氢能路线，2010年后政策力度有所趋稳。美国整车、化工、机械设备与第三方燃料电池企业全面参与燃料电池各环节，目前在质子交换膜技术领域全球领先。戈尔公司成立于1958年，营业收入超30亿美元，依托四氟乙烯技术，公司成为质子交换膜领军企业，丰田Mirai、本田Clarity、现代NEXO SUV均选用戈尔公司的质子交换膜。2012年，美国更新了技术路线图，主要技术目标如下：在使用纯氢运行的

80 kW 集成 PEMFC 燃料电池动力系统当中，峰值密度提升到 850 W/L，成本下降到 30 美元 /kW。

在氢能应用方面，从燃料电池在汽车领域的应用看，美国在燃料电池应用端始于重卡，加州政府 2020 年 6 月通过了《先进清洁卡车法规》，其中规定了重卡实现零排放的时间表，从 2024—2035 年逐渐实现半数以上的新售卡车达到零排放，到 2045 年实现所有新上市卡车零排放的目标。2020 年，普拉格与康明斯公司分别开发氢燃料卡车，推进商业化应用。从燃料电池在发电领域应用看，美国主要针对 3 类应用场景进行技术研发：在备用电源领域，采用 1~10 kW 纯氢 PEMFC 系统，寿命 15 年，发电效率 60%，成本 1000 美元 /kW；在家用和商用系统领域，采用 1~25 kW 天然气 PEMFC 系统，寿命 60000 h，发电效率 45%，成本 1500 美元 /kW；在分布式发电领域，采用 100 kW~3 MW 天然气 PEMFC 系统，寿命 80000 h，发电效率 50%，成本 1000 美元 /kW。同时，在大中型工商业用供电场景中，美国清洁能源公司已开发出 50 kW SOFC 模组，通过多模组的组合最大可以做到几十兆瓦的燃料电池系统，目前产品已应用在苹果、谷歌等多家公司。截至 2022 年底，美国已有超过 160 个在营燃料电池发电机组，总产能约 260 MW。其中最大的单体燃料电池发电机组位于康涅狄格州，产能达到 16MW。

2. 日本

在氢气制备方面，日本本地制氢产能仅有 200 万 t/ 年，主要来源仍然是副产氢和天然气重整制氢。日本未来的氢能源主要考虑海外进口廉价氢气和国内可再生能源制氢。2018 年 4 月 12 日，日本川崎重工与澳大利亚政府达成一致，双方将携手开展价值 5 亿澳元、为期 4 年的煤制氢试点项目。该试点项目于 2021 年 3 月开始褐煤制氢，目的是测试将褐煤转化为氢气后液化运往日本的可行性，参与该项目的日本企业有丸红株式会社、J-Power Systems 和岩谷株式会社。其后，日本先后同文莱、挪威等开展氢能合作，日本海外制氢项目陆续落成。

在氢气储运方面，日本在技术研发与产业规模上均处于全球领先地位。日本已突破 45 MPa 高压长管拖车储运氢的技术及法规，单次的气态氢气运输能力可达到 700 kg 以上。针对长距离氢气运输，日本的海外氢能源储运主要有液化氢、有机物甲基环己烷和氢 – 氮结合运输三种方式，日本开发的澳大利亚褐煤制氢就采用氢气液化后轮船海运的方式运回日本。2019 年 11 月，川崎重工等公司使用专用船只，开始了世界首次的从澳大利亚到日本神户之间约 9000 km 液氢的运输实验，16 天时间运送到日本神户。2020年5月5日，日本方面宣布成功将氢从液态有机氢载体中提取出来，标志着世界上第一条国际氢能供应链的成功。氢气管道输送在日本和国外的工业园区已经使用了几十年。日本可以将管道氢输送与甲烷化P2G技术相结合，将氢转化为合成甲烷进行分配或直接应用。在天然气掺氢混合运输方面，由于日本管道的技术规格相比欧洲管道只允许更低混合浓度，因此日本对氢有大量集中需求地方需要新建管道系统。

在加氢基础设施方面，日本主要通过政府高额补助和企业联合开发两种方式来加快加氢站战略布局，接受补贴的加氢站的供氢能力需要按世界标准设计。截至2022年底，日本在营加氢站数量为164座，已覆盖除东北地区以外的大部分道府州县，主要位于东京都、中部、关西和北九州四个都市圈，其中东京都都市圈的在营的加氢站数量最高。这些加氢站成本大多在4亿~5亿日元，绝大多数都是日本国内本土企业所建设，新日本石油公司所建最多。按照政府制定氢能基础设施项目的补贴政策，补贴金额可达到目前加氢站投资水平的一半左右。

在燃料电池核心零部件方面，日本燃料电池技术实力全球第一。围绕功率密度、寿命、效率、续航里程等关键技术指标持续攻关，并不断更新调整技术目标与路线，设定具体的技术开发课题。根据日本发布燃料电池技术目标，2040年燃料电池电堆峰值功率工作电压 0.85 V@4.4 A/cm^2（效率69%），催化剂担载量 0.03 g/kW，0.2 A/cm^2 电流密度对应电压 1.1 V；电堆功率密度 9 kW/L（目前 3.1 kW/L）；最大工作温度 120℃；寿命大于 15 年（其中，燃料电池乘用车寿命超 15 万 km，燃料电池大巴寿命超 75 万 km，燃料电池列车寿命超 100 万 km）；续航里程 1000 km；燃料电池电堆成本 1000 日元/kW，燃料电池系统成本目标值为 2000 日元/kW（注：上述成本目标值均建立在年产量 50 万套前提下）。为实现以上技术目标，日本规划了以下技术开发课题，包括低贵金属催化剂、非贵金属催化剂、高导电性和薄质子交换膜开发，低阻力高排水性气体扩散层、耐久性高排水性双极板，密封材料，耐高温催化剂、载体、质子交换膜，极端环境下的性能和耐久性相关的技术开发等。

在氢能应用方面，日本一直是在交通运输领域中使用氢气的先行者，本土燃料电池汽车累计保有量超过 7000 辆，此外日本也确立了燃料电池汽车发展目标，即到 2025 年达到 20 万辆，到 2030 年达到 80 万辆。此外，搭载丰田燃料电池系统的大巴已实现批量化应用，物流车实现小规模使用；在家庭用热电联供方面，日本 ENE-FARM 项目商业化成功，燃料电池热电联供技术已实现产品化。厂商主要包括松下、东京燃气、爱信精机、东芝及京瓷等，实现累计装机量超过 48 万台。燃料电池发电方面，三菱、日立电力和川崎重工正在研究氢的直接燃烧及与天然气共同燃烧发电技术。

3. 欧盟

在氢气制备方面，2022年欧洲氢气产量约为1100万t。由于欧洲是可再生能源应用最为先进的地区，加上发达的工业体系，未来欧洲的氢气来源主要由电解水与天然气重整制氢（SMR）+碳捕捉（CCS）提供，此外还有生物质能制氢、太阳能制氢、废弃物制氢。电解水与天然气重整制氢是目前最便宜的制氢方法，生产成本低于2欧元/kg，加入碳捕捉系统预计将增加50%~100%的成本。在欧洲，法液空、林德和空气产品公司等全球主要天然气企业都运营有电解水与天然气重整制氢项目。

在氢气储运方面，欧盟在氢物流和运输领域处于领先地位。全球两家主要的工业气体公司法液空和林德都位于欧洲，在石油、天然气和化工行业拥有丰富的经验。欧盟地区采用的主要运输方式有三种：长管拖车、液氢、氢管道。在高压气态运输方面，林德开发了大容量管拖车，最高能在500 bar压力下运载1100 kg的氢气，预计将开发更高的压力（700 bar）的长管拖车，每次约能运输1500 kg氢气。在液氢储运方面，林德和法液空等大型工业气体公司拥有液化技术专长，具备充分的条件来开发这个市场。欧洲的一些中小型企业也正积极开发液氢载体。但几乎所有的液氢载体的技术成熟度都小于5级。在管道输氢方面，目前氢管道的成本约为100万欧元/km，欧盟正在研究建设泛欧氢网，利用现有的天然气管网进行大规模氢气储运，促进氢气运输效率与成本，并保证能源安全，意大利及德国已成功验证了天然气掺氢示范。

在加氢基础设施方面，欧洲制造商主导着全球加氢站的供应。林德、法液空、法国奈尔和麦菲等公司创建了一个集加氢站开发、部署和全球出口的生态系统。截至2022年底，仅德国在营加氢站数量为96座。至2030年，欧洲计划运营超过4500座加氢站，建设成本减少50%。欧盟各国有严格的加氢站检查团队，分为氢气加注、氢气质量、泄漏测试和流速测量四个小组，每个小组由一个主管部门和多个参与部门组成。

在燃料电池核心零部件方面，2004年1月，欧盟启动了欧洲氢能及燃料电池平台，致力于促进商业可行的氢能及燃料电池应用。2020年1月，欧盟"燃料电池与氢能联合行动计划"（FCH-JU）发布2020年招标公告，拟投入9300万欧元支持氢能和燃料电池领域24个技术主题的研究。欧盟相关企业也在积极探索燃料电池技术。燃料电池电堆方面，EKPO公司的金属双极板NM5-EVO燃料电池电堆模组功率达到 76 kW；金属双极板 NM12 Single 燃料电池电堆模组功率达到 123 kW；金属双极板 NM12 Twin 燃料电池电堆模组功率达到 205 kW。燃料电池系统方面，博世公司推出的 FCPM-C190 氢动力模块功率达到 190 kW，FCPM-C132 氢动力模块功率达到 134 kW。在双极板涂层工艺方面，PVT 公司的碳基膜层工艺的腐蚀电流在 0.6 V 电压下 < 0.05 μA/cm²，在 1.4 V 电压下 < 0.7 μA/cm²。

在氢能应用方面，燃料电池汽车方面，2022 年，德国新增超过 800 辆，主要为乘用车，阿尔斯通、西门子已下线燃料电池火车。欧洲高度重视氢冶金发展，由瑞典钢铁集团、大瀑布电力公司以及国有铁矿石生产商合资建设的绿色钢铁项目 HYBRIT 在吕勒奥的试点工厂运营。HYBRIT 项目旨在用不含化石能源的电力和氢气替代传统上用于炼钢的炼焦煤。

4. 韩国

在氢气制备方面，当前韩国氢气生产集中在蔚山、丽水、大山三个城市，主要由韩国能源公司、三星 BP 化工为代表的石油化工厂生产。同时在首尔江西、江原三陟、庆尚南道昌原投资 48.5 亿韩元建设三处分布式氢气生产基地，以这三个基地为范本，规划建立 18 个氢气生产基地。目前，韩国绝大多数的氢气为工业企业自用，外供市场的氢气仅有 26 万 t，占总产量的 13.7%。

在氢气储运方面，韩国主要以管道为主（占 88%，193 km），长管拖车占 12%。

在加氢基础设施方面，截至 2022 年底，韩国在营 168 座加氢站。为快速推动加氢网络布局，韩国贸易、工业和能源部与韩国天然气公司、现代汽车等 13 家企业联合投资 1350 亿韩元发起设立 HyNet 公司。HyNet 任务是到 2022 年建成 100 个加氢站，占韩国政府在全国建设 310 个加氢站目标的三分之一。韩国环境部将为每个新建加氢站提供 15 亿韩元的补贴以支持该项目。

在燃料电池核心零部件方面，韩国燃料电池产业链发展完善，绝大部分环节均有国内供应商，并且以现代为首的韩国巨头企业纷纷入局燃料电池。现代布局整车、系统、电堆和双极板，形成自给供应链；三星在膜电极领域积累深厚，专利数量位居世界前列；浦项制铁切入金属双极板；ILJIN Composite 开发了超轻复合氢气罐，采用碳纤维复合材料以及增强纳米复合材料内衬。

在氢能应用方面，与日本类似，韩国重点也放在燃料电池汽车和热电联供系统开发上。燃料电池汽车方面，韩国本土累计保有量约 2.9 万辆，2022 年新增超过 1 万辆。此外，现代汽车积极开发燃料电池重卡，已有近 50 辆现代 XCIENT 燃料电池重卡出口欧洲。燃料电池发电方面，韩国燃料电池发电量累计超过750 MW。其中2021年10月，全球最大燃料电池发电站在仁川市投运，产能高达78.96 MW。

1.3.3 国内发展现状

从氢气制备方面，中国是世界上最大的制氢国，根据中国氢能联盟研究院统计，2022年中国氢气产能约4882万t/年，产量约3533万t，以化石原料制氢为主，主要产能分布在西北、华北和东北地区。煤制氢产量达到1985万t，占比56.2%；其次分别为天然气制氢和工业副产氢。氢气产能主要集中在西北、华东和华北地区，合计占比74.0%。其中，西北地区产能为1571万t/年，华东地区产能为1371万t/年，华北地区产能为669万t/年。从终端消费来看，我国现有氢气产能主要存在于石化化工产业，其中合成氨、合成甲醇、石油化工是终端消费排名前三的细分领域。2022年，化工及炼化行业整体氢气消费量约2851万t。其中，合成甲醇、合成氨氢气消费量占细分领域前两位，分别约988万t和973万t，占比28.0%和27.5%；炼化和现代煤化工行业氢气消费量约890万t，同比减少5.4%。交通领域占比<0.1%。

在氢气储运方面，目前我国储运基础设施聚焦大规模、远距离开展布局，管网示范建设有序启动。高压氢气方面，中国30 MPa长管拖车已成功研发；站用98 MPa储氢罐已投入使用。液氢方面，中国首套自主知识产权的基于氦膨胀循环的氢液化系统调试成功，产量1.5 t/d；内蒙古乌海建成600 kg/d液氢项目。纯氢管道方面，甘肃首条中长距离纯氢管道主线全线贯通；河北定州—高碑店全长145 km氢气长输管道工程可行性研究启动。掺氢天然气管道方面，辽宁朝阳开展天然气管道掺氢项目示范，掺氢比例达到10%，已安全运行超过1年；宁夏宁东天然气掺氢降碳示范化工程中试项目主体完工，包括7.4 km的输氢主管线及一个燃气管网掺氢试验平台。

在加氢基础设施方面，中国加氢基础设施网络布局有序推进，再次实现建成、在营、新增加氢站数量的三个"全球第一"。截至2022年底，我国累计建成并运营加氢站358座。加氢站技术路线呈多元发展。首座同时具备天然气制氢和电解水制氢能力的制氢加氢一体站落地广东佛山；液态阳光加氢站应用示范项目在张家口启动；樱花液氢油电综合供能服务站在浙江平湖运营；全球首座低压合金储氢加氢站在辽宁兴城建成；全球首套常温常压有机液体储氢加注一体化装置在上海建成；全国首座氨现场制氢加氢一体站示范项目在福州市启动。

在燃料电池核心零部件方面，我国在燃料电池电堆单堆功率、功率密度、最低冷启动温度、寿命以及最高效率等指标均有大幅度改善。2022年，我国主流燃料电池电堆产品的功率已超过200 kW，部分产品达到250~300 kW，使用寿命大于2万小时，成本为1000~2000元/kW。膜电极、质子交换膜、催化剂、气体扩散层等关键零部件和原材料初步实现自主化，但性能相比国外先进产品有一定的差距。目前我国车用燃料电池系统的功率等级、系统功率密度、最高效率、低温冷启动等各项关键技术指标均已达到公布的国际先进技术指标水平相当的程度。燃料电池系统的电堆、空压机、DC/DC变换器、氢气循环装置、控制系统和传感器等关键零部件也已逐渐开始国产化，但商业化产品采用的核心零部件仍以进口为主，国产化性能不足，需要针对规模化市场应用进行充分的测试验证。

在氢能应用方面，随着燃料电池汽车推广进程的加快，燃料电池将在我国绿色交通体系的建设中发挥重大作用。中国燃料电池汽车以商用车为主要应用场景加速渗透，乘用车领域在冬奥实现百辆级示范应用。截至2023年6月底，我国燃料电池汽车保有量达到15758辆。随着五个燃料电池汽车示范城市群获批与启动，示范节奏不断加快，持续推动燃料电池汽车在中远途、中重型商用车领域的产业化应用。在建筑和发电领域，浙江省全国领先。截至2023年6月底，全国已建成运营燃料电池热电联产与发电项目71个，覆盖21个省（自治区、直辖市），规模达13.7 MW。其中，浙江省、广东省、山东省和辽宁省排名前四。

参考文献

[1] 韩敏芳，吕泽伟. 日本氢能与燃料电池产业现状及对我国的启示[M]// 中国车用氢能产业发展报告（2018）. 北京：社会科学文献出版社，2018：438-457.

[2] 李赫埈，吴承灿，Li H J，等. 韩国氢能政策与行业现状[M]// 中国车用氢能产业发展报告（2021）. 北京：社会科学文献出版社，2021：365-380.

[3] 李瑛，王林山. 燃料电池[M]. 北京：冶金工业出版社，2000.

[4] 朴钟震. 韩国氢能产业发展战略与支持政策的启示[M]// 中国车用氢能产业发展报告（2018）. 北京：社会科学文献出版社，2018：400-419.

[5] 詹姆斯·拉米尼. 燃料电池系统：原理、设计、应用[M]. 北京：科学出版社，2006.

[6] 赵学良. 美国氢能及燃料电池产业发展现状及启示[J]. 当代石油石化，2021，29（10）：6.

[7] 周希舟，张东杰. 欧洲氢能发展现状前景及对中国的启示[J]. 国际石油经济，2019，27（4）：6.DOI:CNKI:SUN:GJJJ.0.2019-04-003.

第 2 章
燃料电池产业需求分析和发展趋势

2.1 需求分析

2.1.1 国家需求

中国已将氢能定位为国家能源体系的重要组成部分,用能终端实现绿色低碳转型的重要载体,战略性新兴产业和未来产业的重点发展方向。燃料电池是氢能利用的一种重要形式,受到广泛关注。发展氢能和燃料电池产业,可在保障国家能源安全、实现双碳目标、加速能源和经济转型等方面发挥关键作用。

1. 保障能源安全

随着我国社会经济的发展,能源生产和消费总量持续增长(图2.1)。

我国能源禀赋以煤为主(2006年,中国煤炭保有资源量10345亿t,剩余探明可

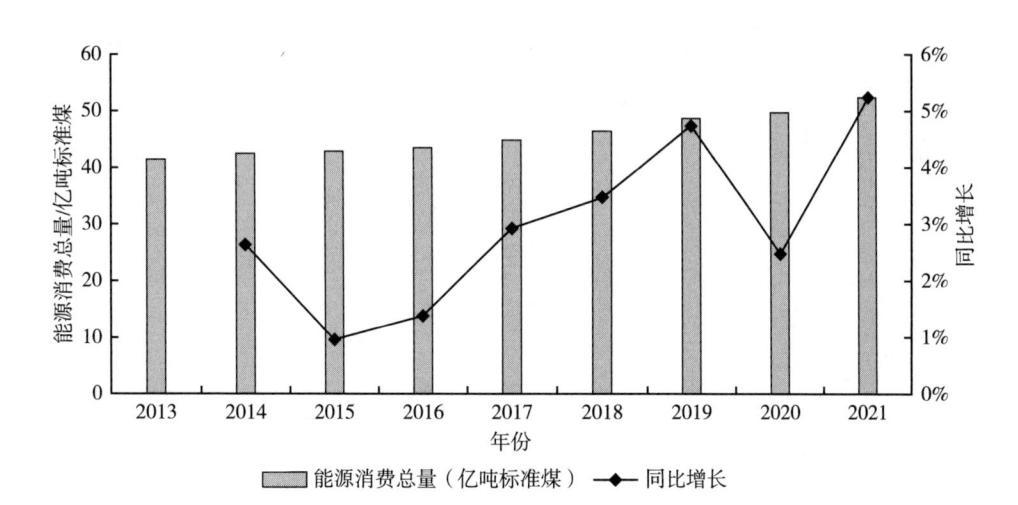

图 2.1 2013—2021年中国能源消费总量与增长情况

采储量约占世界的13%，列世界第三位），呈现出"多煤、缺油、少气"资源特征，石油和天然气对外依存度逐年增加（图2.2）。

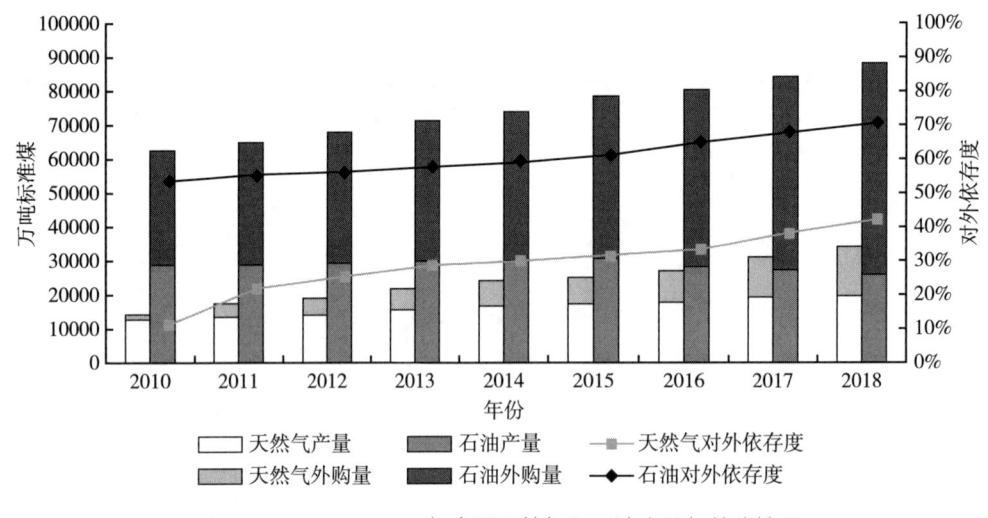

图2.2　2010—2018年中国天然气和石油产量与外购情况

在当今全球政治经济格局中，能源安全制约着我国的可持续发展和社会稳定。因此，提升能源自给率、保障国家能源安全已刻不容缓。发展氢能和燃料电池产业可为中国提供多样化的能源选择，降低对进口化石燃料的依赖。

2. 实现双碳目标

2020年9月22日，国家主席习近平在第七十五届联合国大会一般性辩论上宣布：中国将提高国家自主贡献力度，采取更加有力的政策和措施，二氧化碳排放力争于2030年前达到峰值，努力争取2060年前实现碳中和。"双碳"目标下，中国能源结构转型，氢能和燃料电池将是关键媒介。

根据国际能源署（IEA）数据，2019年我国碳排放量接近100亿t，其中电力与热力占比53%，工业占比28%，交通占比9%，建筑及其他占比10%（图2.3）。为实现碳中和目标，我国能源结构将发生显著变化，一次能源主体将由以传统化石能源为主转向以可再生能源为主；氢能借助其清洁、高效、可大规模储存等特点，将成为未来能源体系中的重要组成部分。

根据中国氢能联盟预测，在2030年碳达峰情景下，我国氢气的年需求量将达到3715万t，在终端能源消费中占比约为5%；在2060年碳中和情景下，我国氢气的年需求量将增至1.3亿t左右，在终端能源消费中占比约为20%（图2.4）。

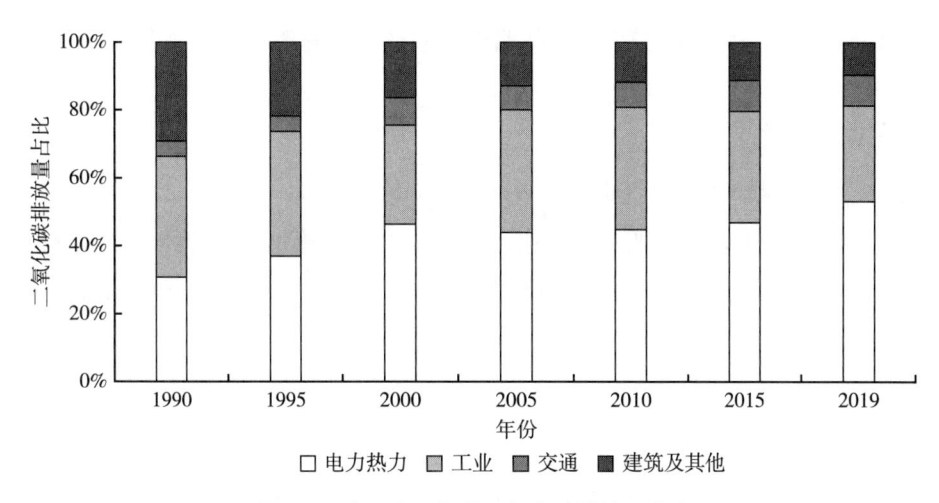

图2.3 中国主要行业二氧化碳排放量占比

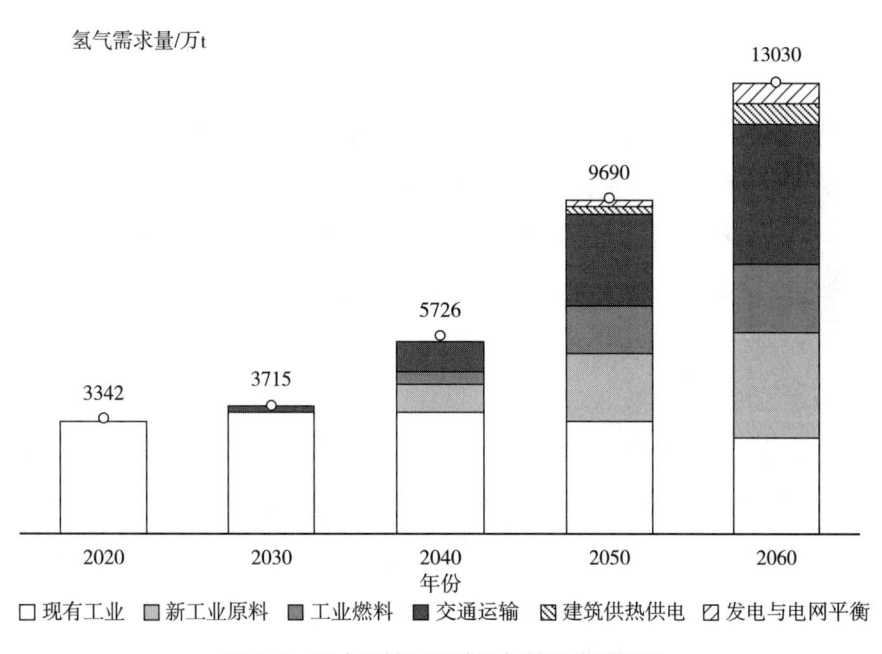

图2.4 碳中和情景下我国氢能需求量预测

3. 加速经济转型

我国正处于经济由高速增长转向高质量发展的阶段,"双碳"目标不仅是中国应对全球气候变化的郑重承诺,也是中国面向"零碳经济"时代,加速经济结构调整、持续提升经济竞争力的战略部署。

氢能和燃料电池产业科技含量高、产业链长、资本需求大,是推动我国能源结构调整、装备制造业升级和科技创新的战略性新兴产业，有望开启下一个万亿级市场。

2.1.2 市场需求

当前，随着国家级氢能产业中长期发展规划的发布以及燃料电池示范城市群政策的出台，有力保证了燃料电池市场快速、高质量发展。随着减排和环保绩效评级要求增加，燃料电池技术因其清洁高效特性，在交通、发电、建筑和工业等领域市场需求将继续扩大，成为清洁能源和可持续发展的一部分。

1. 交通领域

当前，交通运输领域的碳排放年均增速保持在5%以上，碳排放约占全国终端碳排放10%左右。与此同时，中国人均出行距离与千人汽车保有量仍远低于发达国家。交通运输部门要实现碳中和，将需要实现道路交通全面电气化，同时航空和船运逐步替换使用零碳燃料。

在道路交通领域，以燃料电池汽车协同纯电动汽车发展是实现深度脱碳的关键。与锂电池技术相比，燃料电池具有续航里程长、载重能力强、补能时间短、低温适应性好等优势，同时受政策导向影响，中国燃料电池汽车推广以商用车为主。当前燃料电池汽车的购置成本较高，是限制燃料电池市场化的主要因素之一，其中燃料电池系统是核心，成本有望随着技术进步和应用规模扩大而下降，未来具有广阔发展空间和潜力。

在轨道交通领域，燃料电池动力列车被认为是降碳的有效途径，与传统内燃机车相比，具有零排放、低噪声、高效率及可持续等特点；和电气化列车相比，具有线路选择更灵活、低成本等优势。目前氢能列车仍处于研发和试验阶段，德国于2022年正式启动第一条100 km氢动力客运火车路线，最高时速140 km，续航里程达1000 km。中国2019年研制的氢能源有轨电车在佛山高明示范运营；2021年首台燃料电池混合动力调车机车在内蒙古锦白铁路上线运行。

在船运领域，通过动力电池和燃料电池技术可实现内河和沿海船运电气化，通过生物燃料或零碳氢气合成氨等新型燃料实现远洋船运脱碳。我国在船用动力电池技术、船用直流推进技术、船用充电技术等方面都具备了比较成熟的技术水平。考虑到目前高功率燃料电池技术尚未成熟，燃料电池船只在早期阶段推广速度相对滞后于电动，但后期随着氢燃料存储优势逐步显现，燃料电池船舶市场渗透率将逐步提升至纯电动船舶水平。

在航空领域，燃料电池动力飞机处于基础性技术研发阶段，根据欧盟《氢能航空》发展规划，预计到2035年应用于中程飞机，到2050年完成中远程原型机开发。基于目前技术，燃料电池动力飞机有望成为中短距离、中小飞机飞行的减碳方案，长距离航空飞行仍须关注可持续航空燃油。但燃料电池技术有望在无人机领域率先迎来商业化发展，与燃油动力和锂电池相比，燃料电池无人机具有零排放、震动噪声小、续航里程长、能源补充快等优点，适用于基础设施巡检、广域测绘、应急搜救、农业播撒、物流配送等场景。

2. 发电和建筑领域

随着可再生能源装机规模的快速扩展，掺氢燃气轮机和燃氢轮机技术及SOFC等燃料电池技术的进步，氢作为储能和调峰电源的需求将得到释放，尤其作为季节性储能可显著提升波动性可再生能源的消纳规模。一方面，燃料电池技术可以促进电力系统负荷灵活调整，保障电网安全稳定；另一方面，可以用于分布式供能和备用电源市场，如为偏远地区提供电力、为基础设施提供备用电源等。

随着我国城镇化水平不断提高，建筑部门的能源需求快速增长。2020年中国城市化率达到63%，预计到2030年建筑部门终端能源需求达到7.9亿吨标准煤。建筑部门能源需求主要用于采暖、生活热水、炊事和各种电器设备的电能消耗。公共建筑将大量采用集中供热、先进节能保温技术，建筑节能率逐年提高，建筑采暖能耗强度指数将持续降低。建筑部门完全脱碳的难点在于供暖与炊事，尤其在季节性和每日变化的情况下，峰值热需求相当大。一方面可以通过集中空调系统供暖、电力烹饪等技术实现建筑电气化；另一方面通过燃氢锅炉和燃料电池等方式与分布式风光等可再生能源结合逐步打造零碳建筑。根据国际氢能委员会的研究，对于现有天然气为供能基础的建筑，到2030年通过燃氢锅炉供暖方式相比于热泵更具有经济性。尤其管网与电解水制氢技术结合，可以实现储能与更有效的需求波动管理，支撑清洁氢的推广应用。此外，对于部分公共及商业建筑等，燃料电池热电联产与热泵将是适合的零碳解决方案。到2060年预计20%天然气供暖需求被纯氢替代，剩余需求可以通过一定比例的掺氢实现脱碳，预计2060年建筑供热供电领域氢气消费量将达到585万t。

3. 工业领域

工业是当前脱碳难度较大的应用部门，化石能源不仅是工业燃料，还是重要的工业原料。工业燃料通过电气化可实现部分脱碳，但是工业原料直接电气化的空间有限。氢气可在氢冶金、合成氨、合成甲醇、石油精炼和煤化工等行业助力工业降碳。

此外，燃料电池系统在工业领域，特别是在需要可移动电源的领域，如材料搬运和堆垛机械等，也有市场需求。

2.1.3 技术需求

1. 行业共性技术需求

轻量化。不断提高功率密度和储氢密度，提供更长的续航里程，减小电池系统的体积和重量，以适应不同类型的交通、电力和建筑等领域应用。

延长使用寿命。燃料电池系统需要提高耐久性以在长期运行中保持性能，包括开发更耐久的电极材料、电解质和堆组件等，提高催化剂活性，以及优化工艺等。

提高效率。包括降低氢耗、减轻热管理负担等。

增强安全性。燃料电池系统需具备高度安全性，以防止氢气泄漏等情况，包括开发更安全的氢气储存技术。

优化系统集成和控制。确保整个系统的协调运行，提高效率和性能。

降低成本。燃料电池技术的高成本是阻碍其商业化的重要原因之一。降低燃料电池的制造成本，包括提高关键材料国产化率、降低贵金属催化剂成本、提高材料利用率和降低系统集成成本等。

标准化。制定统一的燃料电池标准和认证是确保产品质量和安全性的关键。

2. 国内外存在技术差距

燃料电池产业在我国发展迅速，以我国自主研发和引进国外成熟技术的厂商并存，但关键部件材料性能与生产国产化率亟待提升。从燃料电池动力系统集成度、环境适应性、可靠性和寿命、成本控制、氢气储存等技术指标来看，国内水平距离国际先进水平差距较大。产业链中电堆、膜电极、双极板等核心技术布局较少，部分关键材料还处于实验室阶段，产品的一致性和可靠性尚无法保障。空气压缩机和氢气回流泵等关键部件也已经有一些样件，但还没有稳定产能，产品供应不足且价格很高。在电堆方面，丰田 Mirai 二代电堆中的单电池数量可达 330 片，输出功率可达 128 kW，体积功率密度达到 5.4 kW/L，而国内水平通常在 3~4 kW/L。催化剂效率国内每千瓦的铂用量大概 0.3 g，国际的先进水平已经达到了 0.06 g 以下，且我国催化剂原材料严重依赖进口，国产化程度不足 25%。膜电极耐久性上，国内动态工况实测寿命在 3000 h 左右，国外已经达到了 9000 h。车载储氢瓶方面差距也很明显。国外已实现 70 MPa Ⅳ型瓶车载储氢系统商业化应用，丰田 Mirai 二代有三个 70 MPa 的高压储罐，总容量

141 L，续航高达 850 km。我国实现了 35 MPa 车载储氢系统在燃料电池商用车的商业化应用，70 MPa 车载储氢系统尚处于示范阶段。70 MPa 车载储氢系统国内以Ⅲ型瓶为主，国外以Ⅳ型瓶为主。相比Ⅲ型瓶，Ⅳ型瓶在轻量化和储氢密度方面更有优势。

2.2 发展趋势

随着技术的持续突破，燃料电池的应用场景将更加广泛，并与更多不同产业相融合。在燃料电池应用最多的交通领域，我国燃料电池商用车已进入产业化发展的初期阶段，并保持快速发展态势，国家的氢能规划也明确指出，未来氢能在交通运输领域的发展将重点推进燃料电池中重型车辆应用，有序地将燃料电池的应用拓展到新能源客、货汽车等领域，逐步建立燃料电池电动汽车与电池纯电动汽车的互补发展模式，并积极探索燃料电池在船舶、航空器等领域的应用。除交通应用领域外，未来，燃料电池在发电领域预期也将有所增加，将应用于越来越多的固定电站、备用电站及应急电站。此外，氢能储存由于其显著的优势，将成为中国新型能源系统的主要组成部分之一。由此可见，随着应用场景需求不断增长，我国燃料电池系统需求量也将随之不断增长，行业发展前景光明。

2.2.1 市场规模

现阶段，我国燃料电池产业处于商业化初期，市场规模主要由不断出台的鼓励政策及经济效益双重驱动。

1. 交通领域

道路交通领域是目前燃料电池的主要应用场景，燃料电池车系统装机功率绝对领先，且主要为质子交换膜燃料电池。

根据我国《氢能产业发展中长期规划（2021—2035 年）》，到 2025 年我国燃料电池汽车保有量将达到 5 万辆。此外，多个省市发布了氢能产业发展规划与支持政策，加快布局燃料电池汽车产业，预计 2025 年各地燃料电池汽车示范推广数量将超过 10 万辆。

根据中国汽车工程学会牵头修订编制的《节能与新能源汽车技术路线图 2.0》和产业发展状况，2030—2035 年实现氢能及燃料电池汽车的大规模推广应用，燃料电池汽车保有量达到 100 万辆左右，对比 2022 年保有量的增长空间达十年 100 倍，市场规模增长空间广阔。

根据中国氢能联盟预计，2060 年碳中和目标下燃料电池汽车预计将增加至 1100 万辆。其中，中重型燃料电池商用车 750 万辆，在全部中重型商用车中占比接近 65%；乘用车领域，2060 年燃料电池乘用车约 165 万辆，在乘用车中占比约 15%。

目前燃料电池汽车的燃料电池系统功率通常在 60 kW 以上，重卡的燃料电池系统功率甚至达到 150 kW 以上。考虑到未来燃料电池主要的应用市场是重载和长途领域的商用车，对于燃料电池功率有较高的要求，按照目前的趋势，未来单台车平均燃料电池功率达到 150 kW 的可能性极大，较目前的 60 kW 燃料电池容量将提升 150%。据此，到 2025 年、2035 年、2060 年，按照燃料电池汽车保有量分别为 10 万辆、100 万辆、1100 万辆计算，PEMFC 市场规模将达 15 GW、150 GW、1650 GW。

其他交通领域应用，包括轨交、船运、航空等，目前仍处于研发、试验以及初级应用阶段，在此不展开市场规模预测。

2. 发电领域

国内通常使用质子交换膜燃料电池和固体氧化物燃料电池作为发电系统。

《氢能产业发展中长期规划（2021—2035 年）》中明确提出"充分发挥氢能作为可再生能源规模化高效利用的重要载体作用及其大规模、长周期储能优势，促进异质能源跨地域和跨季节优化配置，推动氢能、电能和热能系统融合，促进形成可再生能源、化石能源与核能等多元互补融合的现代能源供应体系"。一方面，将在可再生能源丰富地区探索燃料电池技术发电调峰项目的研发与示范，同时结合偏远地区、海岛等用电需求，开展燃料电池分布式发电示范应用；另一方面，将在通信基站、数据中心、电网变电站等项目中推动燃料电池在备用电源领域的市场应用。此外，中长期规划中还提出我国将因地制宜布局燃料电池分布式热电联供设施，推动在社区、园区、矿区、港口等区域内开展氢能源综合利用示范。

据统计，2022 年国内燃料电池发电系统装机量接近 10 MW，同比增长 186%。预计到 2025 年，国内燃料电池发电系统市场规模可达 400 MW。

2.2.2 技术方向

为设计出高性能、长寿命、高可靠性的燃料电池，必须提升燃料电池电堆整体性能和耐久性。

1. 质子交换膜燃料电池技术方向

电堆性能衰减主要是电池中关键材料的老化、应力损伤、污染等导致其功能衰减。质子交换膜燃料电池的关键材料主要包括质子交换膜、催化剂、碳纸和双极板等。提升电堆整体性能,一方面是高耐受性材料的开发和应用,另一方面是对导致材料失效和衰减的操作模式采用适当的系统控制策略。

1）质子交换膜

质子交换膜被誉为燃料电池的芯片,是膜电极核心材料,主要功能有两个:一方面为电解质提供离子通道,另一方面作为隔膜隔离两极反应气体。理想的质子交换膜需要具备高质子传导率、低电子导电率、低气体渗透性,以及化学、电化学和热稳定性好的优点,从而提高电池效率和寿命。全氟磺酸膜是主流质子交换膜方案,产能主要集中在海外,但国产化进展正在加速,突破点在于超薄兼顾高耐久性。

2）催化剂

理想的催化剂应具有高催化活性、高质子传导率、高电子传导率和优异的水管理和气体扩散能力。目前商用催化剂是 Pt/C,降低铂载量从而降低成本和提高耐久性是催化剂的研究方向。一方面可以通过提高催化活性实现 Pt 用量降低,包括设计新型催化剂结构,如纳米笼、核壳、纳米框架、纳米线、纳米晶体,以提高催化剂比活性或质量活性;对碳载体进行适当改性,如氮掺杂,以确保离聚物非常均匀的覆盖,从而增强质子传输;基于分子排列的碳载体和催化剂/聚合物界面的改性有望改善离聚物分布和催化剂利用率。另一方面是寻找催化剂替代。

3）气体扩散层

理想的气体扩散层需要具备高导电性、多孔性、适当的亲水/憎水平衡、高化学稳定性、热稳定性和低成本。技术方向包括设计具有梯度孔径的气体扩散层,以提高膜电极本身的传质能力;采用"集成双极板-膜电极"或"无气体扩散层"设计,减少或消除界面电阻,以同时满足导电、气体分配和水管理的要求等。

4）双极板

理想的双极板需要具备高强度和刚度、高导电性和导热性、低密度和厚度、低接触电阻、良好的耐腐蚀性和低成本。技术发展方向包括优化结构多层次设计、低成本高质量智能制造、极板成形质量与电堆性能相关性,以及极板焊接和表面改性等方面。

5)辅助系统部件

氢气循环泵需要达到良好的密封性能、低震动噪声、低温冷启动、涉氢安全性、EMC抗电磁干扰、耐腐蚀性等要求。氢循环系统的发展将以高紧凑性、低能耗、无污染为目标,因此包含引射泵的氢循环系统将是未来的发展方向。

空压机需要具备效率高、体积小、无油、工作流量及压力范围大、噪声小、耐振动冲击、动态响应快等特点,发展方向包括满足系统功率增大同时降低功耗、低成本和耐摩擦的涂层材料等。

增湿器被称为燃料电池的"肺泡",起到维持燃料电池发动机性能和耐久性的重要作用。未来主流发展方向为自增湿技术,可以除去庞大复杂的外部辅助增湿设备,极大简化燃料电池系统同时减少制造成本。自增湿薄电解质膜、复合自增湿膜和自增湿流场设计是自增湿技术今后需突破方向。

2. 固体氧化物燃料电池技术方向

固体氧化物燃料电池由阳极、阴极、电解质以及连接体等部件组成。多个单体电池通过串并联形式,组合成电池堆。提升电堆整体性能,一方面是开发和应用高稳定性、高催化活性材料;另一方面是设计具有自主知识产权的高可靠电堆结构,并掌握高效系统集成、控制管理技术。

1)固体电解质材料

电解质是燃料电池的重要组成部件,主要功能为传导离子和隔绝两侧气体,其性能好坏很大程度上直接决定了燃料电池的性能。理想的电解质应具有高的离子电导率(>0.1 S/cm)和可以忽略的电子电导率($<10^{-3}$ S/cm);工作气氛下保持热稳定性和化学稳定性;高烧结活性、高致密度和较高的机械强度;与电极材料有匹配的热膨胀系数和化学相容性。技术方向包括提高离子电导率(如掺杂、开发新型半导体–离子复合材料等)、提高致密度(如加入烧结助剂)、提高机械强度等。

2)阳极材料

阳极材料的主要作用是作为电化学反应的催化剂,为燃料气体的电化学氧化提供反应场所,并将反应生成的电子及时导出到外电路。理想的阳极材料应具有高电子电导率,工作气氛下保持化学稳定性、结构稳定性和形貌尺寸稳定性,多孔结构,高催化活性等特点。技术方向包括抗积碳及低衰减以增加催化活性,如提高燃料内的水蒸气的比例、开发更具良好抗积碳性能和运行稳定性的材料;此外还包括考虑材料形貌、电子结构、催化性能之间的依赖关系等。

3）阴极材料

阴极是固体氧化物燃料电池发生氧还原反应的关键场所，多孔的阴极表面从流动的空气中捕获氧气分子，氧气分子在活性位点与由外电路而来的电子结合变成氧离子完成氧还原反应。理想的阴极材料应具有高电导率、高催化活性、足够长的三相界面保证气体的催化反应、良好孔隙率、工作气氛下保持结构和化学稳定性、与电池其他组件热膨胀系数相匹配等特点。技术方向包括提高电导率，使欧姆电阻引起的能量损失最小化；设计高度多孔的微观结构，便于气体扩散到阴极的活性位点、减少浓度梯度引起的极化损失；研究与电解质层相匹配的热膨胀系数；抑制不良的界面反应，防止阻碍电荷迁移；提高对杂质的耐受性，确保阴极长期运行的稳定性等。

4）连接体材料

典型的板式SOFC是由阳极—电解质—阴极和阳极侧及阴极侧的连接体构成。连接体作为SOFC的重要组成部件，其流场设计直接影响电池堆的传质阻力。理想的连接体材料应具有优秀的抗氧化能力、高温导电性、导热性以及化学稳定性、与其他组件相协调的热膨胀性，以及良好的气密性、优良的高温机械强度等特点。技术方向包括提高电导率，减小电流损失，并提高电池整体效率；提升稳定性，在高温、高湿度和化学腐蚀环境下长时间稳定运行以减少连接体的更换和维护成本。

5）密封材料

密封材料用于分离还原性气体和氧化性气体，并尽可能阻止二者泄漏到电池外部。理想的密封材料应具有良好的气密性、高化学稳定性、热循环稳定性、机械强度、高温绝缘性和与相邻组件接近的热膨胀系数等特性。目前平板式SOFC密封材料的技术达到稳定运行50000 h左右，未来SOFC密封材料除了具有良好的密封效果外，还必须在长期稳定性方面进行深入研究，包括新材料体系，寻找合适的层状无机材料、将多种材料进行复合制成复合密封材料；以及新型电堆结构设计，尽量减少需要密封的面积，并通过梯度、复合等结构设计缓解密封材料与相邻组件间的热应力。

2.2.3 成本趋势

质子交换膜燃料电池是当前商业化程度最高的一种燃料电池，成本构成与未来趋势较为明朗，故以下分析将集中于车用质子交换膜燃料电池。

1.成本构成

电堆把空气系统输入的空气和氢气系统输入的氢气进行化学反应产生电，是电化学反应发生的场所,也是燃料电池的核心部件。电堆性能直接关系着燃料电池动力乃至整车性能。其成本在燃料电池系统中占比 59%(图 2.5)。

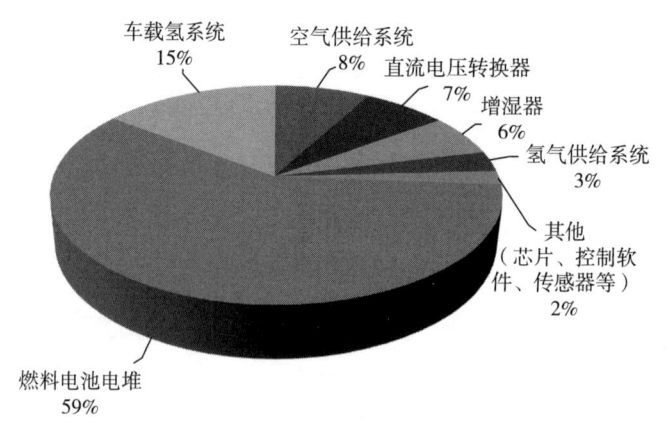

图 2.5　2022 年燃料电池系统成本构成

根据美国能源部(DOE)数据显示,当前电堆成本(千套级)主要由膜电极(>60%)和双极板(23%)构成,其中膜电极三种核心材料占电堆总成本比分别为:催化剂 36%,质子交换膜 16%,气体扩散层 12%(图 2.6)。

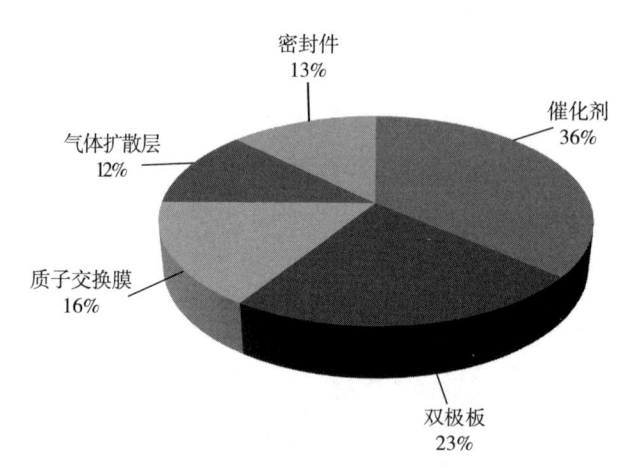

图 2.6　当前燃料电池电堆成本构成(美国能源部数据)

2. 成本趋势

1)电堆和系统

规模化推动下燃料电池电堆和系统成本降显著下降。根据美国能源部(DOE)预测,当生产规模由 1000 台套/年增长至 1 万台套/年,燃料电池进入快速降本区间,电堆（STACK）及系统（BOP）降本空间分别达60%、52%；当生产规模由1000台套/年增加到50万台套/年时，燃料电池电堆及系统成本降本空间分别达83%、75%，电堆降为26美元/kW、系统降为53美元/kW。燃料电池电堆在系统总成本中占比将随规模化逐渐降低（图2.7）。

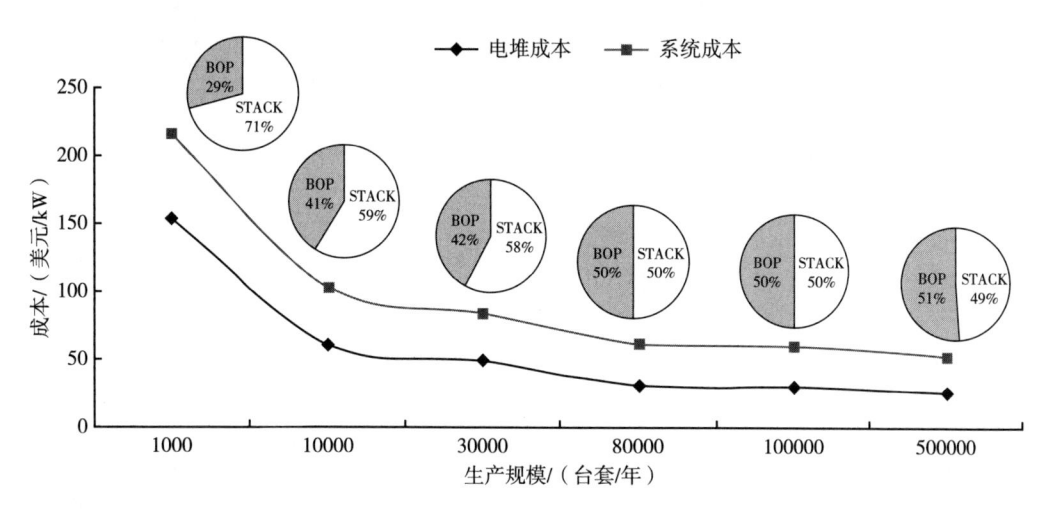

图2.7 燃料电池电堆和系统成本受规模效应影响

2）关键材料

随着量产规模不断扩大，关键材料均呈下降趋势，其中催化剂将成为电堆中最大的单一成本占比（图2.8）。

催化剂。催化剂成本60%以上来自原材料贵金属铂，规模化量产后制造环节成本会大幅降低。根据美国能源部预测，当生产规模增长至1万台套/年时，催化剂成本为43美元/g；当生产规模增长至10万台套/年时，催化剂成本为29美元/g。

质子交换膜。当前规模下，材料成本（离聚物和e-PTFE）占比约30%，制造成本占比超40%。随着生产规模扩大，材料和制造成本将呈下降趋势。根据美国能源部预测，当生产规模增长至1万台套/年时，质子交换膜成本为35美元/m³；当生产规模增长至10万台套/年时，质子交换膜成本为13美元/m³。

气体扩散层。气体扩散层由基底层和微孔层组成，其中基底层的选材和生产技术是核心，目前碳纤维是首选基材。随着生产规模扩大，制造成本呈显著下降趋势。根据美国能源部预测，当生产规模增长至1万台套/年时，气体扩散层成本为31美元/m³；当生产规模增长至10万台套/年时，气体扩散层成本为9美元/m³。

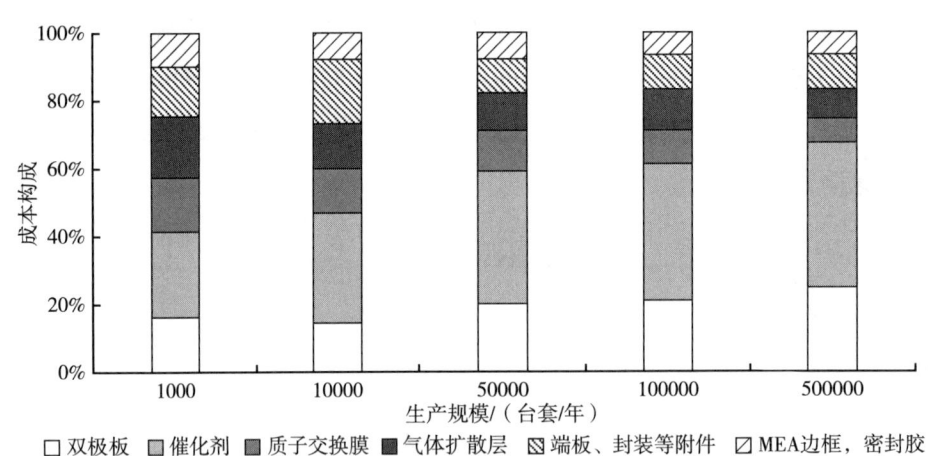

图 2.8 燃料电池电堆成本构成受规模效应影响

整体来看，未来随着国产化和规模化发展，燃料电池将进入快速降本区间。国内商用车用燃料电池系统在 2025 年、2030 年的目标成本分别为 2000 元/kW、600 元/kW，电堆材料成本也分别下降至 1200 元/kW、400 元/kW；乘用车用燃料电池系统在 2025 年、2030 年的目标成本分别为 3500 元/kW、1000 元/kW，电堆材料成本也分别下降至 1800 元/kW、500 元/kW。根据美国最新发布的《国家清洁氢战略和路线图》，重卡用燃料电池系统到 2023 年的目标成本为 170 美元/kW，到 2028 年的目标成本为 140 美元/kW，到 2036 年的目标成本为 80 美元/kW。

参考文献

[1] 白莎. 美国制定清洁氢支持新标准[J]. 石油石化绿色低碳, 2023, 8（1）: 83-84.
[2] 陈会翠, 裴普成. 车用质子交换膜燃料电池经济寿命的研究[J]. 汽车工程, 2015, 37（9）: 7.DOI:CNKI:SUN:QCGC.0.2015-09-003.
[3] 韩敏芳, 尹会燕, 唐秀玲, 等. 固体氧化物燃料电池发展及展望[J]. 真空电子技术, 2005.DOI:CNKI:SUN:ZKDJ.0.2005-04-006.
[4] 侯明, 衣宝廉. 燃料电池技术发展现状[J]. 电源技术, 2008, 32（10）: 6.DOI:10.3969/j.issn.1002-087X.2008.10.003.
[5] 刘呈则, 朱新坚. 质子交换膜燃料电池系统控制与应用现状[J]. 电力与能源, 2004, 25（3）: 99-104.DOI:10.3969/j.issn.1005-7439.2004.03.003.
[6] 刘旭俐, 马峻峰, 刘文化, 等. 固体氧化物燃料电池材料的研究进展[J]. 硅酸盐通报, 2001, 20（1）: 6.DOI:10.3969/j.issn.1001-1625.2001.01.006.

[7] 刘义鹤,江洪. 燃料电池质子交换膜技术发展现状[J]. 新材料产业,2018（5）:4.DOI: CNKI:SUN:XCLY.0.2018-05-005.

[8] 马紫峰,黄碧纯,石玉美. 质子交换膜燃料电池电催化剂研究及膜电极制备技术[J]. 电源技术,1999,23（2）:5.DOI:10.1088/0256-307X/16/12/013.

[9] 毛宗强,黄建兵,王诚,等. 低温固体氧化物燃料电池研究进展[J]. 电源技术,2008,26（2）:75-79.DOI:10.3321/j.issn:0254-0096.2005.01.026.

[10] 王绍荣,叶晓峰. 固体氧化物燃料电池技术[M]. 武汉:武汉大学出版社,2015.

第 3 章
燃料电池产业技术路线图制定依据与方法

为实现"双碳"目标,深入推进能源生产和消费革命,构建清洁低碳、安全高效的能源体系,促进氢能产业高质量发展,我国对氢能产业进行了中长期规划。燃料电池是将化学能转化为电能的能量转换机器,作为氢能消纳的关键手段,燃料电池一直受到各国政府和企业的关注,其研发、示范和商业化应用的资金投入不断增加。产业技术路线图可解决技术发展中具体细节问题,成为一种集成战略管理工具与技术规划工具,预测技术发展和产业规模,为制定相关政策提供依据,从而更好地促进氢能产业发展。

3.1 任务与愿景

随着国际局势不断变化以及国内能源发展需求,新一轮科技革命和产业变革同我国经济高质量发展形成历史性交汇。以燃料电池为代表的氢能开发利用技术取得重大突破,为实现零排放的能源利用提供重要解决方案,需要牢牢把握全球能源变革发展大势和机遇,加快培育发展氢能产业,加速推进我国能源清洁低碳转型。

氢能产业不断发展,进行技术创新,将推动燃料电池核心技术的研究和创新,建立燃料电池产学研一体化机构,提升其经济性、安全性、能量转化效率和循环稳定性;推进燃料电池产业标准化建设,制定适合我国燃料电池产业的国家标准和行业标准;完善燃料电池全产业链建设,推动关键部件与材料的国产化和规模化,加强供应链管理和协同发展,鼓励更多企业投入氢能产业链;积极探索燃料电池在交通、电力、工业等领域的应用,创立更多的典型应用示范项目,拓展燃料电池的市场需求和应用规模,构建良好氢能产业生态环境。燃料电池产业的快速发展,将为我国建立领先世界的燃料电池产业体系，保持和扩大我国在新能源领域的优势地位；氢能产业也将创造更多的就业机会，推动产业结构升级，成为重要引擎推动我国经济可持续发展；同时，也将加速我国能源结构转型，推动我国成为绿色低碳的世界大国，实现碳达峰碳中和目标愿景，在参与全球气候治理、坚持多边主义、构建人类命运共同体等行动中展现大国担当。

3.2 燃料电池产业技术范围和边界

燃料电池处于氢能产业中游。氢能产业上游为氢气的制备环节，可分为制氢、储氢、运输和加氢环节；中游主要是燃料电池及系统；下游指氢能具体应用，燃料电池车辆是氢能产业中一项重要应用。

制氢环节的清洁和降本是氢能产业大规模发展的基础。氢气制备方式主要包括化石燃料制氢、工业副产氢和电解水制氢三类。化石燃料制氢和化工副产氢属于传统路线，技术相对成熟，成本较低，但存在碳排放等问题，使得碳捕集、利用与封存、提纯等技术存在一定机遇。可再生电力电解水制氢被称为"绿氢"，是零碳排、可持续的"终极路线"，成本是制约其普及的瓶颈。目前主要的制氢方式有碱性电解水制氢、质子交换膜电解水制氢以及固体氧化物电解制氢。

储氢是影响氢能大规模发展的重要环节，是氢能领域目前的主要技术瓶颈，固态和有机液体等储氢方式发展相对较早，高压气氢和低温液氢技术相对成熟，有望率先实现产业化应用。因此，高压气氢储运使用的储氢瓶与液氢储运所需的液化设备赛道具有发展潜力。储氢领域关键部件与材料主要为储氢容器外壳材料碳纤维复合材料及储氢合金等。

加氢是通过氢气压缩机和增压泵将氢气由储氢设备转入用氢设备中，高压阀门、长寿命膜片等核心装备、关键部件与材料影响加氢站的建设成本，也会反馈到氢气价格上。

燃料电池作为一种能源转化装置，本书将进行重点介绍现阶段成熟的质子交换膜燃料电池和固体氧化物燃料电池及其关键部件与材料。质子交换膜燃料电池关键部件与材料主要为质子交换膜、催化剂、气体扩散层、双极板和密封材料。固体氧化物燃料电池关键部件与材料主要为电解质材料、阳极材料、阴极材料、金属连接体与密封材料。此外，与 SOFC 辅助部件（BOP）相关的耐热不锈钢、重整催化剂等也应引起重视。同时应重点解决材料国产化，系统成本降低，寿命提升，以及功率规模放大等关键问题，在氢能关键部件与材料领域应建立完善的国家标准，并关联相应检测手段，确保燃料电池使用安全性及经济型，使氢能产业链健全发展。

根据目前产业化应用情况，本书重点探讨燃料电池在商用车、乘用车和发电领域的应用。出于在安全问题上的考虑，交通领域遵循燃料电池商用车先发展，燃料电池乘用车后发展的特点。当前燃料电池汽车的主要示范应用集中在物流、客车等领域。未来一段时间，随着氢能基础设施不断完善，燃料电池技术突破并形成产业化，氢气的使用成本及燃料电池汽车的制造成本将进一步降低，燃料电池重卡、乘用车等类型的车辆市场占比会逐步增加。

商用车是指用于货物运输、物流配送和城市公共交通等商业领域的车辆，如货车、客车、公交车等。这类车辆具有载货量大、运行路线固定等特点，适合使用燃料电池技术，能够有效解决长途运输和城市交通拥堵等问题。燃料电池商用车的发展方向是重型货车和客车领域。其优势包括高效、环保、安全、静音和续航里程长等。然而，燃料电池商用车目前的主要问题是加氢成本较高、不够成熟的供应链和缺乏基础设施等。随着技术的不断改进和推广，燃料电池商用车未来有望逐渐替代传统燃油商用车。

乘用车是指适用于家庭、个人使用的汽车，如轿车、SUV等。燃料电池乘用车的发展方向是高端豪华车和城市代步车。燃料电池乘用车可以提供高效、环保、安全的出行方式，具有零排放、静音、高性能等优点，未来有望成为汽车行业的重要发展方向。

根据中国汽车工业协会数据，2023年上半年全国燃料电池汽车产/销量分别为2495辆和2410辆，同比增长38.4%和73.5%。其中客车占比35%，牵引车占比20%，载货车占比20%，专用车占比16%，自卸车占比5%，乘用车占比4%。

除燃料电池车外，两种燃料电池在发电领域均有应用。固体氧化物燃料电池适用于电价容许相对较高的场合，比如电网调峰电站、数据中心电源、电动车充电桩等。同时，结合环保需求，开发非常规燃料（如沼气、生物质气化气、煤层气）等的固体氧化物燃料电池系统。结合我国"双碳"目标下氢能载体燃料（甲醇、氨等）的发展潜力适当研发相关产品。未来将重点研发固定的分布式电源，热电联供或冷热电三联供产品。

3.3 产业技术路线图制定过程及方法

随着燃料电池汽车逐步推广，氢能基础设施建设逐步完善，燃料电池关键部件与材料、膜电极与单电池不断取得突破，实用性安全性进一步提升，燃料电池汽车逐步产业化。

3.3.1 基本流程

依据产业技术路线图指定的原理和方法，燃料电池产业技术路线图制定过程的核心工作是召开产业专家研讨会进行分析讨论。核心思路为：市场需求分析——技术需求分析——技术壁垒分析——产业目标分析的产业路线发展规划。

从氢能产业与燃料电池产业发展现状出发，分析国内外燃料电池产业发展现状以及在汽车与发电领域的应用，这是产业技术路线图的基础和关键。以燃料电池关键部件与材料为切入点，对市场需求进行预测，通过研究和判断未来国际形势、目标市场、社会发展等因素，对绿色清洁能源需求程度以及对燃料电池产业需求程度，给出市场需求分析结果。通过市场需求，明确燃料电池产业技术需求，从技术角度出发，分析阻碍技术发展的关键瓶颈，采用头脑风暴法，调查阻碍产业发展方向或目标实现的技术瓶颈。之后对除技术方面以外，其他影响燃料电池产业发展因素进行分析，通过成本构成和竞争格局，分析燃料电池产业的发展趋势。最后从宏观角度转化为微观视角，回到燃料电池关键部件与材料，分析各核心材料的研究进展，并进行展望。最终给出燃料电池产业技术路线图，包括相应对策与建议。

3.3.2 制定方法及原则

产业技术路线图是在产业技术规划的基础上发展起来的，是20世纪中后期逐步兴起的一种由单个产业内部诞生的技术预测和技术规划方法。产业技术路线图作为产业战略集成规划方法已经在许多发达国家和地区得到广泛应用，并证明是一个行之有效的科技创新管理工具。

产业技术规划的主要方法有：头脑风暴法、德尔菲法、情景分析法、趋势外推法、关联树法、技术路线图。技术路线图综合应用了前几种方法，成为新兴的组合式技术管理和技术规划的方法。

头脑风暴法是一种通过大家共同努力来寻求特定问题的解答的方法。在这个过程中，专家成员即兴的想法受到重视，会议过程是收集所有即兴创意的过程，且要求对任何意见和观点都不加评价，目的是尽可能地激发不同的观点和意见。本方法适用于在技术路线图制定过程各阶段中的开放性命题，如市场需求、产业目标、技术壁垒和研发需求研讨问题评定前的意见征集。

制定燃料电池产业技术路线图的原则为以下几个方面：技术路线图应该以市场需求为导向，充分考虑国内外市场的需求和发展趋势；关注国内外燃料电池产业的技术发展趋势，结合我国国情和实际，制定符合我国国情的技术路线；重点关注燃料电池产业的关键技术研发，加大研发投入，提高技术创新能力和核心竞争力；加强产学研合作，形成协同创新机制，促进技术成果的转化和产业化；制定技术路线图时应该考虑其可行性和可持续性，同时注重环境保护和资源利用效率等方面。

总之，燃料电池产业技术路线图的制定需要全面考虑技术、市场和政策等多方面因素，依据市场需求和技术趋势，制定符合国情实际的可行性和可持续性的技术路线，为燃料电池产业的发展提供指导和支撑。

参考文献

[1] 国家发展和改革委员会，国家能源局. 氢能产业发展中长期规划（2021—2035年）[R]. 2022.
[2] 王娜，王林毅. 基于头脑风暴法的创新思维培养策略[J]. 黑龙江教育（理论与实践），2017（增刊1）：87-88.
[3] 王绍荣，叶晓峰. 固体氧化物燃料电池技术[M]. 武汉：武汉大学出版社，2015.
[4] 郑开宏，等. 广东省金属基复合材料产业技术路线图[M]. 广州：华南理工大学出版社，2019.
[5] 中国氢能源及燃料电池产业创新战略联盟. 中国氢能源及燃料电池产业发展报告：碳中和战略下的低碳清洁供氢体系[Z]. 2020.
[6] IEA（2021），Hydrogen[R/OL]. https://www.iea.org/reports/hydrogen.

第 4 章
质子交换膜燃料电池电堆及系统

4.1 概述

4.1.1 质子交换膜燃料电池电堆的功能及要求

质子交换膜燃料电池（PEMFC）电堆通过电化学反应产生电能，是燃料电池系统的核心部件。由于单电池输出电压低，为获得高电压和高功率，通常将多个单电池串联组成电堆。电堆主要由膜电极、双极板、端板、集流板、紧固件、密封件等组成，下面对各部分做详细介绍。

膜电极（MEA）是膜电极组件的简称，由质子交换膜和分别置于其两侧的催化剂层及气体扩散层构成。质子交换膜两侧的电极分别是阳极催化层和阴极催化层。膜电极是 PEMFC 电堆的核心部件，是发生氧化还原反应的场所，是形成电荷转移和产生电能的源头，因此膜电极性能通常是衡量 PEMFC 电堆性能的核心技术指标。其中，质子交换膜在燃料电池中起到电解质的作用，不仅提供了质子的传输通道，而且起到阻隔阳极燃料和阴极氧化物的作用，其性能好坏直接决定 PEMFC 电堆的性能和使用寿命。催化层是含有催化剂的薄层，位于质子交换膜和扩散层中间，构成多孔电极，其主要起到 PEMFC 电化学反应催化作用。气体扩散层位于催化剂层和双极板之间，为氢气、氧气通入膜电极以及产物水排出膜电极提供通路；此外，还承担了燃料电池中的气体传质、电子传导、机械支撑以及改善水管理特性等工作，是膜电极中的关键部件。

双极板一般由两个极板组成，其中一个极板直接接触膜电极的阳极，被称为阳极板；另一个单极板直接接触膜电极的阴极，被称为阴极板。双极板的主要作用是将燃料电池串联实现电气连接、隔离相邻单电池中的气体、为电池组提供结构支撑以及传导热量。现阶段双极板的类型主要包括石墨双极板、金属双极板以及金属/石墨复合双极板。

端板是电堆的结构件，主要作用是压紧电堆内部的膜电极和双极板、支撑电堆的结构、提供流体的进出口。因此，足够的强度与刚度是端板最重要的特性。足够的强度可以保证在组装力作用下端板不发生破坏，足够的刚度则可以使得端板变形小，从而均匀地将组装力传递到双极板和膜电极上。

集流板是将电堆的电能输送到外部负载的部件。电堆的输出电流较大，一般采用导电率较高的金属材料（如铜、铝合金、钛合金等）作为集流板的基材并在其表面制备一定厚度的银或金的耐腐蚀导电涂层。集流板将电堆的电流汇集在一起，位于电堆的阴极侧和阳极侧，分别称为阴极集流板和阳极集流板。

紧固件的作用是维持电堆各组件之间的组装力，以保持电堆结构的稳定性。为了维持组装力的稳定以及补偿密封件的压缩永久变形，部分设计中端板与绝缘板之间会添加有弹性元件。

密封件的主要作用是保证电堆内部的气体和液体正常、安全地流动，一般为硫化橡胶或热塑性橡胶材料。

现阶段产业界致力将低铂载量、高性能与低成本的膜电极，高导电、导热能力的双极板和气体扩散层作为燃料电池主要的发展方向。而未来在下游应用对性能需求的提升下，各部件材料及设计都会有非常大的革新。同时，其成本下降对燃料电池发展具有至关重要的作用，而这其中最大的成本下降期望值是在膜电极和双极板。

4.1.2 质子交换膜燃料电池系统的功能及要求

质子交换膜燃料电池系统通常包括电堆和辅助系统（balance of plant，BOP）两个部分。电堆是通过电化学反应产生电能的部件，而辅助系统则是确保电堆的电化学反应能够正常、高效、可靠地工作的相应子系统。辅助系统需要为电堆的持续稳定运行提供燃料、氧化剂、冷却剂、电力变换以及相应的协同控制，按照具体的功能又可分为氢气供给循环子系统、空气供应子系统、热管理子系统以及电气控制子系统。

氢气供给循环子系统又称为氢气子系统，其主要作用是为燃料电池提供足够流量和压力的氢气用于发电，同时将从阴极跨膜传递到阳极的多余水分和惰性气体及时地排出。氢气子系统通常是将高压氢气进行减压，以满足电堆的氢气供应需求。出于经济性考虑，目前的氢气子系统大多采用循环利用的模式，将电堆阳极出口未反应的氢气再循环至电堆入口，以提高氢气利用率。在这种结构中，氢气子系统需要具备提供氢循环动力以及保障阳极持续稳定工作条件的功能。

空气供应子系统的主要作用是为电堆提供合适温度、湿度、压力和流量要求的空气，以尽可能降低环境条件的影响。电堆的性能和进气空气的流量、压力、温度和湿度等参数关系密切。较高的空气压力和流量有利于提高电堆的效率和功率密度，但过高的压力和流量会增加空气供应子系统的寄生功率，从而降低燃料电池系统的效率。同时，若进入电堆的空气流量过小，会造成"氧饥饿"，导致电堆输出电压剧烈下降，并引发电堆耐久性下降。此外，进入电堆的空气温度、湿度、压力和流量均会影响膜电极的含水量，而膜电极含水量则是影响质子交换膜传质性能的关键参数，进而影响电堆的性能，尤其是耐久性。现阶段针对燃料电池系统耐久性问题的研究主要集中在膜电极的水管理，而空气供应参数控制是膜电极含水状态管理的重要手段。

热管理子系统的主要作用是将电堆和辅助系统部件的工作温度控制在合适的范围内。对于电堆而言，热管理的主要作用包括在冷机启动时的电堆快速升温与正常运行时的热量及时排出两方面；而对于辅助系统部件而言，热管理的主要作用是利用冷却剂将压缩机控制器、DC/DC 变换器等功率器件和空压机压缩后空气的工作温度控制在合适的范围内。辅助系统的热管理相对简单，其主要目的是避免零部件和进入电堆的空气温度过高，现阶段研究的重点主要是电堆的热管理。燃料电池在正常运行时的电效率为 40%~60%，其余能量主要以热能的形式散失。若电堆内部产生的热量不能及时排出，不仅会导致电堆内部温度过高、气体相对湿度过低、电堆内温度梯度过大，进而直接影响电堆性能，并且有可能导致电堆内部局部温度过高引起电堆失效或安全问题。在正常运行时，电堆热管理子系统一般是通过冷却液循环，将热量通过散热器排至大气中。在冷启动过程中，热管理子系统一般是切换至小循环的模式，使得冷却液不通过散热器，实现电堆的快速升温，尽快达到适宜的工作温度，高效运行。而对于部分采用石墨双极板的电堆，由于电堆自身热容较大，难以依靠自身产热实现无辅助低温冷启动，通常需要配置辅助加热部件，以实现低温冷启动时的快速升温。

电气控制子系统的主要作用是通过电力变换实现燃料电池系统及外部用电端的电压兼容，并控制燃料电池系统各部件的协同高效运行，主要包括高压电气子系统和低压电控子系统。其中，高压电气子系统主要包括 DC/DC 和相应的配电部件。DC/DC 是将燃料电池输出的不稳定直流电转换为与外部母线或储能单元电压兼容的直流电，并为燃料电池辅助系统中的高压部件（空压机、氢循环泵等）提供高压直流供电。低压电控子系统主要包括传感器、执行器、控制器和低压配电部件,用于监测、控制燃料电池系统运行状况以及运行条件;驱动阀门、压缩机、氢循环泵、水泵和散热器等部件,调节并控制反应物的参数,实现电堆稳定、健康和高效地运行。其中,不同子系统之间存在复杂的强耦合关系,如何保障电堆和系统总体性能最优,是现阶段产业界亟待突破的难点领域。

在实际应用过程中,对于质子交换膜燃料电池系统的要求主要包括动力性、经济性、适装性、环境适应性与安全性等技术指标。动力性要求主要包括系统的额定功率、峰值功率、电压范围、动态响应速度和启停机时间等技术指标。经济性要求主要包括制造成本、能量转换效率、可靠性和耐久性等。适装性要求主要包括 PEMFC 系统的质量、体积或几何尺寸,以及相应的功率密度等指标。环境适应性要求主要是指PEMFC 系统运行环境的温度、湿度、海拔高度与振动等指标,以及在相应环境条件下的功率、效率和噪声等特性。安全性要求主要是满足应用条件与相应法规对电安全和氢安全的要求。具体的要求和应用条件密切相关。

4.2　质子交换膜燃料电池电堆

4.2.1　电堆设计关键因素

与传统内燃机相似,整车的功率需求、空间尺寸、寿命、成本等是质子交换膜燃料电池电堆的初始设计输入,也就是电堆设计的关键因素,本章节主要对电堆的性能和空间尺寸进行介绍。电堆的性能,可由极化曲线描述,电堆性能的高低由具体的设计和工作条件(反应气体的压力、温度、湿度)所决定。在电堆运行过程中,伴随着空气、氢气、水的流进流出,在结构设计中要重点考虑流体分配和密封的问题,同时由于电堆是多节单电池的串联,会产生高电压和高电流,电气绝缘也需要同步关注。

在流体分配上,需要考虑单池级别的分配和电堆级别的分配,单池的流体分配主要是过桥通道和流场区的设计,电池的极化现象是导致电池效率降低的原因,极化来源包括反应气体的电催化反应、电子和质子传导以及产物水的传输等,可以分为活化极化、欧姆极化、传质极化三个过程,针对不同的极化过程对单池单元性能进行优化,是进行电堆性能设计的重要过程。电堆的流体分配主要是基于单池单元的性能设计，进行单池节数的放大设计，节数增多，要满足流体分配的一致性，就需要通过电堆公用管道来解决。所以双极板流场的设计、公用管路设计都是电堆设计的重要考量。合理的流体分配对反应气体、水以及热量等的分布产生相应影响，有助于电堆性能的提升。

在密封设计上，电堆是将多节的双极板和膜电极组合起来的，为避免反应气体和冷却剂之间的互相窜漏或外漏，需要在密封件上外加组装力，密封件通常是橡胶材质，设计过程中需要考虑组装力和密封件的对应变化，既可以达到密封要求，又能满足双极板和膜电极的接触要求。

在电气绝缘上，需要考虑单池之间的绝缘和电堆对外部环境的绝缘。单池的绝缘设计往往是通过增加膜电极边框长度来实现双极板之间隔离的，电堆对外部环境的绝缘则是通过增加绝缘板等结构实现集流板和外界的隔离。

电堆的空间尺寸设计要满足应用端的需求，设计燃料电池电堆的第一步就是根据其功率需求确定其活性面积和电池组的个数，其中应用需求中的输出功率、电堆电压或电压范围、期望效率、体积和重量等，这些要求可能相互冲突，所以电堆的尺寸设计通常会采用折中的方案来满足关键要求。电堆的体积优化可以从结构设计和优化材料等方面展开。仿真和实验结果表明，长条形的电堆更有利于实现压力的均匀分布，增大长宽比也有助于减小电流密度的趋肤效应作用。减小封装力矩可以减小承压端板的厚度进而降低电堆长度。在考虑气体、液体均匀分配的基础上，通过长进气口有利于达到更好的气体均一性。减小体积最为有效的方式即采用更薄的双极板，实现电堆整体长度的降低。通过密封件和膜电极的结构设计，实现更紧凑的结构，也可以降低整体体积。

4.2.2 电堆的制备

质子交换膜燃料电池电堆的组装过程是将端板、集流板、绝缘板、双极板、膜电极等按特定顺序堆叠并加以紧固。组堆的难点在于堆叠过程中保证单电池的一致性、电堆的密封性等。按照组装过程大致可以概括为以下步骤：定位—堆叠和预装配—电堆压合—泄漏测试—电堆紧固—性能测试—成品。

1. 定位

在电堆堆叠过程中，双极板和膜电极会发生相对位移，当发生错位时，会产生部件的变形，影响双极板和膜电极的接触状态，严重时也可能致使气体外漏或窜漏，目前使用内定位机制和外定位机制实现电堆的对正，确保窜动量在规定的公差范围内。

2. 堆叠和预装配

当前的主流叠装方式是双极板—膜电极—双极板单片交替摞放的形式，在生产过程中，容易对物料造成脏污及损伤，优势在于后期的检测和返修过程中发现不良部件可以直接确认其位置，替换方便，对其余单节电池不造成影响。模块化组装是另外一种组装方式，该方式以介于燃料电池单体和电堆之间的电芯模块作为组装单位，将不同数量的极板、膜电极和密封件一体化封装形成模块化设计，可以根据不同的使用需求匹配理论数量的电芯模块。电芯模块拆装简易并具有优异的可扩充性，更利于实现产品的多样化、低成本和定制化。模块化设计减少了电堆组装时的堆叠频率和层数，可以有效解决传统电堆组装过程中的公差累计问题，确保电堆组装精度，但同时也因为一体化的设计加大了返修的难度和成本，在规避传统的组装方式的同时也带来了新的问题和挑战。

3. 电堆压合

压紧力是燃料电池电堆组堆中最重要的参数之一，电堆的性能和稳定性都会受其影响。压紧力必须在一个合理的范围内，过小或过大的压紧力都会导致电堆无法正常工作。较小的压紧力会导致双极板与气体扩散层之间的接触面积与接触力不够，导致接触电阻上升，电堆性能下降。过小的压紧力则会导致电堆内的密封结构无法起到足够的密封作用，从而引起气体泄漏等安全问题。而过大的压紧力会导致气体扩散层产生塑性形变，对流场造成影响，同时会造成质子膜局部受力过大而更容易在运行过程中出现裂纹和针孔，同时装堆压力过大可能直接导致扩散层的碳纤维直接刺穿质子膜而产生气体短路。另外，有研究显示高压力会加速质子膜的分解和氟化物的产生，导致质子交换膜寿命减少。电堆压合的主要目的就是让电堆部件处于更好的接触状态，同时不发生泄漏，不影响产品性能及安全，电堆压合中最关键的两个相互关联的参数就是压合尺寸和组装力。

（1）电堆组装除了要保证电堆密封性外，还要保证膜电极与双极板界面的良好接触。电堆设计阶段要考虑电堆密封元件形变与膜电极形变的匹配，在组装过程中通过控制电堆高度，定量双极板向膜电极扩散层中嵌入深度，并同时使密封元件达到预定的变形量，如图4.1所示。

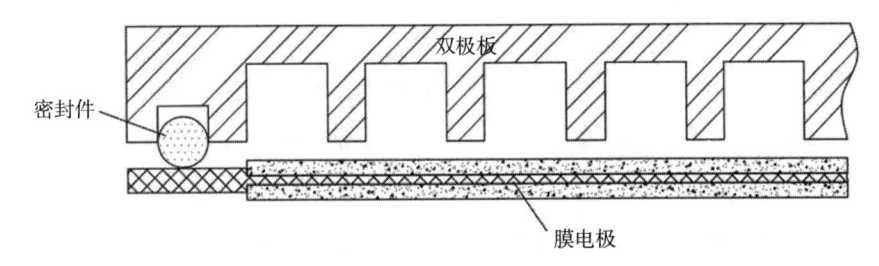

图 4.1 电堆组装过程密封件、双极板与膜电极相对位置图

（2）除用尺寸控制来获得电堆最佳组装匹配外，还可采用组装力控制法确定电堆部件之间的良好匹配关系。组装力可以通过组装机械（如油压机、伺服压机等）实施，如图 4.2 所示。

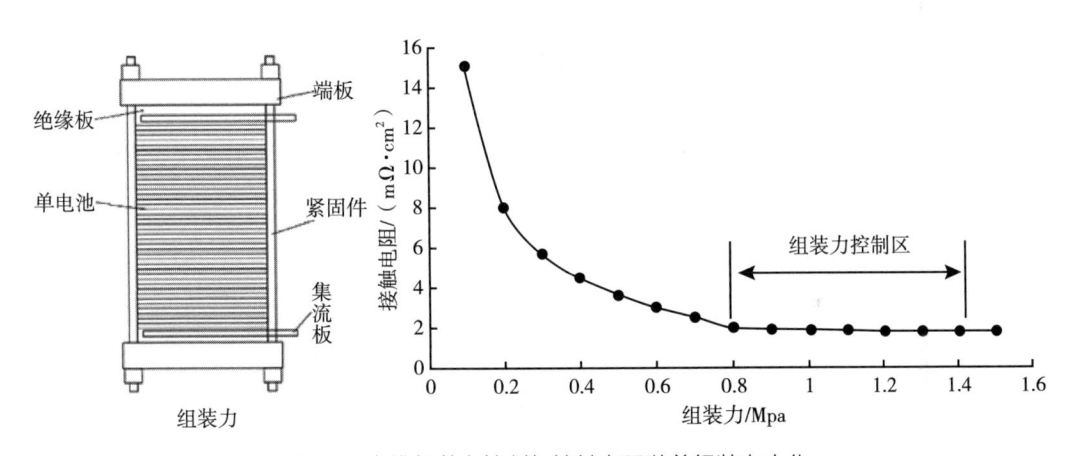

图 4.2 电堆组装力控制与接触电阻随着组装力变化

随着组装力加大，双极板与膜电极间的接触电阻逐渐减少，当达到平缓区即为最佳的组装力控制区。通常接触电阻与组装力的关系可以在电堆组装前通过单电池试验离线获得，并确定接触电阻达到较小状态时对应的组装力，两者的综合反映了电堆的组装状态。在大功率的电堆设计中，因为电堆节数多，相应的误差就会累积增多，可以根据材料自身的属性和设计的需求，采用控制组装力或者控制压合尺寸的方式来压合电堆。

4. 泄漏测试

电堆压合完毕后需要进行气密检测以保证反应气体和冷却剂不发生外漏和窜漏。在规定压力下，采用流量法或者压降法分别对双极板的氢腔、氧腔、水腔进行检测，同时也需要对膜电极进行窜漏测试。

5. 电堆紧固

测漏测试完毕以后需要对电堆进行紧固。电堆的压紧力可以通过点压力、线压力和面压力来提供，因此衍生出不同的压紧方式。目前市面上比较常见的有螺杆压紧方式和钢带式压紧两种电堆压紧方式。

螺栓紧固是一种最常用的紧固方式，它适用于小单池、多组电池和大电堆的组装。螺栓紧固的特点是简单易行，可靠性较高；但该紧固方式常常由于局部螺栓与周边部位受力差异，导致端板受力不均的问题，严重时会在螺杆间部位出现"密封真空"，发生密封不严的状况。一般这种情况下，可通过优化螺栓数量、位置及组装载荷来改善电堆密封性能。但是所使用的拉杆占据了较大的质量和体积。

钢带紧固目前较多被应用于石墨板电堆，钢带紧固的特点是结构紧凑，比螺栓紧固节省空间，它能够分散钢带与电堆紧固处的压紧力，避免出现局部端板受力不均匀的情况。这种方式也可以减少端板厚度和整体的重量，同时使压紧力更均匀地分布。目前，钢带紧固方式是大型燃料电池堆比较先进的紧固技术，但该组装工艺的设计及实施较为复杂。

6. 活化及性能测试

组装好的电堆需要进行活化操作以保证其工作性能达到使用标准。电堆如果没有充分活化，单电池均一性差，将无法发挥电堆性能，甚至影响寿命。电堆的活化过程主要针对的是膜电极，催化剂活化，质子膜加湿，建立气体反应物、水以及电荷的传输通道，以及电极结构优化的一个复杂过程。研究活化机理和活化影响因素，探索高效活化工艺，缩短活化时间、降低氢气消耗是加快燃料电池堆生产速度、降低成本的重要手段。目前广泛采用的活化方法包括恒压或恒流运行，以及动态负载运行。活化过程可以采用恒流、恒压、变载以及不同湿度下有规律切换来进行，活化过程完毕以后，最终确定并记录极化曲线，以评价电堆性能。

7. 生产方式

传统的电堆生产是人工手动制备，但随着自动化概念的引入，电堆自动化生产线应运而生，自动化生产线的优势在于产量大，能够保证市场需求，生产环节稳定、可靠，可以按规定的程序或指令自动进行操作或控制。自动化生产线工艺大多参照现行的生产方式运行，区别在于产量设计及生产检验工序的升级换代，自动化生产线前期的产量设计决定了生产线的设计路线和节拍，从而在设备配置上也有差异，即设备数量和型号等，其中最关键的摞堆工序和气密检验工序，也是各个企业的自动化生产线差异所在。堆叠工序在满足工时节拍要求的同时，更要注重摞堆的精度控制，要点不仅在设备的准确性和稳定性上，也需要关注和产品设计的匹配性。有用丝杠进行双极板及膜电极叠放的，也有用机器人加视觉进行叠放的，叠放形式有由下而上竖直的，也有由下而上倾斜摆放的，其目的都是根据产品及设备的特点，快速准确地完成装堆过程。其次就是气密检验工序，检测的项目没有变化，检验的方式由压差法改为流量法，采用流量计对各项的气密指标进行检测。不同的设备厂商，检测的原理和数据的读取判定有所差别，最终结果是否满足要求是根据产品自身设计判定。目前自动化生产线没有经过大批量的验证，在摞堆精度、物料防护以及不同型号的兼容上相对于手动生产还需要进一步完善。

4.3　质子交换膜燃料电池系统

4.3.1　系统设计及制造

1. 系统设计关键因素

质子交换膜燃料电池系统的设计需要面向具体的应用场景，确定相应的动力性、经济性、适装性、环境适应性与安全性等具体技术指标。在确保上述核心技术指标的基础上，通过合理匹配电堆与辅助系统，借助集成与控制技术充分发挥质子交换膜燃料电池系统的优势，以实现高效能、低污染的清洁能源发展目标。鉴于现阶段我国质子交换膜燃料电池电堆功率等级、功率密度已经取得显著突破，而且辅助系统关键零部件产业链已基本成熟，质子交换膜燃料电池系统在商业化应用过程中的主要挑战是经济性和环境适应性。在设计质子交换膜燃料电池系统时，应以现有的电堆材料、结构等基本部件为基础开展优化，面向具体的应用场景，针对系统效率、耐久性和环境适应性开展优化设计。

1）系统效率优化

燃料电池系统作为一个供能系统，其系统效率是衡量其市场应用价值的关键指标。提高燃料电池的系统效率一方面可以降低系统的成本，提升燃料电池的氢气利用率，降低氢耗，提高燃料电池汽车的经济性，进一步加快燃料电池产业化进程；另一方面能够提高燃料电池的质量功率密度和体积功率密度，有助于燃料电池汽车的轻量化设计及燃料电池在整车上的空间布置。此外，燃料电池的效率提升后，系统发热量也会减小，尤其对大功率燃料电池系统来说，发热量的减小能降低热管理子系统的开发难度。因此，采用合理的系统设计和控制策略对提升燃料电池系统效率至关重要。现阶段，可以从以下四个方面优化以提高系统整体效率：阳极循环模式和合适的排氢策略、进气计量比控制、电堆温度控制，以及辅助系统功耗控制。下面将对这四个方面展开介绍。

阳极循环模式可以将阳极尾气循环回入口重新利用，提高了燃料利用率。但这种模式也会造成阳极侧液态水和氮气的积累，降低氢气浓度。因此，需要通过阀门周期性排出电堆内部积累的液态水和氮气，同时也会伴随着部分氢气的排出。合理的排氢策略则可以在排出水和氮气的同时最大限度减少氢气的排放，避免氢气的浪费。现阶段，系统上通常在阳极侧出口布置一个水分离器，以存储多余的液态水，而排氢阀周期的打开和关闭。排氢阀的开启和关闭时刻通常是通过实验来标定。

进气计量比也是影响电堆输出性能的关键因素。通常，系统运行过程中会通入过量的空气，而空压机的功率损耗在所有辅助部件中占比最大。进气计量比大会增加反应气体的分压，提高电堆的输出性能，但同时也会增大空压机的功耗；而过小则容易造成电堆内部供气不足，降低电堆耐久性。因此，如何选择一个合适的计量比，以保证在不影响电堆输出性能的前提下降低空压机功耗是亟待解决的问题。现阶段，常通过寻优算法结合实验数据标定的方式得到给定工况下的最优计量比。

电堆的温度与内部的水含量以及催化剂反应速率密切相关，因而会影响电堆输出性能。电堆温度过高虽然会加快电化学反应速率，但也会造成膜缺水，降低质子传导率，进而降低电堆输出性能；而温度过低则会造成电堆内部积累大量的液态水，阻碍气体传输，导致电堆内部供气不足。因此，合理的热管理子系统设计和控制策略有助于电堆温度的控制。现阶段，不同工况下的工作温度常结合高频阻抗、电堆电压一致性以及阴阳极压降来确定。

辅助系统的功率损耗对燃料电池系统效率有很大的影响。其中，如上文所述空压机功耗占比最大。因此，降低空压机的功率至关重要。除上面提到的优化进气计量比外，采用带膨胀机的空压机可以进一步降低空压机功率损耗。其利用阴极尾排气体中的热能和压力能驱动涡轮旋转，进一步带动同轴空压机。尤其是在大功率工况下，带膨胀机的空压机优势更为明显。此外，取消膜增湿器也是未来发展的方向之一。膜增湿器虽然可以增加气体的进气湿度，提高膜含水量，但也会增加进气阻力，降低系统效率。因此，可以通过合理的结构设计和控制策略实现电堆内部自增湿，降低系统的进气流阻，进而提高系统效率。

2）耐久性优化

燃料电池耐久性与燃料电池的寿命密切相关，是现阶段制约其商业化的关键因素之一。为促进燃料电池的大规模商业化，进一步提高燃料电池的耐久性是当务之急。其中，造成燃料电池耐久性衰减的原因主要有频繁变载、怠速工况、氢空界面的形成、氢空压差过大、膜干和水淹以及供气不足等。下面将详细分析各种衰减原因并给出优化方案。

频繁变载是燃料电池寿命下降的主要原因。在负载变化过程中，燃料电池的电流密度频繁变化，电池电位也会频繁发生变化，容易造成 Pt 催化剂的脱落、团聚和再沉积，进而减小电池电化学活性面积，降低电池输出性能和耐久性。此外，在大电流密度下，内部反应生成大量液态水，当负载突然减小时，流道内的气体流速减小，气体含水量减少，导致大量液态水积聚。同样，在负荷突然增加时，流道内气体的流速增大，气体的含水量增加，导致大量反应生成水被气体带走，进而导致膜脱水。因此在燃料电池车辆的实际运行过程中，应该通过能量调度管理尽量避免燃料电池的频繁变载，以此来提升燃料电池的耐久性。

怠速工况下燃料电池工作在小电流密度，其单体电压一般超过 0.8 V，而在高电位下催化剂更容易发生降解，进而造成燃料电池耐久性下降。因此，一方面应尽量减少燃料电池在怠速工况下的运行时间；另一方面，可以通过降低阴极侧氧气的进气浓度来降低电池电压，如通过阴极再循环的方式将阴极侧尾气重新循环回阴极侧入口，进而避免了电池高电位的形成。

氢空界面的形成也会造成燃料电池性能衰减。氢空界面的产生是由于阳极与阴极的气体分压不同和密封的原因，氧气会渗透到阳极侧，当下次起动时，由于阳极注入氢气，造成氢气与氧气在阳极共同存在，此时一个浮动的氢氧界面就会形成。当阳极发生氢氧反应时，阳极电位从 0 V 下降到 −0.593 V，且在此区域出现与正常燃料电池相反的电流流动，并将阴极界面电位差提高到 1.44 V，导致碳腐蚀，从而降低了电池性能和耐久性。频繁起停更易形成氢空界面，进而引起碳腐蚀，且碳腐蚀主要发生在靠近流场出口和进口的部位。通过适当的措施可以避免氢空界面的形成，如：系统停机时可以在关闭氢气前先关闭空气，能有效减少催化剂的衰减；在启机前和停机后分别用氢气对阳极侧进行吹扫，以及时排出阳极侧存在的氧气；在关机后，可以使用外接电路来消耗反应气体，使得阴极中残留空气消耗成保护性气体氮气，同时使用电压传感器来控制电压以防止出现负电压。

阴阳极两侧的压力差（简称氢空压差）过大或频繁变化也会造成膜内应力频繁变化，进而造成膜机械损伤，甚至开裂。因此，在实际系统运行过程中，应采用合适的控制策略使氢空压差处于适当且稳定的范围内。通常，为了降低氧气透过膜渗透到阳极侧的速率，会让阳极侧的压力高出阴极侧 10~15 kPa。

质子交换膜的性能与水含量密切相关。其中，电堆温度和进气流量是影响电堆内部水含量的两个重要因素。当电堆温度过高或进气流量过大，会使膜内水含量减少，严重时造成膜干，甚至产生膜热穿孔和开裂；反之，电堆温度过低或进气流量过小则会造成电堆内水含量过多，造成电堆内部水淹，阻碍反应气体传输，导致供气不足，进而造成碳载体的腐蚀和催化剂的衰减。因此，合理的温度和流量控制有助于提高燃料电池的输出性能和耐久性。

燃料电池供气不足会造成"氧饥饿"和"氢饥饿"，进而加速碳载体的腐蚀。因此，在控制反应气体进气流量时可适当增大进气计量比，以保证催化层中反应气体的浓度。此外，在系统拉载和降载时，可通过先提升进气量再拉载的方式，避免突然变载而造成的气体供应不足。

3）环境适应性

环境适应性是指燃料电池系统适应周围环境的能力，主要反映了燃料电池系统在不同环境条件下能否按预期要求可靠工作的特性。在设计燃料电池系统时，必须考虑环境适应性指标，以保证燃料电池系统能够在各种环境下正常运行。常见的适应性指标包括最低启动温度、工作环境温度范围、工作海拔范围、存储温度范围等。现阶段，亟须解决的环境适应性问题主要有三个方面：高原、高寒和高温环境。下面将从这三个方面展开介绍。

燃料电池输出性能与阴极气体压力和过量系数密切相关，高原地区燃料电池系统进气空气压力与空气密度的变化会直接影响燃料电池系统的输出性能。一方面，高原地区空气稀薄是影响燃料电池性能变差的因素之一。在相同体积流量下，由于空气密度下降导致进入燃料电池阴极的空气质量流量减少，空气过量系数也随之降低。过低的空气过量系数会引起燃料电池处于缺氧状态，燃料电池传质阻抗的快速上升，进而引起输出电压的急剧下降。另一方面，高原地区空气压力变化极易影响燃料电池阴极氧分压，进而影响电堆性能。由于空气压力低于常压，电堆性能受扩散极化影响较大，导致电堆整体性能以及一致性变差。此外，空气压缩机也是限制燃料电池系统输出性能的原因之一。在高原环境下，为获得与平原条件下相同的空气计量比，空气压缩机需通过提升转速以达到相同的空气过量系数，这会导致空气压缩机功耗大幅增加，燃料电池系统整体输出功率降低。此外，燃料电池工作在小电流密度工况时，空压机常处在小流量和高压比的工作区间内，更易发生喘振。因此，对于在高海拔环境下运行的燃料电池系统，空压机匹配选择尤为重要。一方面，空压机要能满足系统实际运行条件下的流量需求；另一方面，空压机的实际工作区间要处于喘振线之外。

高寒地区的燃料电池冷启动问题是燃料电池实现商业化的主要障碍之一。燃料电池低温启动阶段主要包括以下几个物理过程：电化学反应放热带来的电堆温升过程；电堆内部水的零下冻结过程；水结冰引起的输出电压下降过程。电压骤降是冷启动失败的主要现象。电堆内一旦发生结冰现象，导致氧气传质阻力急剧上升，进而发生严重的极化，电压骤降加快。因此，解决低温启动技术难题也就是要防止或者减少水结冰。现阶段，燃料电池冷启动的解决方案，根据控制策略的不同分为停机吹扫和加热启动，其中加热启动又可以分为辅助加热启动和无辅助加热启动。停机吹扫一般是在燃料电池工作结束后运行的一种策略，主要是排出工作期间电堆产生的残留水，自身无加热功能，更多的是配合其他加热方式同时使用。辅助加热可以让燃料电池更加快速高效地冷启动，但是会增加系统的复杂度，降低燃料电池系统的功率密度，增加制造成本；无辅助加热消耗少、产热快，但是冷启动速度慢且比较考验电堆自身的性能特性。质子交换膜燃料电池系统的低温启动和热传递应该是多层次、多角度、多方式的结合，今后对于质子交换膜燃料电池冷启动的研究应以多种方法共同协助为方向，以达到电堆快速启动直至平稳运行的最佳状态。

燃料电池热管理子系统对燃料电池的性能、寿命和安全起着重要作用，尤其是高温环境对热管理子系统提出了更高的要求。燃料电池系统工作时电堆连续产生热量，如果产生的热量不及时排掉，电堆温度将逐渐升高。一方面，温度升高可提高催化剂活性，提高质子交换膜上的质子传递速度，从而提高电化学反应速度，反应电流升高，电堆性能变好。但燃料电池反应生成的水随反应气体排出的速度也会升高。由于水含量会影响质子交换膜的湿润程度，所以温度过高时，质子交换膜会产生脱水现象，电导率下降，电堆性能变差。另外，由于质子交换膜为聚合物电解质，当温度接近100℃时，膜的强度将下降，如不及时降温，膜会出现微孔，进而影响运行安全。现阶段，燃料电池系统主要采用水冷与大小循环相结合的方式排出大量的热量。小循环即温度不高时冷却水由节温器出口直接进入电堆，将电堆中氢气和氧气化学反应的废热带出，再次回到冷却水泵入口，形成小循环；大循环即温度较高时，冷却水由节温器出口进入前段散热器，将较高的热量由散热器通过进气格栅进风和散热风扇抽风带走，温度降低的冷却液再由散热器出口进入电堆，将电堆内部反应余热排出后重新回到冷却水泵入口，形成大循环。此外，开发新型高效散热器也是未来热管理子系统优化和改进的方向之一。

2. 系统组装工艺流程

由于现阶段燃料电池系统尚未真正进入规模化生产阶段，其生产工艺基本处于半自动化的阶段，通常是在工装帮助下由操作人员手工装配。其装配过程主要分为3个步骤。首先，由操作人员按照基本框架、电堆、空压机、DC/DC、高低压线束等零部件的顺序从底层向上层逐一装配，以得到燃料电池系统整体框架。其次，将上一步组装的辅助系统组件，通过不同管路连接电堆及各个子系统的进出口，然后将控制单元线束连接到各个辅助部件上，高压输出接线安装好输出端，安装控制器线束以供后期与整车控制器集成。最后，将整个燃料电池系统，包括所有子系统，在测试台上进行测试。测试过程中首先要确保各个组件（包括软件）系统的功能以及连接的正确性。在无故障的工况测试、供气和冷却液无故障循环流动的安全调试后启动测试程序，通过改变输入参数来模拟各种工况下的运行状态。

现阶段，由于系统各零部件产业链不完备，系统组装自动化程度不高。因此，后续需要建立完善的燃料电池系统及关键零部件测试方法和评价标准，形成适合规模化生产制造的生产工艺和质量保障体系，在加强零部件品质保障的同时，提升系统组装效率和集成度。

4.3.2 辅助系统设计

1.氢气供给循环子系统

氢气供给循环子系统主要包括氢气循环泵、引射器、压力调节电磁阀、水分离器以及排水电磁阀等。随着质子交换膜燃料电池电堆的电流密度不断增加，氢气供给循环子系统的重要性持续增加。在过去五年内，国产化的氢气供给循环子系统关键零部件技术与产品取得了重大的突破，基本实现了全部国产化，并且在氢循环泵、调压比例阀等原有的产业短板领域已具备了国际竞争力。下面将对各部件详细介绍。

1）氢气循环泵

氢气循环泵的功能是将电堆出口未发生反应的氢气循环至电堆入口，以提高氢气利用率，同时也将出口处的水气循环至入口，起到进气增湿的作用。氢循环泵的主要优势在于可主动调节、响应快速和较宽的工作区间，但是存在结构复杂、噪声大、有寄生功耗和成本较高等问题。相比于普通气泵，氢气循环泵需要具备良好的密封性能、低震动噪声、低温冷启动、涉氢安全性、抗电磁干扰与耐腐蚀性等要求。

氢气循环泵是质子交换膜燃料电池系统的关键零部件，是一种机电复合设备，主要包含泵头、驱动电机、控制器、线束和安装支撑部分等。泵头和驱动电机一般为整体式设计，控制器可以与泵头和驱动电机集成设计或分体设计。氢气循环泵通常有爪式、涡旋式、罗茨式、离心式等结构形式。下面将对各类型氢气循环泵进行详细介绍。

爪式循环泵通过爪形转子周期性地改变工作室容积，进行抽吸、压缩和排气，具有无油、可靠性好、效率高、输出压力高等优点。目前，虽然国内有较为成熟的产品，但其型线仍存在尖点或不光滑点，易磨损变形。加工方面对转子型线与转子、转子与泵腔之间间隙要求较高，加工较难完成。

涡旋式循环泵通过浮动式涡旋压缩技术产生精细的力平衡，使动定涡旋之间的摩擦损失最小化，提高了产品的压缩效率、稳定性、可靠性及使用寿命，减小了使用成本，同时动定涡旋的无顶密封结构避免了污染问题。

罗茨式循环泵主要靠泵腔内一对叶形转子同步、反向旋转的推压作用来移动气体而实现抽气，具有较宽压强范围内有较大抽速、快速启动、无油、结构紧凑、运转维护费用低等优点。此外，由于罗茨式泵大流量、噪声高的特点，常用于物流、重卡等载货汽车。

离心式循环泵利用一个或几个叶轮旋转时产生的离心力完成介质输送，具有体积小、功耗低、效率高等特点。

上述氢气循环泵都有各自的工作特点和优缺点。其中，循环泵的循环气体不能含有润滑油，因为润滑油等杂质会损坏燃料电池。而无油设计对容积泵的设计提出了很高的要求，包括涡旋式泵、爪式泵和罗茨式泵。此外，对于广泛应用于汽车的燃料电池系统，振动和噪声会影响乘客的舒适度。因此，开发无油、低振动、低噪声、高紧凑及低能耗的循环泵是未来主要的方向发展。

2）引射器

引射器利用文丘里管效应工作原理，将电堆阳极出口过量的氢气引流回电堆阳极进口继续参与电化学反应，具有结构简单、制造成本低、无寄生功率等优点。然而，引射器的结构要根据质子交换膜燃料电池系统的额定功率需求定制，且在小功率工况下引射效果不佳，难以适应宽功率范围需求。

引射器的结构包括工作流体入口、引射流体入口、工作流体喷嘴、吸入腔、混合段和扩散段。目前，燃料电池工作流体与引射流体的相态均为气态，且出口与入口气体压力之比不超过 2，所以根据索科洛夫理论常用气体喷射压缩器或喷射器。引射器的工作流体喷嘴一般为锥形，可以将工作流体中所含的更多压力能转化为动能，且能减少引射流体中的水蒸气在吸入腔中冷凝现象的发生。在引射器工作时，工作流体在经过喷嘴后，由高压低速流体转变为低压高速流体，使得喷嘴出口处产生一个低压区。由于引射流体入口压力大于工作流体喷嘴出口处低压，故而被吸入该区域与工作流体进行混合。最后，两种气体在混合段混合均匀后扩压排出。

3）阀门

在燃料电池氢气供给循环子系统中阀门主要有三个，包括中压电磁阀、比例阀和排水阀。其中，中压电磁阀控制氢气供应系统的通断，比例阀控制氢气进堆压力，排水阀周期排出阳极积累的液态水和氮气。按照电磁阀种类区分，又可以分为开关式电磁阀与比例电磁阀。

中压电磁阀位于减压阀后端，是为电堆提供反应所需的氢气，并在质子交换膜燃料电池系统发生故障时及时切断氢气来源以保证使用安全。

比例阀位于中压电磁阀后端，起到精密调节进气压力和进气流量的作用。比例阀是通过脉宽调制（PWM）实现阀门开度的控制。

排水阀位于电堆阳极出口，周期性开启以排出从阴极侧渗透到阳极侧的多余的水和惰性气体，避免阳极水淹而造成电堆单体电压过低甚至反极等现象，同时也能提高阳极侧的氢气浓度，改善质子交换膜燃料电池系统的输出性能。排水阀关闭时，阳极能够保持足够的工作压力且氢气得到充分利用，提高系统的燃料利用率和系统效率。排水阀周期开启、关闭时间是影响燃料利用率的两个关键因素，其需要随着质子交换膜燃料电池系统功率的变化而变化。

2. 空气供应子系统

空气供应子系统主要包含空气过滤器、空气流量计、空压机、中冷器、膜加湿器、背压阀等。其中，空气过滤器、空气流量计、中冷器和背压阀由于结构较为简单，此处不详述，只对空压机和膜加湿器进行详细介绍。

1）空压机

空气压缩的作用是将空气增压，为燃料电池提供适当压力的气体，使得燃料电池的阴极侧的压力始终处于较为高效的区间。由于燃料电池的特殊性,要求与之配套的空压机具有效率高、体积小、无油、工作流量及压力范围大、噪音小、耐振动冲击、动态响应快等特点。与一般的空气压缩机不同,燃料电池用的空气压缩机需要完全无油,以防止燃料电池催化剂中毒,影响燃料电池的输出性能,并且还需要空压机具有高流量、高压比的特性。高流量、高压比能够有利于PEMFC系统效率的进一步提升。

空压机按照工作原理可以分为两个大类:一类是动力式空压机,主要依靠高速旋转的叶轮使气体获得很高的速度,然后让气体急剧降速,将气体的动能转化为压力能;另一类是容积式空压机,其工作原理是依靠工作容腔的变化来压缩气体,这种类型的空压机具有容积周期变化的工作容腔。按照工作容腔和运动部的形状,容积式空压机还可以进一步细分为往复式和回转式两大类,前者的运动部件往复运动,后者的运动部件回转运动。目前,PEMFC系统空气压缩机的类型主要离心式、涡旋式、螺杆式和罗茨式等以及带膨胀机的空压机。下面将对各类型空压机详细介绍。

离心式空压机是依靠高速旋转的叶轮使气体获得很高的速度,然后让气体急剧降速,将气体的动能转化为压力能的一类空压机,其工作时气流流动方向为从轴向进入叶轮,从径向排出。离心式空压机的做功元件为转子。由于其结构紧凑、尺寸小、响应快、噪声低、寿命长和效率高的特点,被广泛应用于质子交换膜燃料电池系统中。此外,离心式空压机工作时气体的流过是连续的,且其流通截面大,叶轮转速高,故气流速度很高,因而能够达到很大的流量。但离心式空压机工作区间窄,在变工况、低流量时会发生喘振现象,这会严重影响系统性能和空压机的使用寿命。结合目前燃料电池各种类型空压机技术发展现状,综合考虑之下,离心式空压机依然是主流趋势。在质子交换膜燃料电池大功率系统匹配时,通常使用两级压缩离心式空压机,以进一步提高空压机的效率。现阶段,开发高速无油轴承、高速空气轴承和高速电机及其控制器是离心式空压机的主要发展方向。

涡旋式空压机是由一个固定的渐开线涡旋盘和一个呈偏心回旋平动的渐开线运动涡旋盘组成了可压缩容积。涡旋式空压机效率高、力矩变化小、可靠性好、噪声低。但其也存在体积、质量较大,加工精度高,高转速下振动大等缺点。已不是目前燃料电池空压机的主流选择。

螺杆式空压机是通过一对同步的阴阳螺杆啮合,在旋转中逐渐缩小齿间容积,从而实现对空气压缩的一种空压机。螺杆式空压机结构简单、高效、可靠,具有宽的流量范围和良好的压比/流量特性,是较为理想的燃料电池用空压机。但双螺杆空压机的噪声问题不容忽视，并且由于其排气温度较高，出于降温、润滑、密封的需要，往往需要在入口喷水，减小噪声和喷水会增加系统的成本和复杂性。

罗茨式空压机是通过一对形状相同、相互啮合的转子在传动机构的带动下做转速相同、方向相反的旋转运动，从而实现对空气压缩的一种空压机。罗茨式空压机具有结构简单、可靠，运行平稳、高效，维护保养方便等特点。这种空压机对运行介质中的杂质不敏感；工作时转子表面不需润滑油润滑，气体不与油接触，可以保证输运气体的纯净，这一优点对于燃料电池应用尤为重要。但是，罗茨式空压机也有输出气体脉动，输出气流平顺性不好的缺点。

带膨胀机的空压机是通过利用电堆阴极排放尾气中的热能和压力能来减小驱动空压机电机的电功率，避免尾气直接排放将造成能量的浪费，从而减小空压机寄生功率，提高了系统整体效率。膨胀机和空压机的耦合方式主要有共轴式、齿轮连接式等。在燃料电池的工作流量、压力范围内，共轴式耦合方式因其结构简单、机械效率高、设备尺寸小等特点目前已取得了一些应用成果。现阶段，质子交换膜燃料电池系统逐渐向大功率发展。其中，提升系统输出功率的掣肘之一就是空压机的匹配问题。在大功率系统中，空压机需要满足的流量和压缩比都要进一步提升，其消耗的电功率会占到系统功率的 15%~20%。因此，开发更大功率级别的空压机技术路线和产品，以满足系统功率增大的需求，以及更低的寄生功率损耗，成为目前燃料电池空压机企业的共同发展目标。而带膨胀机的空压机把电堆排气中的一部分能量加以回收利用，从而降低空压机的寄生功率损耗，被认为是下一代燃料电池系统空压机发展的主流方向。此外，膨胀机的可变截面技术可以进一步拓宽其流量适配范围，显著增加了膨胀机在不同工作条件下的性能匹配和应用范围，对于不同的电堆和功率需求都可以得到很好的应用。

2）增湿器

增湿器的作用主要是加湿空气，以提升质子交换膜燃料电池系统的输出性能和效率。电堆在反应过程中，质子交换膜需维持一定的湿度以保证质子交换膜处于合适的水饱和状态，保持较高的质子传导率，因此要求反应介质需携带一定量的水蒸气进入电堆，这一步通常需要增湿器来实现。增湿类型一般分为外部增湿和内部增湿。外部增湿通常在电堆外侧增加增湿器，其中常用的有膜增湿器、焓轮和喷水加湿的方式；内增湿则无需添加任何额外设备，通过改进电堆的结构、膜电极的特性来达到维持膜湿度的目的，主要有多孔板渗透增湿和内循环增湿等。下面将详细介绍各种增湿方式的特点。

膜增湿器是目前质子交换膜燃料电池系统常用的增湿器之一，其主要利用电堆阴极排气对进气气体进行增湿。高温饱和的气体（可能还有部分液态水）通过膜的一侧，然后在浓度差的作用下扩散到膜的另一侧，最后蒸发至电堆反应气中。膜增湿器具有结构简单、无运动部件和运行稳定可靠的特点，但是增湿效果取决于输入的干气和湿气的流量、压力、湿度，无法主动调节以适应不同的工况，且动态响应慢。此外，在长期工作时膜增湿器的膜容易破损而造成内部窜漏。目前，膜增湿器主要有两类产品：平板膜增湿器和中空管膜增湿器。它们原理相同，产品的形态不同，原材料也有差别。平板膜增湿器的核心部件由可以传递水的膜以及多孔的支撑体组成。膜与支撑体都制作成平板样，膜一侧通湿热气体（热水），另一侧通干冷气体，在膜表面进行湿热交换。中空管膜增湿器主要由集束状中空纤维、外壳、气体导入和导出管、水导入和导出管及胶水等构成。中空管膜增湿器内部有集束状中空纤维膜制备的均质无孔中空管，水或排气从中空纤维管外侧流过，加湿气体从中空纤维管内侧流过，水由于浓度差从中空纤维管外侧扩散至内侧，并蒸发进入反应气体中，完成对气体的增湿。

焓轮增湿器主要由多孔陶瓷转轮、分配头、电机、驱动轴和密封件等组成，其核心部件为多孔陶瓷转轮，其表面覆有一层吸水材料，加湿量取决于多孔陶瓷的量。相比于其他增湿器，焓轮增湿器具有独特的优势：技术成熟，增湿量可控，成本较低，增湿/换热效率较高，结构简单。但同时焓轮本身的结构特点致使其有一些劣势：芯体陶瓷密度较大，造成焓轮整体重量较大；旋转结构不容易密封，尾气容易窜漏到反应气中，影响加湿和进入电堆的空气含氧量；而且需要外界的动力才能旋转，旋转机构容易磨损；多孔陶瓷抗振性能不强；干气温度较高时其增湿能力急剧下降。上述特点决定了焓轮增湿器在常压燃料电池系统上尚有用武之地，而在增压型燃料电池上，由于空压机出口空气温度较高，压力也较大，密封不易，焓轮增湿器就不太适用。

喷水增湿器的结构主要包括喷嘴、换热器和壳体。喷嘴将水滴雾化，喷入气流中和换热器换热，得到所需温度和湿度的气体。对于这种加湿方法，水和能量消耗都非常高，所以在实际应用中水一般来源于电堆的尾排，热量可以来源于尾排气体、电堆余热和空压机输出的高温气体。喷水增湿在一定程度上可自主调节且动态响应快，但是其结构复杂，需要一系列外围设备的辅助才能正常应用。另外，喷水增湿过程中会伴随有部分液态水进入电堆，容易造成电极水淹。

内增湿质子交换膜燃料电池系统增湿所用水主要由燃料电池阴极生成水来提供，通过合理的设计使电堆内部的水均匀分布。这种增湿方式可以去掉庞大复杂的外部辅助增湿设备，简化系统的同时也减少了制造成本。因此，质子交换膜燃料电池内增湿技术将具有更加广阔的前景。针对现阶段质子交换膜越来越薄的发展趋势，质子交换膜燃料电池阴极侧生成的水更易于反向扩散到阳极侧，满足膜阳极侧增湿需求的同时缓解阴极侧的水淹。其中，内循环自增湿就是通过降低质子交换膜的厚度和阳极尾气循环利用的方式，实现电堆内部水的合理分配。膜厚度的降低加强了阴极到阳极的液态水反扩散，改善了电堆阴阳极两侧水分布的均匀性。阳极尾气循环至入口与干燥氢气混合，改善了阳极上下游水分布的均匀性。因此，采用这种方式的质子交换膜燃料电池系统在不配置外部增湿器的条件下仍能保证电堆的高性能工作。

此外，通过流场板的特殊设计来传递或保持部分电化学产物水也可以实现电堆内部自增湿。多孔极板渗透增湿就是采用这种方式，通过在双极板中内置增湿流道对电堆进行增湿。双极板材料为可允许水渗透的多孔碳板，其中流通的水同时充当冷却水和增湿用水。这种内增湿的方式通过调节双极板内部的冷却/增湿水的压力实现了空气路上游水压大于气压，下游气压大于水压的效果，从而实现了对空气路上游干空气的加湿和对空气路下游水分的回收。这种巧妙设计的优点主要包括：空气路中液态水减少，降低了空气路流阻，从而降低了空压机的寄生功耗；每片电池独立加湿，避免了外部加湿器加湿不均的问题。极板渗透加湿的缺点也很明显：多孔碳板材料强度较低，抗振性不强；冷却液为纯水，系统无法在低温（0℃以下）条件下运行、启动。

自增湿薄电解质膜、复合自增湿膜和自增湿流场设计都可以在一定程度上实现自增湿。随着自增湿技术日益成熟，电堆内部自增湿将逐渐取代外部加湿，以进一步减小质子交换膜燃料电池系统的体积、重量和成本。

3. 热管理子系统

质子交换膜燃料电池热管理子系统主要由水泵、散热器、节温器（三通阀）、离子过滤器、颗粒过滤器、膨胀水箱、温压传感器及冷却管路等部件组成，部分系统还布置热电偶加热器（PTC）用于质子交换膜燃料电池系统的辅助快速冷启动。热管理子系统常用的冷却方式包括空气冷却、相变冷却和液体冷却，可根据质子交换膜燃料电池系统的功率等级和经济指标选择合适的冷却方式。目前，大功率质子交换膜燃电池系统通常采用液体冷却的方式。下面将对热管理子系统关键零部件水泵和散热器详细介绍，其他零部件结构较为简单，这里就不再赘述。

1）冷却液泵

水泵在热管理系统中的主要作用是对冷却液做功，为冷却液提供克服热管理系统流动阻力的动力使冷却液循环，同时还可通过控制水泵转速调节冷却液的流量进而控制电堆的冷却液进出口温差。冷却液泵根据驱动方式可分为机械式液泵及电控式电子液泵。根据结构形式，冷却水泵可分为旋转容积泵、离心泵及旋涡泵等。目前，质子交换膜燃料电池热管理子系统通常采用结构简单、体积较小、重量较轻的离心式电子冷却液泵，其通常由电机、转轴、叶轮、壳体及机械密封等部件组成。

离心式电子式冷却液泵通过电子控制系统调节电机转速，带动转轴及叶轮同时转动。冷却液泵中冷却液受叶轮作用一同旋转，在离心力的影响下，冷却液向壳体边缘扩散，同时冷却液压力增大，随后从水泵出口或流道出口排出。而在水泵进口处，由于叶轮的高速旋转，叶轮中心处的冷却液被甩出而导致该处压力降低，在压力差的作用下液体向水泵进口处流动，即完成冷却液在热管理子系统中的往复循环。

2）散热器

散热器的作用是将热量从系统内部转移至外部环境。由于电堆和环境之间的温差较小，热管理子系统散热器的散热能力需要面对较大的挑战。因此，针对 PEMFC 系统需要设计专门的高性能散热器结构，使其在有限的空间内具备足够的散热能力、较高的使用寿命及更强的可靠性。

散热器由散热器芯部、进水室和出水室三部分组成。冷却液在散热器芯内流动，空气通过风扇从散热器芯外高速流过使得冷却液和空气通过散热器芯部进行热量交换。因此，散热器在本质上是一个热交换器。散热器芯部的换热单元是散热器不可缺少的核心部件，起主要的散热作用，其应具有足够的冷却液通流面积与足够的空气通流面积，以完成冷却液、空气和散热片之间的热量交换。

散热器芯部的结构形式主要有管片式和管带式两大类。管片式散热器芯部由许多细的冷却管和散热片构成，冷却管大多采用扁圆形截面，在冷却管外套上布置了许多金属散热片，以增加对空气的传热面积和提高散热器本身的刚度和强度。管片式散热器散热面积大，气流阻力小，结构刚度好，承压能力强，但制造工艺比较复杂。管带式散热器是由波纹状散热带和冷却管相间排列经焊接而成的。与管片式散热器相比，管带式散热器在同样的条件下，散热面积可以增加 12% 左右。此外，散热带上开有扰动气流的类似百叶窗的孔，以破坏流动空气在散热带表面上的附着层，提高散热能力。由于这种形式散热效果好，便于制造，质量轻，故被广泛采用，但其结构强度和刚度不如管片式。

此外，新型散热技术的应用可以进一步改进和优化热管理子系统，提高燃料电池系统的散热能力。现阶段，新型散热技术主要包括基于相变原理的新型冷却、基于多孔结构的泡沫金属散热器，以及使用纳米流体作为冷却剂的冷却等。下面将详细介绍各种新型冷却技术。

质子交换膜燃料电池常用的相变冷却方式包括蒸发冷却、流动沸腾冷却、热管冷却和相变材料冷却。蒸发冷却通过水蒸发时的相变带走燃料电池中的热量。一方面，冷却液被空气带入反应区域，蒸发吸热带走反应生成的热量，使反应区域维持适宜的温度；另一方面，冷却液可以对空气进行加湿，增加膜含水量，提升燃料电池性能，可以使燃料电池系统无需额外的加湿器，简化系统结构。由于采用相变换热方式，蒸发冷却方式比单相冷却方式换热效率更高，可大幅降低冷却水泵的负荷，并大幅减小散热器的体积。流动沸腾是通过保持冷却液的温度在沸点，与燃料电池反应区域要求温度尽量均匀的特点相符合。与传统液冷方式类似，流动沸腾冷却也需要设计独立的冷却液流道，但是换热效率更高，可大幅度降低冷却液驱动泵的负荷，减小散热器的体积。热管冷却技术将热管嵌入双极板，冷却液在蒸发段吸收热量后汽化，蒸气进入冷凝段后液化并放出热量，然后回流至蒸发段，循环过程不依赖外界动力元件。相变材料冷却是一种被动冷却方式，将相变材料包裹在电堆表面可用于电堆外围的冷却，但其冷却效果有限，难以实现电堆温度的有效调控。目前，相变材料技术在燃料电池热管理上主要用于蓄热，以改善电池堆的冷启动性能。

泡沫金属因其较大的比表面积、金属骨架部分较大的热导率，使其能够将经过其通道的热量很快散失掉，因而有可能成为制备新型散热器的核心材料。泡沫金属根据其孔结构可以分为开孔和闭孔两种。闭孔泡沫金属内部的孔洞都被金属骨架隔开，相互独立、互不连通，即每一个孔都是封闭的；开孔泡沫金属中孔洞之间相互贯通，流体可以从孔洞中渗流通过。在开孔泡沫金属中，由于孔洞的存在，增加了流体和金属骨架的换热面积，可以制备成热交换介质，应用到紧凑型散热器中。泡沫金属因优良的换热性能已经引起了广泛关注，但其在燃料电池热管理子系统中的应用有待进一步研究和发展。

纳米流体是通过纳米颗粒（或纳米管、纳米片）在基液中分散获得的。纳米颗粒具有更高的比表面积，与纯流体和微流体相比，纳米流体具有更高的热导率，并具有低电导率、自发去离子化和冰点低等优点，这使其成为提高散热器性能的可行方案。纳米流体目前还存在诸多技术难题，如长时间运行时纳米颗粒的沉积、导电性增强引起的冷却液漏电等，尚需更加深入的研究。

4. 电气子系统

质子交换膜燃料电池电气子系统主要由电堆、DC/DC变换器、蓄电池、辅助零部件和负载等组成。电堆通过DC/DC变换器完成电压转换后与动力母线相接，向负载提供电能，蓄电池为控制器等部件供电。根据不同的动力系统架构，母线上还会并联动力电池组或超级电容等辅助动力源。燃料电池和动力电池（蓄电池）复合架构是目前厂商广泛使用的动力系统结构。由于电气子系统中其他零部件结构简单，就不再详细介绍，这里只对DC/DC变换器详细介绍。

DC/DC变换器是将燃料电池输出的不稳定直流电转换为与外部母线或储能单元电压兼容的直流电，并为燃料电池辅助系统中的高压部件（空压机、氢循环泵等）提供高压直流供电。此外，由于燃料电池的动态特性较差，随着输出电流的逐渐增加输出电压会逐渐下降，具有很宽的变化范围。因此，为了解决燃料电池的输出特性偏软的问题，需要外接的DC/DC变换器具有较宽的输入电压运行范围以满足负载端与输出端的电压匹配问题；此外，考虑到燃料电池的内部特性，过高的输出电流纹波会使得催化层失效，导致质子交换膜受损，进而影响到燃料电池的安全性和使用寿命。所以，燃料电池系统要求DC/DC变换器应该具有较低的输入电流纹波。DC/DC在燃料电池系统中主要起到了电压匹配、功率调节的功能，实际的DC/DC产品还会集成电压电流监测、电气保护、高压预充、通断控制、主动放电等功能，其技术特征主要受燃料电池的输出特性影响。

4.3.3 辅助系统选型依据

1. 辅助系统选型原则

这里只对质子交换膜燃料电池系统关键零部件，如氢气循环泵、空气压缩机、膜加湿器和DC/DC变换器做详细介绍。

1）氢气循环泵

本质上来说，氢气循环泵是一台基于氢气介质的气泵，只是基于燃料电池的使用场景，对这一气泵有更高的要求，主要体现在以下方面。

（1）良好的密封性能。由于燃料电池的运行机理，要求其工作时要完全无油，否则会引起催化剂中毒，影响其输出性能，严重时甚至造成输出故障。因此，对燃料电池的密封性要求很高，尤其是长时间运行条件下的密封可靠性尤其重要。

（2）低振动噪声。氢气循环泵是燃料电池系统的主要噪声源之一，而在汽车行驶过程中，良好的噪声、振动和声音粗糙度性能是乘员舒适性的重要指标。因此，要求氢气循环泵工作时噪声尽可能低。

（3）低温冷启动能力。目前，通常要求燃料电池汽车能够在 –30℃甚至 –40℃的低温条件下正常启动。但在此低温环境下，氢气循环泵内常常出现结冰现象，要实现该低温条件下的正常启动，优异的破冰能力也是氢气循环泵所应具备的。

（4）涉氢安全性。由于介质是氢气，首要考虑的问题就是涉氢安全，因此要保证氢气循环泵的气密性较好，即在任何条件下，都不能有氢气外漏的情况。

（5）抗电磁干扰能力。氢气循环泵一般是通过控制器局域网络信号控制，因此需要具备较强的抗电磁干扰能力，以防由于周边件的电磁干扰出现失速掉速的情况。

（6）耐腐蚀性。氢气循环泵的耐腐蚀性通常通过盐雾试验进行测试验证，利用盐雾试验设备所创造的人工模拟盐雾试验环境来考究其耐腐蚀能力。

2）空气压缩机

工业上应用的空气压缩机往往体积、重量巨大，不耐振动，动态响应慢，为了降低压缩过程中的温升，往往还要在机头喷油冷却，这些都是燃料电池系统不能接受的。燃料电池用空气压缩机需要具备以下性能要求。

（1）无油。空气中如果含油，会污染下游的元器件，包括增湿器和电堆，导致增湿器和电堆性能下降，甚至损坏。因为润滑油随着空气进入电堆中，会使得催化剂发生中毒，从而影响燃料电池寿命和性能。因此，空压机需要采用水润滑轴承或空气轴承。

（2）高效。由于空压机的寄生功率大，系统大功率运行时空压机功耗将占到燃料电池系统功率的 20% 左右，这将直接影响燃料电池系统的整体性能。

（3）小型化和低成本。燃料电池受其功率密度和成本的限制，小型化和低成本将有助于燃料电池汽车的产业化。

（4）低噪声。空压机是燃料电池系统最大的噪声源之一，高速时噪声较大，且空压机的转速高达 10 万转 / 分钟以上，空压机的噪声必须有效控制。

（5）喘振线在小流量区，以实现燃料电池系统在小流量高压比工况下的高效运行。

(6) 良好的动态响应能力。汽车对动力需求变化大,空气流量和压力必须能够快速匹配需求功率的变化进行无延迟调整,以跟踪输出功率的变化。

(7) 耐受振动、高低温等车载环境。

3) 增湿器

原则上,空气和氢气进入电堆之前都要增湿。电渗迁移作用可能会导致阳极侧膜干燥。燃料电池工作时会在阴极生成水,但系统在低电流密度下工作时,电堆内部产水量少,难以满足膜需求含水量。而从整体出发,电池水平衡主要取决于:气体流量,即化学计量比;电池工作温度,即排气温度;电池工作压力,主要是电池出口压力;环境温度、压力和湿度。

无论采用何种增湿方式,对于需要长期运行的大功率燃料电池系统,采用外界补水的方式显然是不现实的。而在典型的工况条件下,燃料电池发生反应生成的水量大于加湿入口气体所需的水量,所以通过适当的设计可以利用电池的生成水满足电池本身的增湿需要。一般来讲,是利用增湿器或其他输运方式及装置将阴极和阳极尾排中的水输运到需要增湿的地方,即气体入口处。

4) DC/DC 变换器

进行 DC/DC 变换器的选型工作时,由于系统对于变换效率和体积有较高要求,因此现阶段多采用非隔离型 DC/DC 变换器。在匹配 PEMFC 系统 DC/DC 变换器时需要考虑的指标主要有:较高的电压增益、较低的输入电流纹波、较宽的运行范围。此外,综合考虑汽车动力系统整体对 DC/DC 变换器在实际工程应用中的需求,质子交换膜燃料电池系统 DC/DC 变换器还应满足普遍指标:低应力、高功率密度、高效率、较少的器件个数、输入输出端共地连接。其中需要重点关注额定输入功率、输入输出电压范围、最大工作电流、电流电压纹波等是否满足设计需求。除此之外,环境条件、结构尺寸等也是在实际选型中需要考虑的因素。下面将对各指标详细分析。

(1) 电压电流应力。电压电流应力的大小是衡量 DC/DC 变换器拓扑结构优劣的重要指标。器件承受的应力过大会导致变换器的可靠性下降。此外,器件承受的应力决定了在实际应用中器件的参数选择,过大的参数会增加器件的尺寸和寄生参数,从而降低系统的效率的功率密度。因此,DC/DC 变换器应该具有较低的应力。

(2) 共地。DC/DC 变换器的输入端和输出端不共地会导致额外的电磁干扰问题,尤其是当开关频率较高时，系统会受到更大的干扰和产生更多的噪声，导致系统的可靠性下降。因此，在质子交换膜燃料电池系统中要求 DC/DC 变换器需要具有输入输出共地的特性。

（3）器件个数。使用更多的器件可以在多方面改善 DC/DC 变换器的性能，但是会使得变换器的造价更高、功率密度下降、损耗升高。因此，在满足需求指标的前提下要尽可能降低器件的个数。

（4）效率及功率密度。效率和功率密度是衡量电能变换装置的重要指标，过低的效率和功率密度会导致所设计的结构没有实际应用价值。目前，电能变换装置的发展趋势也是朝着小型化、高效化的方向发展。因此在设计时需要统筹考虑特性指标、效率和功率密度的问题。

2. 辅助系统选型要素

1）大功率、降能耗需求

2022 年，多家电堆及系统企业发布了超 200 kW 的燃料电池产品，空压机、循环泵、增湿器和电子水泵等关键产品在适配大功率，以及功率提升带来的降能耗需求方面有了明显进展。

2）产品适应具体需求

由于不同系统厂家对各辅助系统产品需求不统一，另外，叉车、观光车等新兴应用对燃料电池空压机小型化及轻量化提出了新要求，因此对辅助系统产品提出了更多的要求。

3）国产化和降成本

燃料电池辅助系统竞争日益激烈，未来具有迭代性降本技术的质子交换膜燃料电池辅助系统的企业将在市场中占据一定优势。

4.4 质子交换膜燃料电池电堆及系统发展现状和趋势

4.4.1 国内外发展现状

目前，质子交换膜燃料电池的应用主要分布在汽车、能源储存和备份电源等领域。在汽车方面，日本的丰田、本田、日产等公司已经推出了多款采用燃料电池的商用车型，并逐步构建了相关的基础设施和服务体系。除此之外，欧美、韩国等也在积极推广氢能车辆的普及和使用。在能源储存和备份电源方面，可以更高效地将清洁能源转换成电能，并为现代社会提供备用电力，因此受到了各个国家和地区的重视。例如，美国推出了多种小型燃料电池系统以稳定提供电力输出。我国近年来也加快了燃料电池技术的发展和产业化进程，如在新能源汽车、城市公交、能源储存等领域都得到了广泛应用。国家发展改革委、国家能源局联合发布的《氢能产业发展中长期规划（2021—2035年）》中，明确提出了发展以氢能源为核心的新能源产业链目标，这为推动氢能燃料电池技术在能源、环保、交通等领域实现全面应用奠定了基础。

然而在实际应用过程中，还存在很多的瓶颈，如电堆和系统的匹配问题，在电堆工作过程中，系统提供了电堆反应需要的条件，根据不同的工况，控制输入的气体计量比、湿度、温度等，两者需要有良好的匹配，否则会对电堆的寿命、效率、一致性等造成巨大的影响。严重时，直接导致电堆停机，造成安全隐患。同时，质子交换膜燃料电池电堆中各个部件之间的匹配也至关重要，本质上是因为燃料电池是一个复杂的多物理场综合体，每一个单一条件的改变都是全局性的。所以很多燃料电池企业其实从上到下全行业都涉猎，不仅是为了降低研发成本，而且能有效提升产品的质量，确保产品的稳定性、准确性、可靠性。

从电堆自身看，电堆性能的一致性、寿命、低温启动能力等，仍需进一步提升，电堆一致性差将导致局部电流过高，容易出现热点，甚至出现反极现象，导致电堆失效等问题。

目前丰田、现代和本田均报道已实现燃料电池堆 −30℃时30秒快速启动并对外输出功率，冷启动次数和燃料电池寿命均得到有效保障，久经国际市场考验。与此同时，国内各大燃料电池企业均报道其燃料电池系统达到相应的技术指标，但少有报道其在用户端可靠的冷启动次数和循环寿命，当环境温度较低时，启动燃料电池会出现结冰现象，破坏电堆结构，影响电堆寿命。一般通过关机时吹扫和开机时加热两种方法辅助进行冷启动。在保护电堆的前提下缩短冷启动时间，是燃料电池汽车发展过程中不得不优化的问题。

国内外燃料电池寿命都在普遍提高，但大部分还没有经过市场的直接验证，车辆在复杂的工况运行是燃料电池寿命较低的最主要原因。由于车辆动态运行过程中需求功率是不断变化的，引起电压波动以及材料性能衰减，尤其在启动、停车、大油门等动态变化剧烈的过程中材料性能会加速衰减，电堆寿命会受到较大影响。

燃料电池电堆的成本也是限制发展的主要问题，其中核心的部件双极板和膜电极都是比较昂贵的材料，除材料本身成本高以外，还有加工的难度较大，成品率较低，这也大大增加了成本，同时，燃料电池行业还没有形成产业化，技术设计也在不断优化，所需物料往往处于定制状态，很难实现批量化生产，也是成本居高不下的主要原因。

从系统部件看，主要有氢气循环泵、空气压缩机、增湿器等。国内氢循环部件有三种应用方案：单一大排量氢气循环泵方案、氢气循环泵+引射器方案、引射器方案。氢气循环泵因其通用性适合所有类型车辆的应用场景，但由于技术原因难以满足高功率系统的流量要求，因此氢泵企业正在探讨后续的技术路线，其中最有效的替代方案是氢气循环泵和引射器串联或者并联。2020年之后，我国氢循环系统市场逐步实现了国产替代，国外品牌基本退出了国内市场，而且国产氢循环泵技术已达到国际先进水平。

这几年一些传统领域的空压机厂，根据自身的技术储备，在燃料电池蓄势待发的过程中，已经开始了对空压机的研发生产和样机测试。目前，空气压缩机已实现全功率段的国产化，国产化程度较高，国产化率接近100%。从技术角度看，在空气压缩机的关键部件中，轴承、电机是瓶颈技术，低成本、耐摩擦的涂层材料也是开发重点。国内市场应用方面，两级压缩离心式空压机由于优势明显，是空压机领域市场上的应用主流，但其大功率化带来的高功耗促使系统厂家及空压机供应商将目光放在了采用透平能量回收技术路线的空压机产品，即膨胀机（带能量回收的）空压机上。金士顿、海德韦尔、华润新能源、毅合捷、蜂巢蔚领、东德实业等空压机企业正在大力推进采用透平能量回收技术路线的空压机研发，其中部分已取得阶段性进展。全球众多车企、研究机构已花费大量经费进行氢燃料电池车的专用空气压缩机的研发和使用。因各种空压机均有其独特的优点，全球各大燃料电池汽车生产商为空气供应系统选择的空压机类型也不尽相同。国际上主流的燃料电池车辆生产商各自采用了不同的空压机方案。从目前市场情况来说，主机厂面临的最大的问题就是降低成本，考虑开发成本、市场规模和管理等综合因素，离心压缩机的成本最高，但是由于其结构紧密的特性，体量最小，物理结构决定，在未来大批量条件下，其成本下降空间最大。

从市场方面看，增湿器国产化程度正在稳步提升，市场集中度下降。在国内燃料电池产业快速发展背景下，我国进入燃料电池增湿器行业布局的企业数量不断增多，代表性企业主要有伊腾迪、魔方新能源、沃瑞氢能、上海华燏、同优汽车等。与国外产品相比，国产燃料电池增湿器在性价比、售后服务等方面具有明显优势，在国内市场中的份额占比正在不断提高。

燃料电池电堆的增湿方法多种多样，采用焓轮、膜增湿器等外置增湿器可以方便地根据需求为电堆增湿，内增湿则相反，会增大电堆设计的难度，但同时可以节省增湿器的成本，降低系统重量和体积。因此，设计人员可以综合考虑成本、系统紧凑性、可靠性及零部件开发难度，选择合适的增湿方案。目前使用较为普遍的燃料电池增湿器主要为中空管膜增湿器，主要供应商为韩国的科隆、美国的博纯等。当然，也可以使用多孔碳板渗透增湿等方案。这会增大电堆设计的难度，但可以节省增湿器的成本，降低系统重量和体积。

集束状中空纤维膜是如今燃料电池增湿器中的"卡脖子"关键材料，其中常用的全氟磺酸膜更是几乎被国外公司垄断。我国增湿器仍以进口为主，材料端技术门槛较高，国产替代任务艰巨，需要依靠国内针对膜管材料技术的长期协同进步和突破。现阶段，我国虽有离子膜的研发和生产，但对于增湿器中特定应用膜的生产应用研究几乎是空白。

4.4.2 未来发展趋势

1. 核心零部件性能逐年提升

燃料电池属于技术含量密集的复杂系统产品，其性能水平极大地取决于其关键零部件的性能。燃料电池各零部件，尤其是材料类零部件工艺敏感性高、研发周期长，其性能取决于研发突入的深度、时间积累长度，整体呈现出逐年提升的特征。因此，需要建立完善的燃料电池系统及关键零部件测试方法和评价标准，形成适合规模化生产制造的生产工艺和质量保障体系。

2. 国产化替代逐步实现

氢能的燃料电池产业应用属于新兴领域，涉及诸多新型机械装备及新型材料；国内产业起步晚，但工业及科研基础好，在政策推动及市场需求拓宽的背景下，空压机、氢循环泵、加湿器等装备产品迅速实现国产替代。各种新型应用技术与产品，如水分离器、引射器、带可变截面膨胀机的离心式空压机、大功率电堆阻抗识别与在线故障诊断技术与装置，逐步实现国际引领。未来需要进一步开发充分利用压缩气体能量的大流量、高压头、高效率、低噪声空气压缩机和氢气循环泵，同时具备较好的低温环境适应性；开发适用于车载应用的具备在线阻抗检测功能的高效 DC/DC 变换器；开发适用于燃料电池系统的高性能散热器。

3. 电堆体积功率密度逐渐提高

据统计，2019年国内石墨板燃料电池电堆的体积功率密度不到4 kW/L。到2022年，国内石墨板燃料电池新发布产品中，电堆体积功率密度最高已达到4.9 kW/L，且多款达到4.5 kW/L。同时，新发布金属板电堆中，体积功率密度最高达到了6.4 kW/L以上。

4. 系统总功率继续攀升

根据工信部数据，2018年，国内燃料电池重卡的单台系统功率最高仅63 kW；到2021年，燃料电池重卡的单台系统功率提高到162 kW。

5. 耐久性快速测试评价技术

掌握燃料电池系统在线健康状态识别技术，根据燃料电池系统健康状态、运行环境、运行工况进行动态优化调节，建立燃料电池电堆加速老化测试与量化评价方法，形成基于运行工况的燃料电池耐久性预测模型，实现全工况和完整生命周期的耐久性优化智能控制。

4.5 质子交换膜燃料电池电堆及系统产业化发展路线

4.5.1 关键技术指标及影响因素

1. 动力性指标

动力性是指燃料电池系统为外界做功的能力，主要体现为额定净输出功率、过载功率及过载功率持续时间、体积比功率、质量比功率。

1）额定功率

燃料电池系统额定功率是由其制造商规定的在特定工况下能持续工作的净输出功率。其中，"持续工作"的定义是：在额定功率下，需持续稳定运行60 min，在此期间输出功率应始终处于60 min平均功率的97%~103%，单电池平均电压应不低于0.6 V。

2）过载功率及过载功率持续时间

过载功率反映了燃料电池系统的后备输出能力。《燃料电池电动汽车》（GB/T 24548—2009）中规定，"过载功率，即制造厂规定的燃料电池系统在特定工况条件下、在规定时间内工作可输出的最大净输出功率"。在标准中并未对"规定时间"提出需求，一般以产品技术要求来确定。根据《燃料电池发动机性能试验方法》（GB/T 24554—2022），在进行过载功率测试时，需要首先加载到额定功率，持续稳定运行 10 min，而后再加载到设定的过载功率，运行设定时间后，按规定的卸载方式卸载。计算方法与额定净输出功率一致。

3）质量比功率与体积比功率

出于对燃料电池系统轻量化、集成化的发展要求，提出了质量比功率与体积比功率两个指标，质量比功率反映了燃料电池系统轻量化设计水平，体积比功率反映燃料电池系统设计的空间紧凑程度。《燃料电池发动机性能试验方法》（GB/T 24554—2022）规定质量与体积指电堆及辅助系统的质量与体积，包括氢气供给循环子系统、空气供应子系统、热管理子系统、电气子系统及紧固用的螺栓和冷却液质量与体积。燃料电池系统质量比功率 MSP_{FCE}、体积比功率 VSP_{FCE} 计算方法为

$$MSP_{FCE} = \frac{P_{FCE}}{m_{FCE}}$$

$$VSP_{FCE} = \frac{P_{FCE}}{V_{FCE}}$$

式中，质量比功率 MSP_{FCE} 单位为 kW/kg，体积比功率 VSP_{FCE} 单位为 L/kg，系统额定功率 P_{FCE} 单位为 kW，系统质量 m_{FCE} 单位为 kg，系统体积 V_{FCE} 单位为 L。

2. 经济性

燃料电池系统的经济性包含广义经济性和狭义经济性两种。狭义经济性由燃料电池氢耗量及系统单位成本两方面组成，反映了燃料电池系统搭建及运行所需要的成本；广义经济性除上述两者外，还考虑燃料电池及辅助器件的耐久性，即燃料电池系统的维护成本。在本部分中，将首先介绍燃料电池系统的狭义经济性，囊括额定功率下的电堆效率、系统效率、有效氢利用率及单位成本。

1）额定功率下的电堆效率

额定功率下的电堆效率是指在额定功率输出时，电堆输出与进入电堆的燃料热值之比。氢气有高低两种热值，高热值指氢气和氧气反应生成液态水时的焓变，低热值指反应生成气态水蒸汽时的焓变。考虑到燃料电池实际工作状态，主要以低热值（LHV）进行计算。《燃料电池发动机性能试验方法》（GB/T 24554—2022）中规定，电堆的效率计算方法为

$$\eta_{stk} = \frac{P_{stk} \times 1000}{m_{H_2} LHV_{H_2}} \times 100\%$$

式中，η_{stk} 指电堆效率，P_{stk} 指电堆输出功率（单位为 kW），m_{H_2} 指氢气流量（单位为 g/s），LHV_{H_2} 指氢气低热值，取 1.2×10^5 kJ/kg。

在部分情况下，氢气流量数据难以获得，因此会用燃料电池的电压效率近似代替。电压效率指实际工作电压与燃料电池的热力学可逆电压的比值，即

$$\varepsilon_{Voltage} = \frac{V/n}{E}$$

式中，$\varepsilon_{Voltage}$ 指燃料电池的电压效率，V 指燃料电池的输出电压（单位为 V），n 指电堆片数，E 指燃料电池的热力学可逆电压，取 1.229 V。由于燃料电池的工作电压依赖于电流。因此，随着电流的增加，电压效率会逐渐减少。电压效率由于方便计算，常用于系统的前期设计及电堆选型。在设计时，通常会选取平均电压 0.6~0.65 V 作为额定输出电压，即电压效率在 48.8%~53.8%。过低的电压效率会造成燃料电池氢消耗量增加、产热量增加，从而导致散热功耗增加，甚至会对电堆造成损伤。

值得注意的是，电堆效率并不等同于电压效率，两者的区别主要在于后者并不考虑氢气利用率以及氢气的化学计量比。因此电堆的效率比电压效率更低，但总体的趋势是一样的。

2）额定功率下的燃料电池系统效率

额定功率下的燃料电池系统效率是指在额定功率输出时，系统净输出与进入燃料电池堆的燃料热值之比，该指标为最常用的衡量经济性的指标。与电堆效率类似，计算方法为

$$\eta_{PCE} = \frac{P_{PCE} \times 1000}{m_{H_2} LHV_{H_2}} \times 100\%$$

式中，η_{PCE} 指燃料电池系统效率，P_{stk} 指燃料电池系统净输出功率（单位为 kW），m_{H_2} 指氢气流量（单位为 g/s），LHV_{H_2} 指氢气低热值，取 1.2×10^5 kJ/kg。

与电堆效率不同，随着电流的增加，系统效率呈现先增加后减少的趋势。在低电流状态下，电堆的输出功率较低，辅助器件消耗功率的占比较高；另外，电堆通常会需要较高的空气计量比及排氢频率，导致辅助器件消耗功率增加，氢气流量增加，进

一步减少系统效率。在高电流状态下，辅助器件所需功率趋于稳定，寄生功率占比减少，此时系统效率更受电堆效率的影响。

值得注意的是，辅助器件（尤其是空压机）的工作状态会对燃料电池的输出功率及辅助功率造成影响。提升空压机的转速会提高空气计量比以及空气压力，使得燃料电池输出电压上升，电堆效率增加；但与此同时，寄生功率也增加，燃料电池系统的效率甚至有可能会降低。因此，在前期设计选型及调试标定中，应充分考虑电堆输出功率与寄生功率的彼此影响，得出额定状态下系统效率最高时的工作条件。

由于燃料电池系统效率先增加后减少的变化趋势，仅讨论最高效率并不能代表系统在实际运行中的效率，额定状态下的系统效率更受关注，目前系统的额定效率一般在42%~45%。

3）氢气利用率

氢气利用率是燃料电池系统在正常工作条件下，由电堆通过电化学反应转换为水的氢气占总共所加注氢气的质量百分比。有效氢利用率通常在93%~95%，主要是由于阳极排放造成的。提高有效氢利用率，有利于提高燃料经济性。尽管上文介绍到电堆效率与电压效率区别主要在于前者考虑氢气利用率及氢气的化学计量比，但并不意味着电堆效率与电压效率的比值就是氢气利用率。氢气利用率的计算方法为

$$\varepsilon_{\text{fuel}} = \frac{N \times I_{\text{st}} / 2\text{F}}{m_{\text{H}_2}}$$

式中，$\varepsilon_{\text{fuel}}$指氢气利用率，$N$指电池片数，$I_{\text{st}}$指电堆电流，F指法拉第常数。

3. 动态响应特性

动态响应特性是指燃料电池系统在非稳态工况下的快速响应能力。燃料电池汽车工况复杂多变，功率需求变化较大，要求燃料电池系统有好的动态响应特性以及时满足整车动力需求。动态响应特性的指标包括热机启动时间、冷机启动时间及10%~90%额定功率响应时间等。

1）启动时间

启动时间考察燃料电池系统在冷机（室温下保温12 h）以及热机（冷却液出口温度到达正常工作温度）的状态下从发送启动指令到怠速状态下之间的时间。

2）10%~90%额定功率响应时间

在进行动态响应测试时，需要在起始功率点先运行1 min，然后发送动态阶跃工

作指令，在截止点运行 10 min，之后发送降载指令，并在截止点再运行 10 min。该测试主要考察系统加降载的速度及辅助系统，尤其是热管理系统的响应能力。

4. 冷启动性能

燃料电池冷启动性能指标包括启动温度和启动时间两方面，其中启动时间定义为系统输出功率达到额定功率 50% 所用的时间。在负温度环境下，电堆启动时，电极反应产生的水在顺利排出电堆之前会发生结冰现象，造成膜电阻上升、反应物传质通道堵塞及反应位点被冰层掩盖等情况，最终导致冷启动失败甚至会造成电堆机械性的损伤及退化发生。因此，冷启动是燃料电池系统在冬季运行的最大挑战。影响冷启动性能的因素主要包括电池子部件的材料特性、单体及电堆的结构设计、启动模式和加载控制策略。

目前，主流的冷启动策略主要分为保温和启动融化两大类。保温策略是指在停车期间，持续加热以保持燃料电池温度，防止结冰。启动融化策略则是指在车辆启动时，加热质子交换膜燃料电池以提高温度至零上。

目前国内燃料电池系统的冷启动温度大约在 –30℃，《中国燃料电池汽车中远期发展目标》及《氢燃料电池汽车技术路线图》指出目标在 2025 年实现 –40℃ 的成功启动。

5. 耐久性

为促进燃料电池的大规模商业化，进一步提高燃料电池的耐久性是当务之急。当燃料电池系统以额定状态下功率输出衰减到原来的 90% 时，认为其寿命终结。目前固定式燃料电池系统的寿命一般在 10000 h，但对于复杂工况下，尤其是乘用车用的燃料电池系统，平均寿命为 5000 h。这是由于在实际运行过程中，会出现加减速引起的负载变化，以及频繁的启停造成耐久性下降。因此在燃料电池车辆的实际运行过程中，应该通过能量调度管理技术尽量避免燃料电池的极端工况，以此来提升燃料电池系统的耐久性。

目前，质子交换膜燃料电池系统的耐久性试验方法尚未形成统一标准。同时，质子交换膜燃料电池系统的部件种类和数量较多，且各零部件的评价指标不同，因此很难通过某种耐久工况对所有部件进行寿命考核。故在制定系统耐久试验方法时，仍以考察电堆寿命为主，如《车用质子交换膜燃料电池堆使用寿命测试评价方法》（GB/T 38914—2020）。

电堆的测试方法主要分成两种：稳态法和动态法。稳态法是指在恒定的电流密度

（或电压）下运行燃料电池，记录电压或电流随时间的变化。该方法测试时间较长，一般需要上万小时，测试费用昂贵。因此科研人员考虑以衰减率（单位为 μV/h）进行描述，以较小时间内的衰减速度来估算寿命。但燃料电池的衰减率并不是一成不变的，即使工作条件一样，衰减率会随着时间增加而逐渐变缓，因此数据的选择依据显得十分重要。同时，电流密度点和操作条件的基准选择现阶段也并没有一个统一的结论。更为重要的是，稳态法得到的数据并不包含启停、变载等工况，并不能用来表征实际使用条件下的燃料电池电堆的耐久性。

基于以上不足，动态法测试成为主流。《车用质子交换膜燃料电池堆使用寿命测试评价方法》（GB/T 38914—2020）采用等效替代的方法，测量电堆经过启停、加载、变载、额定、怠速不同工况循环时的衰减率作为基准，根据工况谱参数每小时包括的各工况数，计算燃料电池堆性能衰减率 A。

$$A=V'_1 n_1 + V'_2 n_2 + \frac{U'_1}{60} t_1 + \frac{U'_2}{60} t_2$$

式中，A 表示燃料电池堆性能衰减率（单位为 V/h），V'_1、V'_2 表示每次启停、变载循环的电压衰减率（单位为 V/次），n_1、n_2 表示每小时启停、变载次数，U'_1、U'_2 表示每小时怠速、额定工况燃料电池堆电压衰减率（单位为 V），t_1、t_2 表示每小时怠速、额定工况运行时间（单位为 min）。常用工况谱有 IEC 标准耐久性测试工况、DOE 耐久性测试工况、HYZEM 耐久性测试工况、同济大学耐久性测试工况、清华大学耐久性测试工况等。但每种工况基础测试开始时，燃料电池的健康度并不是一致的，因此与实际耐久情况也存在一定偏差。此外，还有制定特定的工况谱进行试验，考核试验结束后电堆衰减率的方法。每种方法各有利弊，目前都不能达到综合评价的目的。

6. 安全性

安全性是指燃料电池系统能够安全工作，避免对人、设备或自身造成伤害。由于涉及可燃气体氢气和各种电气设备，要求燃料电池系统能够在不发生事故的前提下正常工作，而不对人或财产造成损失。

1）氢安全

燃料电池系统的氢安全性主要针对氢气释放和泄漏方面。由于在运行过程中，阳极需要定时排氢，以及时排出阳极侧的液态水及阳极累积的杂质气体。排出的氢气一般与空气尾排混合稀释后由尾排管排出。排出的氢气浓度要求低于爆炸极限，一般要求小于 2%。《燃料电池电动汽车安全要求》（GB/T 24549—2009）中规定，在汽车排气时，不能导致汽车周围氢气浓度超过 75%LFL（低可燃极限，即可燃气体可以在空气中燃烧的最低体积浓度值，一般为 4%）。在氢气最易发生积聚的地方（局部最高点或通风不好的地方）放置足够数量的氢气浓度传感器。当氢气浓度达到 50%LFL 之前，需要提醒驾驶员；在浓度达到 75%LFL 时，需要自动切断氢气源、电源等。

2）绝缘电阻

出于安全的考虑，燃料电池汽车高压母线与电平台（常是车架）之间应该是绝缘的。但由于燃料电池系统中冷却液需流经高电势的双极板，在这个过程中高压电会通过冷却液传导到外部，因此高压母线与电平台之间存在漏电流，该漏电流对应的电阻值称为绝缘电阻。若绝缘电阻过小，高电势将存在于车架与底盘之间，容易出现触电事故。为保证驾驶员与乘客的安全，《燃料电池发动机性能试验方法》（GB/T 24554—2022）中规定，在燃料电池系统处于热机状态下，燃料电池电堆正极和负极对地的绝缘电阻阻值应大于系统最大工作电压乘以 100 Ω。人员高压触电防护原理如图 4.3 所示。

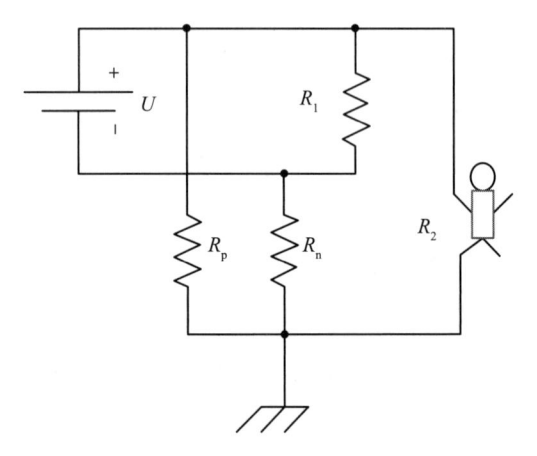

图 4.3 人员高压触电防护原理

图 4.3 中，U 为母线电压，R_1 为高压负载，R_p 为高压正极对地绝缘电阻，R_n 为高压负极对地绝缘电阻，R_2 为人员等效电阻。当人员触摸高压正极与地，流经人体的电流值为

$$I = \frac{U}{R_2 + R_n + \dfrac{R_2 R_n}{R_p}}$$

若把冷却回路视为一个大电阻，则其阻值与长度成正比，与电导率、横截面积成反比。由于冷却回路的横截面积由燃料电池电堆及部件决定，难以更改，因此提高系统绝缘电阻的方法主要有两种：①对热管理子系统的部件（水泵、散热器、中冷器等）采取绝缘措施，避免高电势由冷却液导出后通过部件接地，使得接地点尽量远离电堆，由此增长等效电阻的长度；②使用去离子水作为冷却液，并在热管理子系统中加入去离子装置，以降低冷却液的电导率。在燃料电池运行过程中，随着冷却液温度的升高，冷却液的电导率会升高，同时双极板的离子析出也会增多，进一步导致绝缘电阻值下降。因此，燃料电池汽车需要配置在线绝缘电阻检测及报警装置，以提醒驾驶员。

燃料电池系统的绝缘电阻是衡量其高压电安全性最重要的指标。在高压电安全设计中，需要严格按照标准的要求进行分解，系统层面的保护和零部件层面的保护都要兼顾，通过合理的控制策略，确保整车与人员的安全。

4.5.2 产业技术发展路线

目前，我国燃料电池汽车行业还处于示范应用及产业化推广阶段，主要以公交车、客车、城市物流车、中重卡和中大型物流车等商用车为主。

我国的燃料电池商用车遵循从小功率燃料电池与大容量动力电池混合发展到大功率燃料电池与小容量动力电池混合的技术路线，通过示范运行期间的实车测试，逐步提升商用车燃料电池系统功率，降低动力电池容量，提升我国燃料电池商用车的动力性、可靠性、耐久性以及环境适应性，实现在关键材料及核心零部件上的技术突破，并拉动氢能基础设施的建设。在 2025 年实现整车续驶里程达到 500 km，冷启动温度低于 −30℃，寿命达到 40 万 km 的整车性能指标，成本小于 100 万元，寿命与传统车相当，并在中国城市行驶工况下氢气消耗率小于 5.5 kg/100 km；在 2030—2035 年实现 180 kW 级以上高功率密度燃料电池系统应用，整车续航里程超过 800 km，冷启动温度达到 −40℃，寿命提高至 100 万 km 的整车性能指标，成本小于 50 万元，并在中国城市行驶工况下氢气消耗率小于 4.5 kg/100 km（表 4.1）。

我国燃料电池乘用车现阶段暂时不具备市场化应用条件，导致产业发展缓慢。随着燃料电池系统性能的提升、成本的下降以及氢能基础设施的普及，乘用车将成为燃料电池汽车产业化推广的重要环节。在 2025 年以大功率（≥ 80 kW）燃料电池系统为主动力，实现续驶里程达到 650 km、冷启动温度低于 −30℃，寿命达到 25 万 km 或相当于累计运行 7500 h 的整车性能指标，成本控制在 30 万元以内，并在中国城市行驶工况下氢气消耗率小于 1.0 kg/100 km；在 2030—2035 年 100 kW 级以上高功率密度燃料电池系统为主动力，续航里程超过 800 km，整车冷启动温度低于 −40℃，寿命提高至 30 万 km 或相当于累计运营 10000 h 的整车性能指标，成本控制在 20 万元以内，并在中国城市行驶工况下将氢气消耗率控制在 0.8 kg/100 km 以内。

市场对电堆的需求应满足其应用场景，不同的适用工况需要匹配不同功率的电堆，同时为了提高其可靠性和寿命，并降低成本，燃料电池模块化和系列化势在必行。单个燃料电池模块的功率被界定在一定的范围之内，通过模块的组装，实现不同车辆对燃料电池功率等级的要求。随着燃料电池技术的不断提升，峰值功率工作电压不断上升、电堆功率密度不断提高、最大工作温度及耐久性也会有显著提升，同时电堆成本会进一步降低。

从燃料电池汽车系统架构角度看，目前的燃料电池汽车动力系统已经不单单采用最初的动力方案，而是燃料电池系统与动力蓄电池混合驱动的方式。这种混合动力驱动方案最早被我国科技人员采用，可有效提高燃料电池的寿命、降低车辆成本，且已被国外广泛采纳。未来预计电动车、混动车和燃料电池汽车并存共生，在不同场景应用中得到应用。另外由于不同地区的客户需求不同，其续航里程也会不同，如纯电动车适用于短途运输，混动和插电式混动车用于中途运输，而燃料电池车则适用于长距离运输。

从电堆售后角度看，随着燃料电池的普及，相应的维修及保养也会陆续完善，使之有更好的用户体验，要求电堆在保证安全的情况下，更容易插装，保养更便捷，同时会有相应的技术指标，帮助工作人员快速确认电堆的使用状况，并对车况做出合理评估。

从电堆的回收角度看，由于燃料电池大多采用贵金属材料，在电堆达到寿命后，其中的贵金属可以被再次回收，重新利用，这也间接地降低了燃料电池的成本。

从燃料电池系统关键零部件角度看，目前国内氢气循环泵市场处于迅速增长阶段，而国产企业已占据市场的主导地位，在 PEMFC 核心部件中，氢气循环泵的国产替代程度位于前列。伴随着能源结构调整的不断推进，氢气循环泵的市场空间继续扩大，国内优秀供应商的竞争优势也将不断提升。整体而言，氢气循环泵呈现出"爪式应用为主，多种技术路线并存"的局面。鉴于在水平衡、氢经济性和氢安全性方面的重要作用，开发高性能、低噪声、低振动、宽工作范围、高密封性和低温环境适应性强的燃料电池氢气循环泵是未来的发展方向。空压机行业尚处于产业发展初期，市场集中度高。在国家科研项目的持续支持下，我国燃料电池专用高性能空压机的技术、产品已经取得了长足的进步，低成本、高可靠性、高效率的大流量空气压缩机已经具备了显著的国际竞争优势。近年来，我国燃料电池空压机出货量显著增长。数据表明，2022年中国企业燃料电池空压机出货超万台。从目前国内外的研究发展方向来看，离心式空气压缩机是今后最主流的发展方向，特别是空气悬浮轴承的空压机技术，将是中国乃至全球未来高压燃料电池高端车型的核心技术之一。同时，随着燃料电池系统对空气供气系统性能要求的提高，离心式空压机与涡轮机匹配工作势必将成为燃料电池用空压机未来发展的重要趋势。而且空气悬浮轴承技术和涡轮增压技术是提高燃料电池系统效率和功率密度的有效方法，使用涡轮增压技术回收燃料电池尾气余压能量及解决空气供气系统的成本、尺寸和噪声等问题将成为未来燃料电池研究的重要方向。

表 4.1 质子交换膜燃料电池产业发展路线图

系统及电堆	目前水平	2025年	2030年	2035年
商用	·冷启动温度 −40~−30℃ ·单堆额定功率 100~180 kW ·体积功率密度 5~6 kW/L ·寿命 10000~15000 h ·成本 1200~2500 元/kW	·冷启动温度 −40℃ ·单堆额定功率 >250 kW ·体积功率密度 >7.5 kW/L ·寿命 >22000 h ·成本 <600 元/kW	·冷启动温度 −40℃ ·单堆额定功率 >320 kW ·体积功率密度 >11 kW/L ·寿命 >30000 h ·成本 <400 元/kW
乘用	·冷启动温度 −40~−30℃ ·单堆额定功率 70~100 kW ·体积功率密度 4~5 kW/L ·寿命 5000~6000 h ·成本 1800~3500 元/kW	·冷启动温度 −40℃ ·单堆额定功率 >120 kW ·体积功率密度 >6 kW/L ·寿命 >7000 h ·成本 <900 元/kW	·冷启动温度 −40℃ ·单堆额定功率 >130 kW ·体积功率密度 >9 kW/L ·寿命 >8000 h ·成本 <500 元/kW
发电	·冷启动温度 −40~−30℃ ·额定效率 38%~55% ·寿命 30000 h ·成本 39000~55000 元/套	·冷启动温度 −40℃ ·额定效率 40%~55% ·寿命 >35000 h ·成本 <29000 元/套	·冷启动温度 −40℃ ·额定效率 40%~60% ·寿命 >35000 h ·成本 <24000 元/套

参考文献

[1] 韩冬林, 闫婧, 冯红岩, 等. 基于超级电容与燃料电池的双向DC-DC电源设计[J]. 电源技术, 2022, 46(1): 87-89.

［2］黄静，刘锋. 车用燃料电池电堆功率密度提升关键技术研究综述［J］. 广东化工，2022，49（20）：102-104.

［3］劳星胜，曾宏，诸葛伟林，等. 燃料电池系统膜增湿器传热传质性能研究［J］. 舰船科学技术，2007（5）：80-84.

［4］刘俊峰，李清，秦燕，等. 质子交换膜燃料电池氢气循环系统的发展现状［J］. 能源技术与管理，2022，47（5）：45-48.

［5］马义，张剑，游美祥，等. 燃料电池空气系统动态控制策略优化［J］. 吉林大学学报（工学版），2022，52（9）：2175-2181.DOI:10.13229/j.cnki.jdxbgxb20220329.

［6］彭书浩. 质子交换膜燃料电池热管理系统控制策略研究［D］. 杭州：浙江大学，2022. DOI:10.27461/d.cnki.gzjdx.2022.001432.

［7］秦飞，郭朋彦，张瑞珠，等. 氢燃料电池堆封装研究现状［J］. 汽车电器，2022（3）：14-17.DOI:10.13273/j.cnki.qcdq.2022.03.032.

［8］张爽. 氢能与燃料电池的发展现状分析及展望［J］. 当代化工研究，2022（11）：9-11.

［9］张志鹏，纪少波，张世强，等. 运行条件对氢燃料电池引射器性能影响规律研究［J］. 汽车文摘，2022（8）：37-42.DOI:10.19822/j.cnki.1671-6329.20220075.

［10］COLLEENS S. 燃料电池设计与制造［M］. 马欣，王胜开，陈国顺，等译. 北京：电子工业出版社，2008.

第 5 章 质子交换膜燃料电池关键部件与材料

5.1 膜电极

5.1.1 概述

膜电极（MEA）是质子交换膜燃料电池的最核心部件，被称为质子交换膜燃料电池的"心脏"，是多项物质传输和电化学反应的核心场所。膜电极承担了燃料电池全部电化学反应，以及电子、质子、气体和水的传导，决定了电堆性能、寿命和成本的上限。高性能、低铂载量、低成本、长寿命的膜电极对于加速质子交换膜燃料电池商业化进程具有非常重要的意义。

高性能的膜电极具有以下特点：①能够最大限度减小气体的传输阻力，使反应气体顺利由扩散层到达催化层发生电化学反应；②具有良好的离子通道来降低离子传输的阻力；③具有较高的导电性以确保较低的电子阻抗；④气体扩散层具有良好的机械强度及导热性；⑤质子交换膜具有高的质子传导性。

膜电极主要由质子交换膜、催化层和气体扩散层组合而成，膜电极的结构如图 5.1 所示。

质子交换膜在燃料电池中的主要作用是实现质子的快速传导，同时也阻隔氢气和氧气、氮气在阴阳极之间的渗透。质子交换膜的性能好坏直接决定着燃料电池的性能和使用寿命。理想的质子交换膜需要具备高质子传导率、低电子导电率、低气体渗透性，以及良好的化学、电化学、热稳定性。

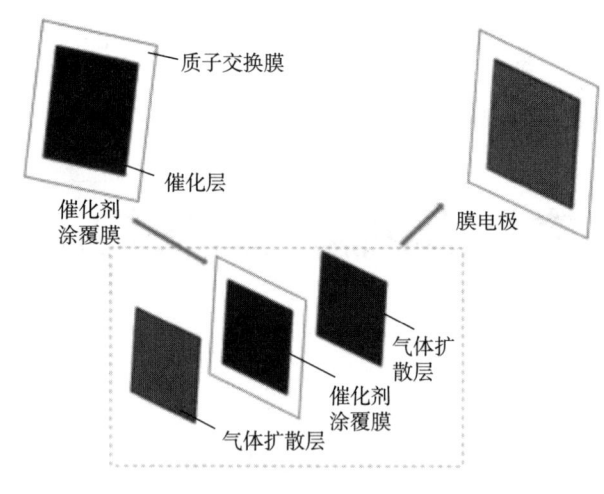

图 5.1　膜电极的结构示意图

催化层是膜电极的重要组成部分，阳极使用催化剂促进氢气的氧化反应，涉及氧化反应、气体扩散、电子运动、质子运动、水的迁移等多种过程。阴极使用催化剂促进氧气的还原反应，涉及氧的还原、氧气扩散、电子运动、质子运动、反应生成的水排出等。

气体扩散层位于膜电极组合体两侧，主要作用包括支撑催化层、传导电流、传导气体和排出反应产物水。

5.1.2　膜电极的制备

20 世纪 60 年代，美国通用电气公司采用铂黑作为燃料电池催化剂，当时膜电极铂载量超过 4 mg/cm²。20 世纪 90 年代初，美国洛斯阿拉莫斯国家实验室采用碳载铂取代铂黑的油墨制造工艺后，使得膜电极的铂载量成倍降低。2000 年后，低温、全固态的膜电极技术逐渐成熟，使得质子交换膜燃料电池进入示范应用阶段。伴随着质子交换膜燃料电池几十年发展，膜电极制备工艺经历了以下几代革新。

第一代膜电极被称为气体扩散电极（gas diffusion electrode，GDE），指将催化剂涂布在气体扩散层上，然后用热压法将气体扩散电极和质子交换膜结合在一起，简称 GDE 法，如图 5.2 所示。该类膜电极制备工艺简单，技术成熟，但也存在两个主要问题。第一，催化剂易通过孔隙嵌入到气体扩散层内部，造成催化剂利用率低；第二，催化剂层与质子交换膜之间结合较差，导致膜电极总体性能不高。因此，第一代膜电极技术目前已经基本被淘汰。

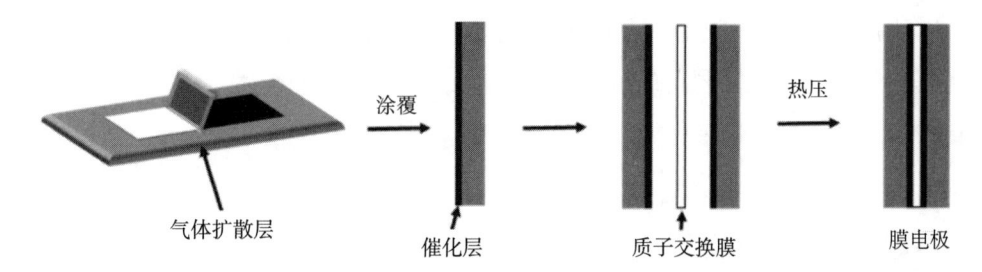

图 5.2 GDE 法膜电极制备工艺流程

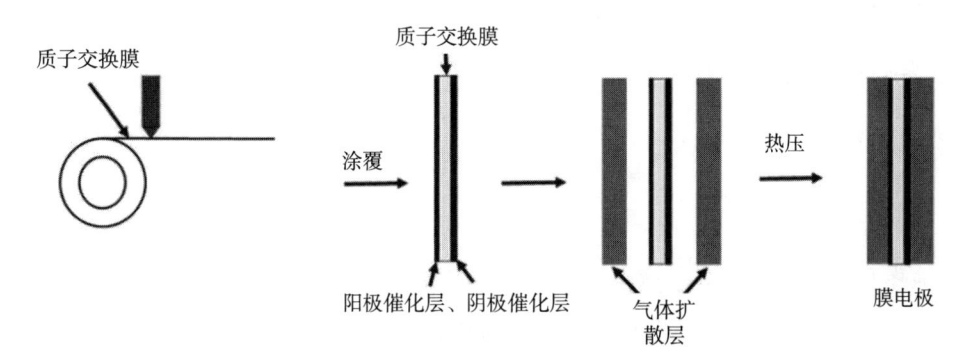

图 5.3 CCM 法膜电极制备工艺流程

第二代膜电极采用催化剂涂覆膜（catalyst coated membrane，CCM）技术，采用卷对卷直接涂布、丝网印刷、喷涂等方法直接将催化剂、磺酸树脂和适当分散剂组成的浆料涂布到质子交换膜两侧，再通过热压法将气体扩散层和附着催化层的质子交换膜结合在一起，简称 CCM 法。如图 5.3 所示。

与第一代方法相比，该方法使用质子交换膜的核心材料作为黏结剂，降低了催化层与质子交换膜之间的质子传输阻力，增加了催化剂和质子交换膜的接触面积，在一定程度上提高了膜电极的性能以及催化剂的利用率（小于 0.4 mg/cm^2）和耐久性。与 GDE 法相比，CCM 法制备出的膜电极催化剂利用率高，催化剂与质子交换膜黏附力大，不易发生脱落，且寿命较长，因此是当今主流的燃料电池膜电极商业制备方法。第二代膜电极的主要缺陷为在反应过程中催化层结构不稳定，寿命有限。CCM 法目前商业化程度最高，已大批量生产。

第三代有序化膜电极，如图 5.4 所示，指把铂催化剂制备到有序化的纳米结构上，使电极呈有序化结构，获得坚固、完整的催化层。该方法进一步提高了燃料电池性能，降低催化剂铂载量（≈ 0.1 mg/cm^2），是目前膜电极制造研究的热点，但仍处于研发试验阶段。

从目前的技术成熟度来说，CCM法仍是主流方法，但有序化膜电极给降低成本提供了参考方向。CCM制备法作为目前主流的膜电极制备技术，一般流程如图5.5所示。

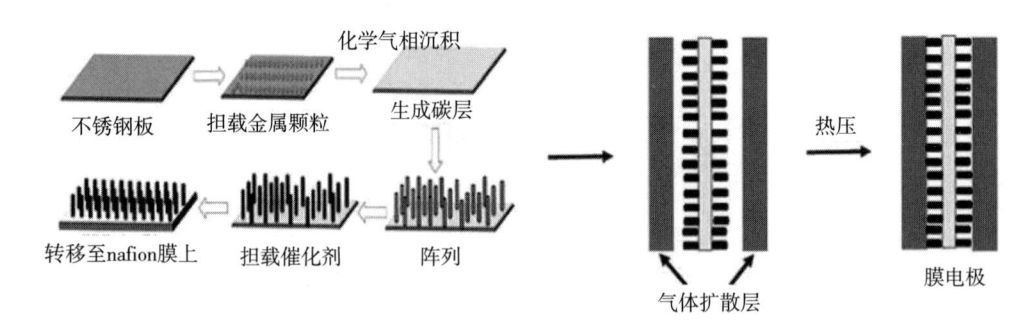

图5.4 有序化膜电极制备工艺流程

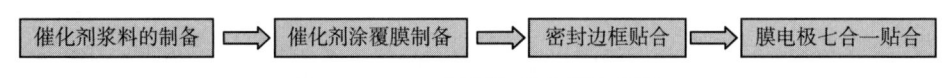

图5.5 CCM法制备膜电极流程图

下面以市场成熟的CCM法制备方法详细介绍膜电极的制备工艺。

1. 催化剂浆料的制备

阴阳极浆料分别由催化剂、一定比例的去离子水和有机溶剂、离聚物等混合而成。按照相应的比例准备相应的物料，然后经过一定的步骤混合在一起。将混合后的材料通过分散设备进行分散，分散可以用浆式搅拌机、球式搅拌机、超声波分散机等设备的一种或者全部，如图5.6所示。

待催化剂浆料混合好后，进行除泡等工序，并确定好物料的黏度等特性，以备涂布。

2. 催化剂涂覆膜制备

目前能够实现催化剂涂覆膜量产的制备方法主要为转印法和直接涂膜法。按照常规的转印工艺，一分钟能完成3~6片膜电极的涂布，阴阳极双面直涂一分钟可以做到30片以上（按照一米膜电极6片计算）。从制造效率来看，阴阳极双面直涂工艺更能满足自动化批量制造的需求。但是直涂工艺需解决膜溶胀难题，现阶段业界主要是通过配方的改良和工艺改造实现双面直涂。而转印工艺不存在膜溶胀的问题，工艺控制更加容易。

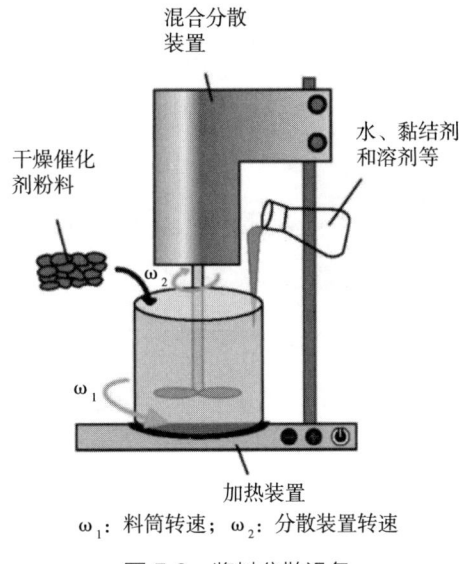

图 5.6　浆料分散设备

1）转印法制备工艺

首先完成催化剂浆料的涂布和干燥，如图 5.7 所示，将制备好的阴阳极催化剂浆料分别通过涂布设备，均匀涂布到载体（一种离型膜）上并通过干燥烘箱逐步固化，然后通过测试设备检测后卷曲成卷，以待下一道工序。

然后将固化的催化剂层热转印到质子交换膜上，如图 5.8 所示。将固化好的催化剂层阴极和阳极分别放置于质子交换膜的两侧，然后通过热辊在一定的温度和压力下热转印到质子交换膜上，形成催化剂涂覆膜。

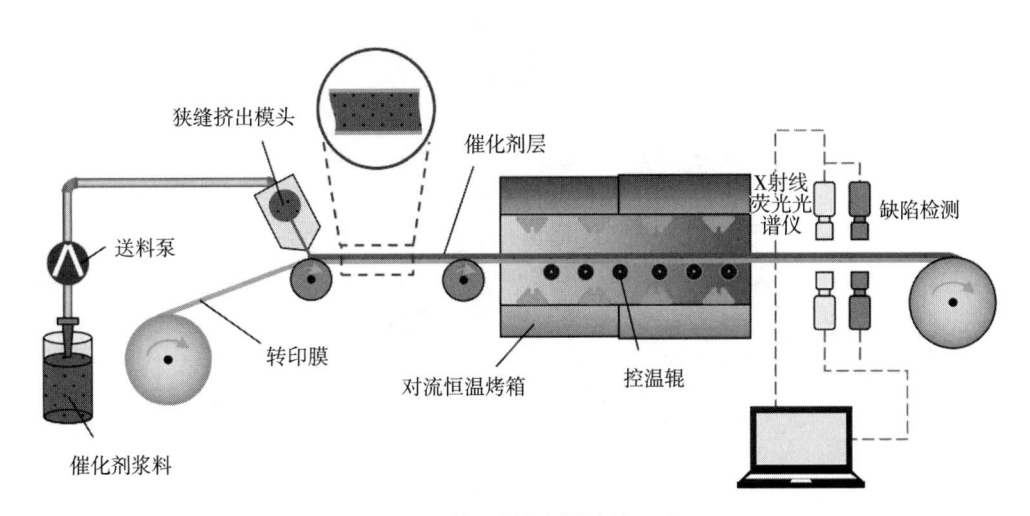

图 5.7　催化剂浆料涂布流程图

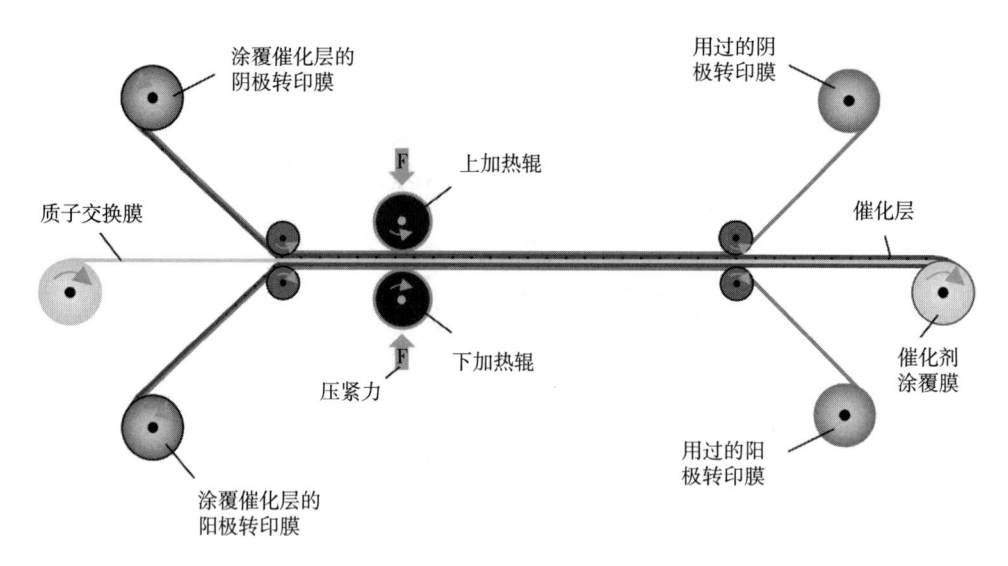

图 5.8　热转印流程图

2）直涂法制备工艺

直涂法制备，顾名思义，就是将催化剂浆料直接涂布在质子交换膜上，目前常用的方式有以下两种：①直接涂布式：此工艺就是直接将制备好的催化剂浆料涂布在质子膜的两侧（图 5.9），但需要注意质子膜的溶胀问题。②通过传送辊的间接涂布式：此工艺就是先将催化剂浆料涂布在转移辊上，再从转移辊转移到质子膜的两侧（图 5.10），该工艺可以有效降低质子交换膜的溶胀问题，但转移辊的控制条件比较苛刻。

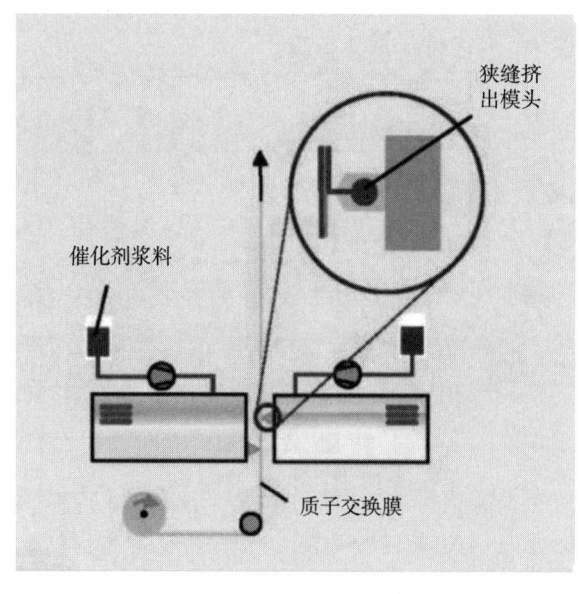

图 5.9　直涂式 CCM 法

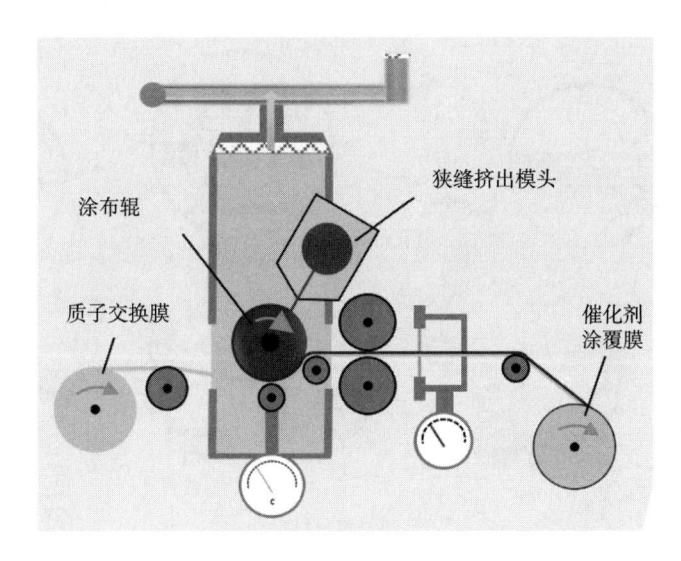

图 5.10　传送辊间接涂布式 CCM 法

3. 膜电极密封边框贴合

密封边框的贴合有两种方式，一种是片对片贴合，另一种是卷对卷贴合。

1）片对片密封边框贴合工艺

片对片密封边框贴合工艺目前比较常见，其优点是设备工艺成熟，适合各种热熔胶和压敏胶边框膜贴合。其缺点是生产效率相对低，适合试验/小试/中试线。

具体工艺是将密封边框材料先按照有效面积要求裁成相应尺寸的片材，同时将催化剂涂覆膜裁成所需的尺寸（比有效面积略大），然后将裁好的下边框材料置于定位模具内，分别在上面放上裁好的催化剂涂覆膜与上边框材料，而后通过层压机压合，形成带边框的膜电极。

2）卷对卷密封边框贴合工艺

卷对卷密封边框贴合工艺因生产效率高，越来越受到重视。其加工流程如图 5.11 所示，将密封边框材料先按照有效面积要求裁成相应的尺寸，同时将催化剂涂覆膜裁成所需的尺寸（比有效面积略大），然后将裁好的催化剂涂覆膜与单面密封边框贴合，与另一面边框通过层压辊压合，形成带边框的膜电极。

4. 膜电极七合一贴合

根据膜电极封边贴合工艺，膜电极七合一贴合有两种方式，一种是片对片贴合，另一种是卷对卷贴合。

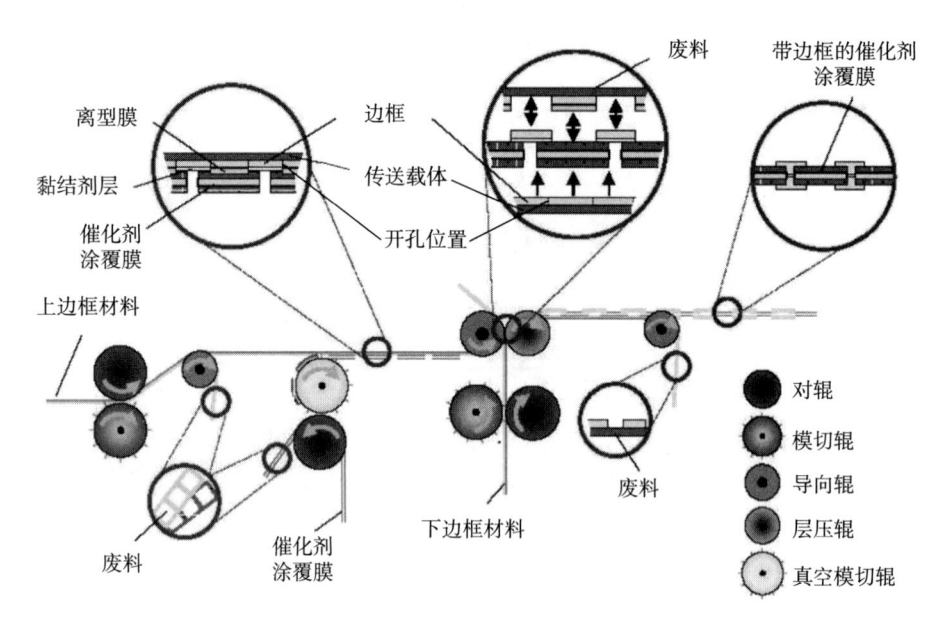

图 5.11 密封边框加工方式流程示意图

1）片对片密封边框贴合工艺

片对片密封边框贴合工艺是将气体扩散层裁成所需尺寸的片材，然后将其贴合在已经贴合好边框的膜电极两侧，再通过层压机压合，形成膜电极。该方法设备工艺成熟，定位难度低；设备柔性空间大，适应性强。但其生产效率相对较低，适合试验/小试/中试线。

2）卷对卷密封边框贴合工艺

卷对卷密封边框贴合工艺是将带边框的催化剂涂覆膜卷材，与裁切成一定形状的气体扩散层通过辊压装置贴合在一起，然后通过分切装置分切成需要的膜电极，如图 5.12 所示。该工艺生产效率高，对工艺设备要求高，仅适合量产线。

随着产能的需求越来越大和对性能的要求越来越高，膜电极制备的工艺也在不断进步，但基本工艺和工序类似。

5.1.3 膜电极的发展现状和趋势

1. 国内外发展现状

随着我国燃料电池装机量增长迅速，对膜电极的需求也会逐步释放。2022 年，全年国内企业燃料电池膜电极市场出货量总计超 20 万 m^2，同比上年增长超 50%，国产膜电极加速扩张，预计 2030 年膜电极的市场需求量将超 200 万 m^2。

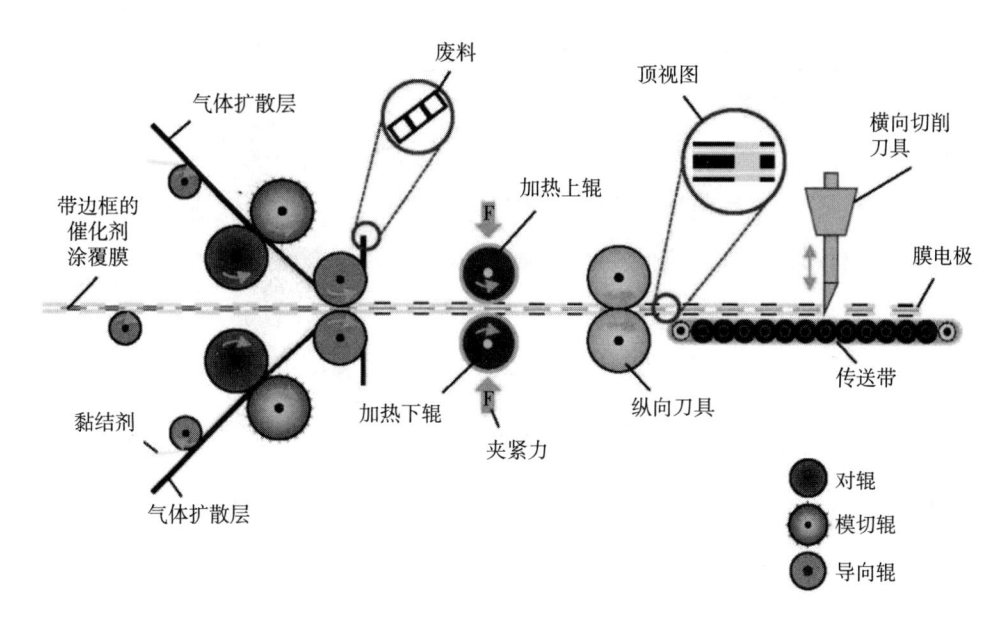

图 5.12　膜电极贴合工艺流程示意图

在 2018 年以前，国内膜电极尚不成熟，大量膜电极依靠进口。国外知名的膜电极企业主要有巴拉德、戈尔公司（Gore）和庄信万丰（Johnson Matthey）。

巴拉德作为全球率先实现燃料电池技术商业化的企业，研发燃料电池技术超过 40 年，巴拉德燃料电池产品覆盖催化剂、双极板、膜电极、电堆及系统全产业链，并在全球培育了完善的供应链。2021 年初，巴拉德在温哥华总部工厂中将每种燃料电池关键组件的专有膜电极组件的生产能力扩大 6 倍。升级后每年可生产 600 万片，等同于大约 1.66 GW 产品。2021 年 9 月，巴拉德在山东新设膜电极制造和创新中心项目。

戈尔公司的基于 GORE-SELECT® 质子交换膜制成的 GORE®PRIMEA® 膜电极组件已成为质子交换膜燃料电池行业膜电极组件的领先供应商。2021 年 3 月 18 日，戈尔公司隆重宣布，GORE-SELECT® 质子交换膜技术荣获丰田汽车公司久负盛名的"工程技术奖"。丰田公司于 2020 年 12 月推出了新一代高级环保燃料电池汽车——2021 款 MIRAI，GORE-SELECT® 质子交换膜凭借其创新技术，助力新一代 MIRAI 实现了出色性能和价值，从而获此殊荣。

庄信万丰在燃料电池领域涉足研发生产催化剂、质子交换膜、催化剂涂覆膜及膜电极已有 20 多年的历史。2020 年 10 月，庄信万丰 400 万片/年膜电极产线在上海松江竣工，该条产线竣工投产后，庄信万丰全球膜电极产能扩大至 600 万片/年。2021 年 1 月，庄信万丰获得燃料电池全球领导者 SFC Energy AG（SFC）价值数百万英镑的订单，庄信万丰将为后者提供40万个膜电极组件。该膜电极组件将供SFC用于固定式和移动式混合动力解决方案。订单协议从2021年2月开始，为期3年。

2018年以前，国内膜电极制备以喷涂工艺为主，喷涂工艺催化剂的利用率低，且生产效率低，不利于膜电极性能的一致和成本的降低。2018年鸿基创能开始引入第一套卷对卷的催化剂涂覆膜直涂设备，开启了国内规模化制备膜电极的先例，同时也开启了膜电极国产化的道路。

随着催化剂、质子交换膜和扩散层等膜电极核心材料的不断优化和膜电极成型工艺和技术的改进，膜电极在性能和产能上都有了很大的提升。国内企业膜电极主要参数已经与国际先进水平接近，部分参数可以达到国外先进水平。国内领先膜电极企业的膜电极产品功率密度均超过 1.3 W/cm^2，测试使用寿命超过 20000 h，已基本满足产业化应用需求。

2021年以来，国内企业加速布局膜电极产业，如鸿基创能、未势能源、捷氢科技、武汉理工氢电、唐锋能源、擎动科技、新源动力等企业都有了一定的进展和布局，具体进展如表5.1所示。

表 5.1　国内主要膜电极企业产能及膜电极性能

厂家	产能情况	性能
鸿基创能	2023年产能达1000万片/年；2025年预计产能2000万片/年	电流强度 1.5 A/cm^2 时，功率密度 >1 W/cm^2，最高 1.4 W/cm^2；铂金催化剂载量 ≤ 0.3 mg/cm^2；抗反极能力 >120 min
未势能源	卷对卷膜电极生产线；可年产膜电极100万片以上	1.3 W 以上，铂载量 0.35 mg/cm^2 以内，抗反极时间 >120 min，耐久性 >10000 h
捷氢科技	引进了全球最高效的"间歇式"卷对卷直接涂布流水线，同时年产能将达到500万片	具备批量化生产能力，目前主要供给自有电堆，考虑对外提供膜电极
武汉理工氢电	实现卷对卷生产，可年产膜电极100万片以上	车用膜电极性能：铂载量 ≤ 0.5 mg/cm^2，功率密度达 1.68 W/cm^2（额定电流密度：0.6 V@2.8 A/cm^2）；抗反极时间 >120 min，耐久性 >20000 h
唐锋能源	自主开发的CCM涂敷工艺，膜电极自动封装工艺及膜电极成型工艺，实现效率与性能的平衡，年产能达到100万片，处于行业领先水平	自主创新的高性能低铂膜电极，铂载量 <0.25 gPt/k。性能 >1.3 W/cm^2@0.65 V；寿命 >10000 h

续表

厂家	产能情况	性能
擎动科技	膜电极年产能 200 万片的全自动膜电极直接涂布生产线和膜电极封装生产线 2 条	HPM-H151N 膜电极输出性能 >1.5 W/cm^2，寿命 >15000 h，铂载量 0.35 mg/cm^2；HPM-H161N 膜电极输出性能 >1.3 W/cm^2，寿命 >25000 h，铂载量 0.45 mg/cm^2；抗反极时间 >120 min
新源动力	采用卷对卷双斑直涂工艺，CCM 年产 30 万 m^2	功率密度 1.2~1.5 W/cm^2；耐久性 >20000 h

数据来源：相应公司网站。

综上所述，国内膜电极制备工艺和产品性能均已达到较高的水准，通过国产化膜电极产品规模化应用增强供应商议价能力，大批量采购情况下，上游原材料成本有望大幅下降，同时规模效应摊薄高昂的设备投入，带动膜电极成本持续下行，进而降低了燃料电池电堆和系统的成本，有效推动燃料电池商业化进程。具体如图 5.13 所示。

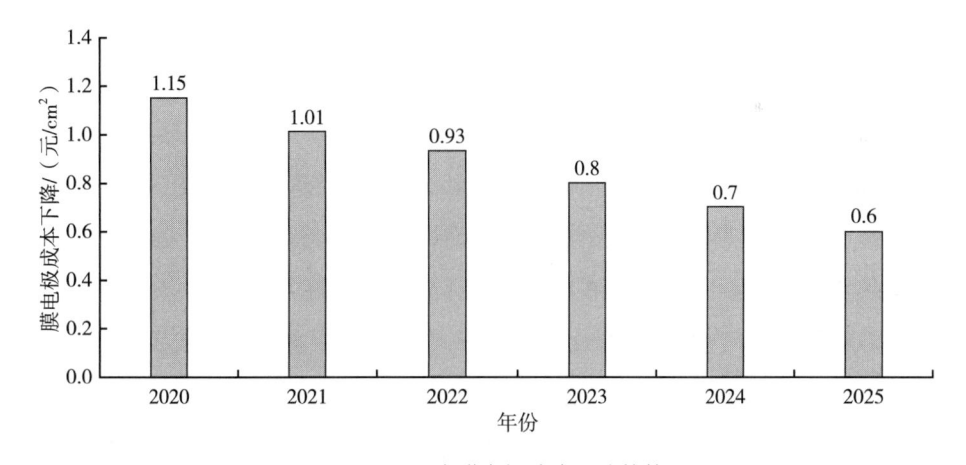

图 5.13　国产膜电极成本下降趋势

膜电极性能的提升除归因于膜电极材料的改善外，也依赖于成型工艺和成型技术的提高，在膜电极产业化方面，涂布工艺是主流。2020 年开始，国内膜电极生产设备厂家也如雨后春笋一样，快速增加。膜电极生产设备目前已经可以实现国产化自主控制，为膜电极自主可控奠定了制造基础。

膜电极生产设备企业大致分为两大类，一类是单一技术设备企业，如催化剂分散设备、喷涂设备企业；另一类是解决方案类企业（含设备）。目前国外设备企业主要为前者，即仅提供膜电极生产设备，少数会配套相应的技术支持；而国内本土企业具有地理、交付以及成本等优势，走出了提供从浆料制备到封装及电堆组装、系统集成的整个流程所需的解决方案和相应配套设备的新道路，如隆深氢能、先导智能、魔方新能源、世椿新能源等。

燃料电池技术的推广和应用，离不开技术的不断进步和发展。目前通过膜电极、双极板等核心部件的国产化，成本有了很大的降低，为燃料电池产业化推广奠定了基础。我国主要的膜电极供应商头部企业虽然已经实现膜电极自主制备，但催化剂、质子交换膜和气体扩散层等核心材料主要依赖进口，仅国电投氢能公司实现了膜电极核心材料级别的完全自主化，自主化之路任重道远。

2. 未来发展趋势

成本高、核心材料国产化程度低是我国膜电极发展遇到的主要障碍。目前虽然通过规模化效应已经大幅度降低了膜电极的成本，但要想进一步降低成本，推动燃料电池技术进步。膜电极核心材料的国产化和性能提升将发挥重要的作用。

膜电极核心材料的国产化替代是燃料电池产业自主可控的需要，也是燃料电池系统成本进一步降低的需要，关系到整个产业的未来。膜电极作为燃料电池成本中枢，其国产化进程快慢很大程度上影响未来规模化生产的降本节奏。尽管目前想完全实现国产替代还有很大的困难，但我国在催化剂、质子交换膜和气体扩散层等方面均有所突破，这也为我国燃料电池产业链自主可控创造了条件。短期国产化、规模化将是降本的主要推动，未来功率密度提升带来更大降本空间。

随着燃料电池终端应用场景不断丰富，对电堆产品的功率大小、功率密度、物料（BOM）成本等提出了更高、更严格的要求，尽管电堆企业在电堆产品、技术、生产工艺等各方面做足了功夫，但同时也对膜电极企业提出了更多的考验。结合对膜电极产品和技术的趋势的理解，判断短期内膜电极的发展趋势主要体现在产品尺寸、功率密度及铂载量方面。

1）产品尺寸

目前，当前单片膜电极有效面积一般在 300 cm² 左右。由于长途重载场景的需求，国内众多企业纷纷发布了 200~300 kW 的超大功率单堆产品，但在当前膜电极的功率密度条件下，如果要实现单堆功率的不断提升，只能从两方面去着手，第一是增加单电池节数，第二是增加单电池活性面积，即膜电极尺寸。

增加单电池节数固然可以快速提高单堆功率，但是在叠片超过一定数量之后，对于整堆膜电极的一致性要求成指数级增加，包括对水/气分布、散热等要求都成倍提高；扩大膜电极产品尺寸能解决叠片数量过多的问题，使得单堆产品在一致性、安装尺寸等各方面有一定的解决能力，但是在单电池方面也存在着一致性、水/气分布和散热的难点。

因此电堆/膜电极企业会根据自身的技术现状与能力，权衡选择叠片数量和膜电极尺寸的最优搭配。

2）功率密度

功率密度一直都是膜电极产品的核心指标之一，现阶段，国内膜电极功率密度大多在 1.2~1.8 W/cm^2@0.6 V、1~1.5 W/cm^2@0.65 V，而国外优秀企业已经将该性能做到了 2 W/cm^2@0.65 V。因此在功率密度提升方面，未来膜电极性能还能进一步提升，甚至可能到 2.4 W/cm^2@0.65 V。

提高功率密度需要膜电极各材料部件性能进一步提升；另外操作温度的提高也能有效提高催化活性，降低欧姆极化阻力，提高功率密度，但目前的材料体现，温度提升有限，电堆温度应 <120℃。

功率密度的提升必然会对散热提出更高要求。当功率密度提升到一定数值后，提高额定工况点，提升能量转换效率将成为必然趋势。

3）铂载量

降低铂载量能有效降低膜电极成本，但必须考虑成本与寿命的平衡。目前国内主要推广商用车，行业目前普遍铂载量基本维持在 0.3~0.4 mg/cm^2，目前 0.3 mg/cm^2 的铂载量基本达到了当前寿命和经济性的相对平衡，进一步降低铂载量对膜电极的耐久性将是很大的挑战。

乘用车的耐久要求没有商用车那么高，且乘用车的 TCO（全生命周期总拥有成本）中一次购置成本占比较大，电堆的成本敏感性较高，可以适当降低铂载量而达到成本、性能和寿命的平衡。

因此铂载量的降低是长期趋势，但需结合应用需求做好成本、性能和寿命的平衡。

5.1.4 膜电极产业化发展路线

1. 关键技术指标及影响因素

根据全球氢能的测算，如果可以实现关键部件的国产化替代，产业规模从年产 1000 套提升至年产 50 万套，可以带动膜电极成本降低 13%。因此未来，通过实现关键部件的国产化替代、扩大生产规模来降低膜电极生产成本将是必然的发展趋势。

据势银（Trendbank）数据显示，2018—2019年进口膜电极占据了国内市场主要份额，分别占国内市场份额77.8%和52.9%，2020年开始进口膜电极市场份额明显降低，约占市场份额20%，2022年前三季度车用膜电极装机国产化率达到90%。可以看出，随着技术的发展，国产膜电极市场份额从2020年开始快速上升，进口量大幅减少。膜电极的国产化取得了不错的进展，基本实现了国产化替代，并且鸿基创能已经有不小数量的膜电极出口。但其中催化剂、质子交换膜和气体扩散层大部分仍需从国外进口，但国内企业相关进展也较为喜人。

自2018年以来，通过国产化替代和规模化制备已经实现了成本的极大降低。2023年下半年膜电极的成本进一步降低，已经降到500元/kW以下，未来想要进一步降低成本，核心材料的国产化将势在必行。

目前行业普遍铂载量基本维持在0.3~0.4 mg/cm^2，由于不同的应用领域对寿命的要求不同，那么载量的要求也有所差异。相对于商用车一般需要较高的寿命，>11000 h，那么膜电极的载量要求就比较高，一般在0.4 mg/cm^{2}左右。而乘用车对于寿命的要求相对较低，约6000 h，那么铂载量可以适当降低，但也在0.3 mg/cm^{2}左右。

2. 产业技术发展路线

现阶段，我国已经逐步掌握了膜电极制备技术、工艺和设备，并实现国产可控。同时，膜电极性能不断提升，成本也在国产化和规模化的过程中逐步降低，初步具备了产业化基础。但组成膜电极的核心材料并不完全掌握。所以首先需要考虑核心原材料的自主可控，然后逐步实现成本和寿命满足商品化需求，进而达到该技术的完全商业化。膜电极产业技术路线图如表5.2所示。

1）2025年实现关键原材料的自制可控

通过国家相关政策的推进，国产化提速加快，在催化剂、质子交换膜和气体扩散层等关键材料和设备上要有进步，实现关键材料完全自主可控。

在国产替代的过程中实现膜电极成本的降低，膜电极成本达到300元/kW；同时贵金属铂用量进一步降低，乘用车用膜电极铂载量<0.2 g/kW，寿命≥6000 h；商用车用膜电极铂载量<0.25 g/kW，寿命≥15000 h。

2）2030年实现膜电极性能和成本的双重达标

目前虽然膜电极的整体性能有了很大的提升，主流的膜电极性能都达到1.3 W/cm^{2}以上，有的甚至达到1.6~1.8 W/cm^2。但这些数据大多是基于进口原材料。国产材料制备的膜电极性能要低20%左右，要提升的空间很大。而燃料电池技术整体自主可控，需要我们国产化材料的性能不断提升,同时利用国产化的优势,不断降低成本,达到商品化要求。通过5年的努力,实现国产膜电极性能达到或接近国外水平,成本进一步降低。

膜电极成本达到150元/kW;同时贵金属铂用量进一步降低,乘用车用膜电极铂载量<0.125 g/kW,寿命≥7000 h;商用车用膜电极铂载量<0.2 g/kW,寿命≥25000 h。

3）2035年实现膜电极性能指标达到国际领先水平

结合国内制造业基础,不断优化和改进国产膜电极核心材料。并通过工艺技术的改进不断降低成本,实现国产膜电极性能达到国际领先水平,掌握膜电极的核心技术。

膜电极成本达到80元/kW;同时贵金属铂用量进一步降低,乘用车用膜电极铂载量<0.05 g/kW;寿命≥8000 h;商用车用膜电极铂载量<0.125 g/kW;寿命≥30000 h。

表5.2 膜电极产业技术路线图

实现年份	现阶段	2025年
产业水平	批量化制备能力	产能和技术水平不断提升,实现核心材料自主可控
现状或目标	国产化率>80%;膜电极成本<500元/kW。膜电极性能在1.3 W/cm² 左右。商用车铂载量<0.3 g/kW,寿命>10000 h;乘用车铂载量<0.25 g/kW,寿命>5000 h	实现催化剂、气体扩散层和质子交换膜等关键材料国产化替代。膜电极成本<300元/kW。商用车铂载量<0.25 g/kW,寿命≥15000 h;乘用车铂载量<0.2 g/kW,寿命≥6000 h
实现年份	2030年	2035年
产业水平	不断推进性能和成本降低,和国外产品相对	进一步降低成本,性能达到国际领先水平
现状或目标	膜电极成本≤150元/kW。商用车铂载量<0.2 g/kW,寿命≥25000 h;乘用车铂载量<0.125 g/kW,寿命≥7000 h	膜电极成本≤80元/kW。商用车铂载量≤0.125 g/kW,寿命≥30000 h;乘用车铂载量≤0.05 g/kW,寿命≥8000 h

5.2 质子交换膜

5.2.1 概述

质子交换膜（PEM）也称为质子膜或氢离子交换膜,其性能的好坏直接决定着燃料电池的性能和使用寿命。质子交换膜是膜电极核心材料,质子交换膜在燃料电池的主要功能有两个:一方面为电解质提供离子通道,另一方面作为隔膜隔离两极反应气体。此外，质子交换膜还需要对催化剂层起到支撑作用。质子交换膜性能的好坏直接决定着燃料电池的性能和使用寿命。评价质子交换膜的性能指标主要为离子基团当量值（EW 值）、离子交换能力、离子传导率、膜厚度、气体渗透率、机械强度及成本等。性能优良的质子交换膜应具有质子传导率高、化学稳定性好、热稳定性好、机械性能好、气体渗透性小、水的电渗系数小、价格低廉、易成型加工等优点。

全氟磺酸膜是目前主流质子交换膜。质子交换膜根据含氟情况进行分类，主要包括全氟磺酸膜、部分氟化聚合物质子交换膜、复合质子交换膜和非氟化聚合物质子交换膜。其中由于全氟磺酸聚合物具有聚四氟乙烯结构，其碳－氟键的键能高，使其力学性能、化学稳定性、热稳定性佳，使用寿命远好于其他膜材料的使用寿命，同时由于分子支链上存在亲水性磺酸基团，具有优秀的离子传导特性。全氟质子交换膜机械强度高，化学稳定性强，能够适应苛刻的电池（电解池）的工作环境，对装置的电化学性能起到不可忽视的重要作用。这几类燃料电池质子交换膜的优缺点如表 5.3 所示。

表 5.3 燃料电池质子交换膜的优缺点

类型	材料	优点	缺点	代表产品
全氟磺酸质子交换膜	由碳氟主链和带有磺酸基团的醚支链构成	机械强度高，化学稳定性好，导电率较高，低温时电流密度大，质子传导电阻小，目前应用最广泛	温度升高使质子传导性能变差，高温易发生化学降解，成本较高	科慕 Nafion 系列膜、旭化成 Aciplex、旭硝子 Flemion、东岳集团 DF 等
部分氟化聚合物质子交换膜	用取代的氯化物代替氟树脂，或用氯化物与无机或其他非氟化物共混	成本低，工作效率较高，并且能够使电池寿命提升到 15000 h	机械强度及化学稳定性较差	加拿大巴拉德（Ballad）的 BAM3G 系列
复合质子交换膜	修饰材料和全氟磺酸树脂构成的复合膜	机械性能改善，改善膜内传动与分布，降低质子交换膜内阻	制备技术要求较高	戈尔公司：多孔聚四氟乙烯基底与 Nafion 树脂结合
新型非氟化聚合物质子交换膜	无氟化烃类聚合物膜	成本低，环境污染小	化学稳定性较弱	DAIS 公司：磺化苯乙烯丁二烯/苯乙烯嵌段共聚物膜

5.2.2 质子交换膜的制备

质子交换膜的制膜工艺直接影响膜的性能，目前制膜工艺主要有两种：熔融成膜法和溶液成膜法。

1. 熔融成膜法

熔融成膜法也叫熔融挤出法，是最早用于制备全氟磺酸（PFSA）质子交换膜的方法。制备过程是将树脂熔融后通过挤出流延或压延成膜，经过转型处理后得到最终产品，如图 5.14 所示。熔融挤出法由杜邦公司率先完成商业化生产，苏威的 Aquivion 系列产品也采用类似工艺，使用的原材料为短侧链全氟磺酸。

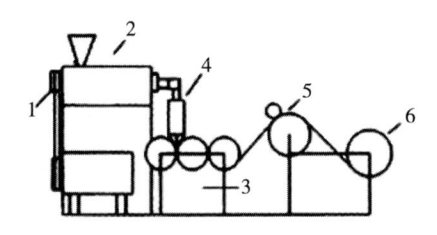

1- 减速电机；2- 单螺杆挤出机；3- 三辊上光机；4- 流延机头；
5- 隔离纸辊；6- 收卷辊

图 5.14 熔融成膜法示意图

这种方法制备的薄膜厚度均匀、性能较好、生产效率高，适合用于批量化生产厚膜，且生产过程中无需使用溶剂，环境友好。缺点在于，一方面由于工艺特点，熔融挤出法无法用于生产薄膜，无法有效解决全氟磺酸质子膜成本的问题，另一方面，经过挤出成型制成的膜还需进行水解转型才能得到最终产品，在这一过程中较难保持膜的平整。鉴于上述问题无法从根本上得以解决，熔融法在质子交换膜领域的研究和应用呈现下降趋势。

2. 溶液成膜法

溶液成膜法是目前科研和商业化产品采用的主流方法。其大致制备过程为：将聚合物和改性剂等溶解在溶剂中后进行浇铸或流延，最后经过干燥脱除溶剂后成膜，如图 5.15 所示。溶液成膜法适用于绝大多数树脂体系，易实现杂化改性和微观结构设计，还可用于制备超薄膜，因此备受关注。

溶液成膜法根据后段工艺的差别可以进一步细分为溶液浇铸法、溶液流延法和溶胶-凝胶法。

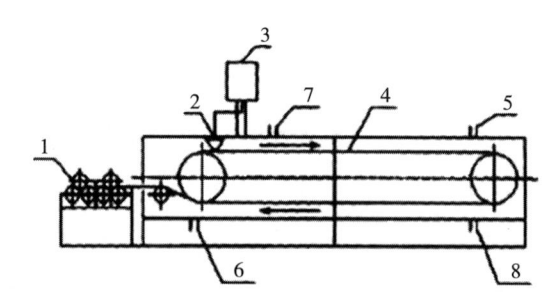

1-收卷装置；2-流延刀具；3-储料罐；4-钢带；5、6-进风口；
7、8-出风口

图 5.15　溶液成膜法示意图

1）溶液浇铸法

溶液浇铸法是直接将聚合物溶液浇铸在平整模具中，在一定的温度下使溶剂挥发后成膜。这种方法简单易行，主要用于实验室基础研究和商业化前期配方及工艺优化。

2）溶液流延法

溶液流延法是溶液浇铸法的延伸，可用于大批量连续化生产，因此目前商业化产品（主要是全氟磺酸质子交换膜）多采用溶液流延法。

溶液流延法可通过卷对卷工艺实现连续化生产，主要包括树脂溶解转型、溶液流延、干燥成膜等多道工序，相比于熔融挤出法，其工序更长，流程较为复杂，溶剂需要进行回收处理，但优势在于产品性能更佳且膜厚更薄。

主要生产公司及产品有美国戈尔 Gore-select 系列膜、杜邦第二/三代 Nafion 膜、旭化成 Acflex 膜、旭硝子 Flemion 膜等。

3）溶胶-凝胶法

溶胶-凝胶法通常用于制备有机-无机复合膜，利用溶胶-凝胶过程来实现无机填料在聚合物基体中的均匀分散。

简要制备过程如下：将预先制备好的聚合物均质膜溶胀后浸泡在溶解有醇盐（Si、Ti、Zr 等）的小分子溶剂中，通过溶胶-凝胶过程将无机氧化物原位掺杂到膜中得到复合膜。通过这种方式制成的有机-无机复合膜性能一般优于直接溶液共混成膜，用这种薄膜制成的燃料电池在 130℃ 高温下仍能保持稳定工作，但无法实现薄膜的大批量连续化生产。

5.2.3 质子交换膜的发展现状和趋势

1. 国内外现状

全球质子交换膜产能基本上被国外垄断。全氟质子交换膜生产主要集中在海外，长期以来全氟质子交换膜生产主要集中在美国、日本、加拿大等国家，主要公司包括美国杜邦、陶氏、戈尔公司，日本旭硝子、旭化成。杜邦公司为最早开发利用全氟质子交换膜的公司，2003年以前，杜邦是能够唯一量产质子交换膜的企业，处于质子交换膜行业的顶尖位置。2015年后美国戈尔公司在增强膜方面具有知识产权优势，丰田Mirai、现代NEXO和本田Clarity等都采用戈尔公司产品，国内生产的燃料电池膜电极中，戈尔公司的增强复合膜市场占比达90%以上。

鉴于质子交换膜在燃料电池中的关键作用，国内也有不少企业开始参与到质子交换膜的自主开发中，并且取得了一定的成果。国产质子交换膜已实现规模化应用，但构成质子交换膜的核心材料很多依赖进口。因此，从产业安全考虑，自主可控和国产化是必然的需要，我们需要从质子交换膜的全产业链考虑，各个击破。国内少数成功实现质子交换膜商业化量产的企业为东岳集团、江苏科润、北京清驰、武汉绿动氢能、深圳通用氢能等。其中东岳具有原料、中间体、单体、聚合物膜全产业链，已建成全国唯一全氟酸质子膜树脂合成生产线，实现量产并批量供货。当前产品已经进入奔驰公司的供应链体系，稳定性、可靠性、寿命已经进入规模化验证中。

表5.4是国内外质子交换膜厂家产品情况对比。

质子交换膜核心关键原料包括全氟磺酸树脂、支撑骨架e-PTFE。

对于制备质子交换膜用的全氟磺酸树脂，一方面，需要考虑基醚单体的选择、全氟提纯工艺、在合成的过程中对分子量的筛选和分布等多种因素。其中，还需要过硬的技术人员和持续的资金投入才能批量稳定的生产出合格产品。另一方面，量产全氟磺酸树脂材料，只有具备实力的大型氟化工企业才能做到。构成全氟磺酸树脂的四氟乙烯是高危化学品，不能运输，只在生产这种气体的厂房进行制造。此外更关键的是，质子交换膜做成后，还需和汽车企业结合起来做试验评价。目前，全球通过燃料电池膜成功突破6000 h寿命加速测试的只有山东东岳和美国戈尔。

国内除山东东岳能够实现批量制备外，汉丞科技、巨化集团、上海三爱富等少数企业有小规模生产能力。另外科润新材料拟投3亿元建年产500 t全氟磺酸树脂生产项目，向质子交换膜原材料领域布局；上海汉单精细化工有限公司拟开展年产50 t新能源电池膜用全氟磺酸树脂生产项目建设。

表5.4 国内外主要的质子交换膜厂家对比

	生产厂家	产品厚度/μm	产品用途	主要原料来源	备注
国外	戈尔公司	8~15	主要用于燃料电池，其他用途也有涉猎	e-PTFE骨架自产，树脂外购	Gore-select复合膜；改性全氟型磺酸膜技术处于全球领先地位
	科慕	15~175	主要用于电解水制氢，燃料电池也有开发	树脂自产，复合膜骨架外购	Nafion膜/复合膜；化学稳定性强，机械度高，在高温度下，导电率高，低温下电流密度大，质子传导电阻小
	苏威	12~200	主要用于电解水制氢，燃料电池领域也开始使用	树脂自产，复合膜骨架外购	
	旭硝子	50~120	主要用于电解水制氢领域	树脂自产	Flemion膜具有较长支链，性能与Nafion膜相当
	旭化成	25~1000	主要用于电解水制氢	树脂自产	Alciplex膜具有较长支链，性能与Nafion膜相当
国内	东岳集团	10~175	燃料电池、电解水和钒电池领域	树脂自产，骨架膜外购	DF988、DF2801质子交换膜，年产能约200万m²
	江苏科润	12~175	燃料电池、电解水和钒电池领域	回收树脂，骨架膜外购	年产能约150万m²
	北京清驰	12	主要用于燃料电池	树脂外购，骨架膜自产	年产能约15万m²
	深圳通用氢能	12~80	燃料电池和电解水制氢领域	树脂、骨架膜外购	年产能约10万m²
	武汉绿动氢能	8~20	燃料电池和电解水制氢领域	树脂、骨架膜外购	年产能约30万m²

对于支撑骨架e-PTFE，国内可生产该产品的企业超过30家。但传统应用领域只对e-PTFE透气性有要求，而对其力学强度要求不高。但质子交换膜用支撑骨架e-PTFE不但要求有良好的透气性能，还需要有较高的机械强度，这样才能保障薄型化质子交换膜有良好的力学性能。国内e-PTFE材料的强度低于戈尔公司约30%。戈尔公司因其良好的骨架材料，才得以制备出良好的燃料电池膜材料，其8 μm的膜也可以保持较好的力学性能。北京清驰科技有限公司掌握了支撑骨架材料e-PTFE的制备技术，通过购买国内自主生产的全氟磺酸树脂制成树脂分散液，然后制备成质子交

换膜，该产品在各项性能上达到戈尔公司同等厚度的膜同样水平。

良好的质子交换膜产品需要有较高的耐久性，质子交换膜的衰减大致分为三类：机械衰减、化学衰减和热衰减。

在燃料电池加工、运行过程中，膜电极承受来自电堆组装、气体压力等的外力作用，发生应力集中、应力交替，导致质子交换膜产生蠕变、裂纹、针孔等机械结构的变化，称为机械衰减。燃料电池反应过程中湿度的变化也会导致机械强度的衰减。机械衰减一般与质子交换膜的一致性和膜电极的结构有关。

针对质子交换膜的化学衰减，存在着两种观点：一种是认为阴极的氧气经质子交换膜渗透到阳极，在阳极催化剂表面形成了HO·和HOO·自由基，这种自由基会进攻质子交换膜而导致膜降解；另一种观点认为O_2在阴极进行4电子还原反应的过程中，也可能发生部分2电子还原反应，形成了H_2O_2，这些H_2O_2遇到过渡金属离子时分解产生HO·和HOO·自由基，这些自由基进攻聚合膜而导致膜降解。因此在质子交换膜制备中需要加入自由基离子捕捉材料来改善质子交换膜的耐化学腐蚀能力，从而提高耐久性。

质子交换膜燃料电池的一般工作温度为60~80℃，当出现严重的气体渗透现象，或者出现燃料饥饿情况时，质子交换膜燃料电池内部会出现局部高温。当温度达到300℃以上时，会导致质子交换膜发生热衰减。热衰减通常伴随机械衰减和化学衰减发生，当质子交换膜出现局部薄弱点时，热衰减会加剧该处的膜减薄，引起质子交换膜最终的失效。

随着国内工业装备水平的不断提高，逐步具备大型化工设备和产线的设计和生产能力。对于质子交换膜，各家材料、工艺等定制化要求高，因国产设备具有更大的弹性，所以大多企业采用国产化设备。因此在制备设备上基本不存在"卡脖子"情况。

一款产品从研发到应用经历样品、产品和商品阶段。样品阶段关注重点在性能，国产质子交换膜在性能上已有很大提升，在关键参数上逐步商业化，产品水平已经跨过样品阶段。产品阶段主要关注产品工艺和材料批次一致性等，由于国产质子交换膜的商业应用较少，因此对质子交换膜长期的稳定性和一致性评估欠缺，目前国产质子交换膜尚处在该阶段。经历过产品评价阶段后，国产质子交换膜将迎来商品化阶段，该阶段主要关注成本。可以预见，国产质子交换膜将迎来一个爆发，同时，也会带动成本的大幅度降低。

2. 未来发展趋势

近年来全球交通运输领域的燃料电池出货量持续快速增长,根据 E4tech 的统计数据,2020 年全球交通运输领域燃料电池出货量约 20500 套,2015—2020 年复合年增长率达 32%。从在全部燃料电池出货中的占比来看,从 2011 年的 6.5% 提升至 2020 年的 24.9%,交通运输领域是燃料电池市场的主要增长点。燃料电池市场规模的不断扩大,必然导致质子交换膜市场需求持续放大。

质子交换膜技术跟随着燃料电池的发展而发展,理想的质子交换膜需要具备高质子传导率,低电子导电率,气体渗透性低,化学、电化学、热稳定性好。目前质子交换膜的研究主要聚焦于超薄型、高机械强度及高耐久性。降低质子交换膜的厚度可以大幅提升膜电极性能,但可能造成其机械强度、耐久性降低。丰田 Mirai 搭载质子交换膜已降至 10 μm 以下,目前国内主流膜电极厂商采用交换膜厚度在 12 μm 上下,也有不少企业已经使用 8 μm 厚度的质子交换膜。未来将呈现以下趋势:

(1)高耐久性。随着质子交换膜的应用领域不断扩大,对其耐久性的要求也越来越高,高耐久性技术将持续影响质子交换膜的研究方向。

(2)高温适应性。随着燃料电池操作温度的不断提升,对质子交换膜的结构和性能也提出了较高的要求。不久的将来,燃料电池的操作温度将超过 100℃,可能达到 120℃。如此高的温度,需要质子交换膜具有高的耐温性和保水性。

(3)高适应性。不同应用领域对膜的要求不同,对于固定式发电领域,对寿命要求比较高,将更关注膜的耐久性,而对于便携式领域,方便携带就需要小的体积或质量,因此在保证一定使用寿命的基础上更关注功率密度。而在交通动力领域,商用车和乘用车的需求也不尽相同。因此,对于不同用途或应用领域需要膜具有较高的适应性。

(4)薄型化。薄型化质子交换膜有助于性能的提升,但其使用前提是保证质子交换膜的低气体渗透性和耐久性。在保证应用的前提下,厚度的降低除了可以提升电堆的性能,也同时降低了电堆的材料成本。

5.2.4 质子交换膜产业化发展路线

1. 关键技术指标及影响因素

膜电极是燃料电池电堆的核心,而质子交换膜是膜电极的核心材料,自主掌握质子交换膜相关的材料、制备工艺和设备,将有助于保证燃料电池整个产业的可控性。

质子交换膜决定了膜电极的性能和寿命。高性能、低成本、长寿命的质子交换膜对于加速燃料电池商业化进程具有非常重要的意义。

（1）国产化率。当前除少量基于国产质子交换膜的电堆系统在车辆上运行外，大部分电堆还是采用进口膜。在燃料电池领域质子交换膜国产化率不足10%。

（2）成本。当前质子交换膜基本依赖进口，加工相对较高，一般在1000元/m²左右。而国产膜由于基本是小批量生产，设备利用率不高，因此成本也比较高。

（3）机械强度。机械强度主要与支撑骨架材料的性能有关。有较高支撑强度骨架的质子交换膜就可以实现较小厚度质子交换膜的制备。目前国内质子交换膜的机械强度普遍不高于45 MPa；戈尔公司的质子交换膜机械强度普遍大于50 MPa；其8 μm和12 μm的膜的机械强度都大于70 MPa。

（4）渗氢电流密度。渗氢电流密度直接关系到膜电极的效率和寿命，因此越小渗氢电流密度标志着越好膜电极性能。目前国产质子交换膜的渗氢电流密度普遍高于国外。

2. 产业技术发展路线

现阶段，我国质子交换膜制备技术、工艺和设备已经逐步掌握，并实现国产可控。同时，质子交换膜性能也逐步提升，关键参数和国外相当，初步具备了产业化的曙光。但质子交换膜的核心材料并不完全掌握，或者说核心材料品质尚未得到验证。所以需要考虑核心原材料的自主可控，然后逐步实现成本和寿命满足商品化需求，进而达到该技术的完全商业化。质子交换膜产业技术路线图如表5.5所示。

1）2025年实现关键原材料的自制可控

通过国家相关政策的推进，国产化提速明显加快，实现国产化率超过25%；在全氟磺酸树脂、支撑骨架材料和自由基捕捉材料等关键材料上都有所进步，实现自主可控。成本降至500元/m²以下。

2）2030年质子交换膜产业不断完善，国产化率持续提升

通过市场化应用的不断深入，质子交换膜制备技术和水平不断提升，产品关键性能逐步赶上国外同类产品性能。国产化率达到70%以上，成本降低至260元/m²以下。

3）2035年实现质子交换膜性能和成本的双重突破

国产质子交换膜材料性能达到或超过国外同等水平。国产材料具备走出去的实力，国产化率超过80%，质子交换膜成本进一步降低至120元/m²以下。

表 5.5 质子交换膜产业技术路线图

实现年份	现阶段	2025年
产业水平	大部分依赖进口；国产膜参差不齐，且未得到验证	实现质子交换膜核心材料自主可控，国产膜得到一定的验证
现状或目标	质子交换膜成本约1000元/m²，国产化率<10%。质子交换膜核心材料大多进口。 ·渗氢电流≤ 2 mA/cm² ·最高运行温度≥ 90℃ ·质子膜强度≥ 45 MPa ·质子膜耐久性 >20000 湿度循环（湿度循环测试条件：2分钟0%RH至2分钟90℃露点） ·质子膜耐久性 >500 h OCV（OCV，90℃）	国产化率超过25%；在全氟磺酸树脂、支撑骨架材料和自由基捕捉材料等关键材料上都有所进步，实现自主可控。成本降至500元/m²以下。 ·渗氢电流≤ 1.5 mA/cm² ·最高运行温度≥ 100℃ ·质子膜强度≥ 45 MPa ·质子膜耐久性 >20000 湿度循环（湿度循环测试条件：2分钟0%RH至2分钟90℃露点） ·质子膜耐久性 >500 h OCV（OCV，90℃）
实现年份	2030年	2035年
产业水平	不断推进性能和成本降低，和国外产品相当	进一步降低成本，性能达到国际领先水平
现状或目标	国产化率达到70%以上，成本降至260元/m²以下。 ·渗氢电流≤ 1.0 mA/cm² ·最高运行温度≥ 120℃ ·强度≥ 50 MPa ·耐久性≥ 30000 湿度循环（湿度循环测试条件：2分钟0%RH至2分钟90℃露点） ·耐久性 >750 h OCV（OCV，90℃）	国产化率达到80%以上，成本降至120元/m²以下。 ·渗氢电流≤ 1.0 mA/cm² ·最高运行温度≥ 120℃ ·强度≥ 50 MPa ·耐久性≥ 30000 湿度循环（湿度循环测试条件：2分钟0%RH至2分钟90℃露点） ·耐久性 >750 h OCV（OCV，90℃）

5.3 催化剂

5.3.1 概述

催化剂是燃料电池核心关键材料，起到降低反应活化能，提高氢和氧在电极上的氧化还原反应速率的作用。催化剂根据贵金属铂的含量分为铂碳催化剂、低铂催化剂与非铂催化剂，具体特点对比如表5.6所示。

表 5.6 燃料电池催化剂技术对比

种类		特点
铂碳催化剂	Pt/C	活性高、铂用量大
低铂催化剂	Pt 基合金化催化剂	一般以过渡金属或合金为内核，低铂用量，铂利用率高；稳定性低，一致性差
	Pt 基核-壳结构催化剂	
	Pt 单原子层催化剂	
非铂催化剂	过渡金属氮化物	价格低，稳定性强，抗毒化能力强；活性较低，一致性差
	过渡金属碳化物	
	过渡金属碳氮化合物	

目前国内市场催化剂主流还是铂碳催化剂，相较于铂黑催化剂，其铂颗粒更小，活性更高，铂的用量也大大降低。稀有金属铂的高成本是燃料电池商业化的主要阻碍之一。

催化剂需要平衡成本与耐久性两方面的需求，新型高稳定、高活性铂或非铂催化剂是研究热点。铂合金催化剂已经取得很大进展，如铂钴、铂镍等正在得到实际应用。日本丰田的铂钴合金催化剂已经得到应用，但由于合金催化剂稳定性相对较差，同时制备成本较高，导致整体价格较高，目前应用并不广泛。非铂催化剂，没有贵金属的存在，成本较低，非铂催化剂性能与稳定性还有待提升，暂时还不具备商业化条件。

5.3.2 催化剂的制备

催化剂的种类很多，不同种类的催化剂制备方法很多。这里选取铂碳催化剂和合金催化剂的一些常见的方法作介绍，如表 5.7 所示。

表 5.7 催化剂制备方法

分类	制备方法	工艺过程
Pt/C 催化剂	浸渍还原法	先将符合要求的碳载体用水或乙醇或异丙醇及其混合物组成的溶剂进行润湿，加入确定量的氯铂酸水/有机溶液，使其混合均匀，调节 pH，控制温度，滴加过量的还原剂，将铂阴离子还原成金属，沉积在载体上
	胶体法	在特定的溶剂中，利用一定的还原剂将催化剂的前驱体制备为胶体，并均匀稳定地分散在溶剂中，然后将载体用溶剂分散成浆液，加入胶体溶液中，在此过程中进行还原，制备得到催化剂

续表

分类	制备方法	工艺过程
Pt 合金催化剂	热退火法	将原子无序排布的金属合金在高温条件下煅烧一定时间是最简单、最直接的制备有序合金催化剂的方法。通常采用浸渍还原法和胶体法制备原子无序排布的金属合金，然后在高温下煅烧，使原子排布从无序状态转变为有序状态。但由于退火温度高会导致催化剂颗粒长大
	乙二醇微波还原法	在装有乙二醇的三口烧瓶中加入预先配置的 H_2PtCl_6 乙二醇（EG）溶液、Co（acac）$_3$、碳粉等材料。超声处理一定时间后，加入配置的 NaOH EG 溶液调节 pH 至一定数值。再进一步超声处理后，将形成的反应油墨置于微波反应器中，加热至一定温度。反应一段时间后，通过冰水淬火将反应油墨冷却至室温。将合成的共掺杂 Pt 用超纯水洗涤并过滤。最后，在 50~60℃的温度下真空干燥一段时间得到共掺杂 Pt
核–壳催化剂（包括单原子层催化剂）	去合金化法	首先制备 Pt–M 合金电催化剂，后用酸腐蚀或电化学腐蚀的方法将合金电催化剂的表面去合金化，即将表层合金中的过渡金属 M 腐蚀溶出，使电催化剂表层为 Pt 壳层，形成以 Pt–M 合金为核，Pt 为壳的核–壳结构电催化剂
	Pt 偏析法	对 Pt–M 合金电催化剂进行适当的处理，从而诱导表层合金发生偏析，使合金表面形成 Pt 原子层，获得核–壳结构电催化剂
	分步制备法	分步制备电催化剂的内核和外壳，先制备非铂的纳米颗粒作为内核，再用化学还原法、原子层沉积法或欠电位沉积–置换法在内核外沉积 Pt 外壳

5.3.3 催化剂的发展现状和趋势

1. 国内外现状

催化剂是燃料电池的关键材料之一，其作用是降低反应的活化能，促进氢、氧在电极上的氧化还原过程、提高反应速率。催化层通常由催化剂和质子交换树脂溶液制备而成，属薄层多孔结构，具有氢氧化或氧还原电催化活性，催化剂层厚度一般在 5~10 μm。

目前我国铂催化剂以进口为主，日本田中贵金属、英国庄信万丰和比利时优美科是全球较大的几家燃料电池催化剂供应商，催化剂制备技术处于绝对领先地位，已经能够实现批量化生产（大于 10 kg/批次），而且性能稳定，可靠性高。贵研铂业、氢电中科、武汉喜马拉雅、中科科创、苏州擎动科技、武汉理工新能源等是国内开展催化剂开发的代表企业。其中，贵研铂业是国际五大知名贵金属公司之一，在燃料电池催化剂领域布局较早，是行业内唯一的上市公司。贵研铂业与上海汽车集团合作已经研发出铂基催化剂。目前国内外主要催化剂制备企业介绍如表 5.8 所示。

表 5.8 国内外燃料电池催化剂生产企业及技术特点

品牌	产品类型	技术特点	供货范围
英国庄信万丰（Johnson Matthey Catalysts）	HiSPEC 系列催化剂（Pt/C、PtRu/C 等）；纯铂催化剂（用于燃料电池）	碳载体复合各类贵金属	目前全球最大最专业的催化剂生产厂家
比利时优美科（Umicore）	Pt/C	碳载铂，高载量，高分散度	比利时、美国并辐射全球
日本田中贵金属（Tanaka）	Pt/C，Pt3Co/C	合金化，单原子层	目前载量最低，主要供应本田 Clarity 系列
德国贺利氏（Heraeus）	Pt/C	不同碳载体复合各类贵金属	总部在德国，在中国成立技术开发中心，专门服务中国市场
日本科特拉（Cataler）	铂合金、非铂催化剂	载体附加加工实现高耐久性	主要供应丰田 Mirai 燃料电池系列
日本日清坊株式会社	铂合金、非铂催化剂	合金化，碳基金属复合物替代铂	主要供应巴拉德的燃料电池系统
中国贵研铂业	Pt/C	低原料成本	中国，国内最大催化剂供应商
中国武汉喜马拉雅光电	Pt/C	高活性，颗粒均匀	应用在中科院、高校和多家燃料电池公司的燃料电池电堆中
中国济平新能源	Pt/C、PtCo/C 和 PtIr/C	高活性，批量化制备	催化剂年产能 >2 t；在国内有一定批量供货
中国氢电中科	Pt/C	高活性，颗粒分布均匀	可批量生产铂碳催化剂，单批次可公斤级制备，并有一定批量的应用
中国苏州擎动	Pt/C、PtCo/C、PtCoNi/CNT	高活性和高比表面积，质量比活性好	可批量化制备铂碳和铂合金催化剂，应用于自制的膜电极中
中国中科科创	Pt/C、IrO_2	高活性和高分散度	有小批量生产能力
中国中自环保	Pt/C	高活性，低成本	铂碳催化剂和低铂催化剂处于小批量生产中
中国南京东焱	Pt/C	纳米颗粒粒径分布均匀，电化学活性优秀，耐久性好	日产能 500~1000 g

目前质子交换膜燃料电池催化剂层中铂载量较高，每辆燃料电池汽车需要铂约为 50 g/轿车和 100 g/大巴车，在兼顾燃料电池成本和性能的同时，降低铂用量是一个巨大的挑战。

对于酸性条件的质子交换膜燃料电池，其阳极的氢气氧化反应（HOR）的过电势很小，能在极低的铂载量（0.05 mgPt/cm^2）工作而不造成明显的能量损失。而阴极的氧还原反应（ORR）交换电流密度低，是燃料电池总反应的控制步骤。阴极氧还原反应过程复杂、中间产物多，且反应速率远低于阳极燃料氧化反应。阴极复杂的氧还原过程造成了低温燃料电池电流效率的严重损失，由此造成的电池效率的下降占电池总损失效率的比例高达 80%。

铂的低储量和高成本限制了燃料电池的大规模商业化进程。目前铂用量已从 10 年前 0.8~1.0 gPt/kW 降至现在的 0.3~0.5 gPt/kW，近期目标是 2025 年燃料电池电堆的铂用量降至 0.1 gPt/kW 左右。铂催化剂除受成本与资源制约外，也存在稳定性问题，通过燃料电池衰减机理分析可知，在车辆运行工况下，催化剂会发生衰减，如在动电位作用下会发生 Pt 纳米颗粒的团聚、迁移、流失，在开路、怠速及启停过程产生氢空界面引起的高电位导致催化剂碳载体的腐蚀，从而引起催化剂流失。因此，研究、开发新型高稳定、高活性的低铂或非铂催化剂是推动燃料电池产业化的必然要求。

2. 未来发展趋势

目前，燃料电池催化剂市场需求高速增长。2021 年我国燃料电池催化剂消费量约为 180 kg，2016—2021 年我国燃料电池催化剂消费量的年均增长率约为 23%。根据目前各省市规划布局推算，2025 年我国燃料电池汽车保有量将超过 5 万辆，催化剂的需求量将超过 5000 kg，年均增长率约为 129.57%，燃料电池催化剂将迎来黄金发展期。

由于氢能及燃料电池产业的高速发展，目前已开发出多种有潜在应用的催化剂，大致可分为 Pt/C 催化剂、Pt 合金催化剂、核-壳催化剂、非贵金属催化剂等。上述均为担载型催化剂。

到目前为止，商用质子交换膜燃料电池产品严重依赖 Pt/C 催化剂。因担载型催化剂可实现更小的 Pt 纳米颗粒，Pt/C 催化剂比无载体铂黑更具有显著优势。但从合成角度看，当催化剂设计限于单个元素 Pt 时，几乎没有空间可以调整催化剂的活性和耐久性。所以传统 Pt/C 催化剂活性和耐久性的进一步提高依赖于催化剂载体的发展进步。载体进步可促进"催化剂-载体"相互作用机制，从而增强铂族贵金属催化剂的活性和耐久性。

日本丰田在第一代 Mirai 中，通过碳载体表面担载铂的方式提高了铂的利用率，但也会造成由于磺酸覆盖中毒而降低活性的不良后果。为解决此类问题，第二代 Mirai 中采用了介孔碳载体，介孔碳载体的孔很小，不能被聚合物穿透。因此，大约 80% 的铂被装在介孔碳载体内，避免了铂与聚合物的直接接触，抑制了由于磺酸覆盖导致的催化剂中毒。介质碳载体和具有较高固体溶解度的 PtCo 合金催化剂相结合，使得催化活性提高了约 50%。国外很多催化剂企业都通过载体的改善来提高催化剂的活性和耐久性。

国内催化剂制备企业主要集中于催化剂制备方法和批量化工艺，对载体的改良方法较少，这也导致国产催化剂在活性和稳定性上都要劣于国外催化剂产品。因此对催化剂碳载体的研究将是短期内提升催化剂性能和耐久性的主要方法。

从长远上看，低铂或无铂催化剂将是未来的发展方向。

降低铂载的研究主要有两个方向。

（1）提高催化剂的催化活性来实现铂用量降低。主要研究方向包括：① Pt 合金催化剂（利用过渡金属催化剂提高其稳定性、质量比活性，包括 Pt-Co/C、Pt-Fe/C、Pt-Ni/C 等二元合金催化剂）；② Pt 单原子层催化剂（Pt 单原子层的核-壳结构，其他金属为内核）；③ Pt 核-壳催化剂（以非铂材料为支撑核、表面壳为贵金属，由金属合金通过化学或电化学反应，去除稳定性差的金属元素，保留铂在表层形成外壳。该方法降低铂载量，提升催化剂活性）；④纳米结构 Pt 催化剂（以碳纳米管为催化剂载体的催化剂，是高度有序的催化层，质子、电子、气体可以更快传输）。

（2）寻找替代 Pt 的催化剂，其研究主要包括过渡金属原子簇合物、过渡金属氮化物等。从技术研究的进程来看，低铂载膜电极技术正在不断突破。如今，膜电极催化层中铂载量已经由常规的 0.2 mg/cm^2 不断降低，可进一步加快燃料电池产业化进程。

虽然，目前非铂催化剂的电流密度、酸性溶液中 ORR 催化活性和稳定性等与商业 Pt/C 催化剂相比还有较大差距，但部分非贵金属催化剂已表现出足够的性能，可以考虑部分非汽车应用，例如备用电源、便携式电源等，这些场合对性能、稳定性和耐久性要求比汽车应用低得多。与传统的铂族金属催化剂相比，非贵金属催化剂还拥有其他极具吸引力的优势，如对杂质污染具有高度的抵抗力。这些将减少电堆和系统的总体成本，并可使质子交换膜燃料电池产品在极端环境下运行，提高环境适应性。

质子交换膜燃料电池催化剂研究的最终目的是完全消除铂等贵金属，降低催化剂乃至燃料电池和电堆的成本，同时保证高活性、高稳定性和耐久性。非贵金属催化剂是未来质子交换膜燃料电池催化剂的长期研究方向，具有极大的开发潜力，但研究工作仍然任重而道远。

5.3.4 催化剂产业化发展路线

1. 关键技术指标及影响因素

催化剂的电化学反应的场所，低成本、高活性和高耐久性的催化剂仍然是制约整个行业发展的重要因素。

经过近几年技术的发展进步，国产催化剂在初始性能也有很大的提升，逐步接近国外主流产品性能，同时已经具备批量化制备能力。但是和国外成熟催化剂相比，国产催化剂在耐久性上尚有一定的差距。

从目前公开的数据来看，只有少量的基于国产催化剂的电堆系统在车辆上运行。大部分电堆采用进口催化剂。在燃料电池领域催化剂的国产化率不足10%。其原因也与催化剂制备工艺一致性不确定有关，电堆企业不愿意拿上车的电堆来冒险。

从成本上看，当前催化剂基本依赖进口，成本主要依赖铂的价格。而国产催化剂由于基本是小批量生产，设备利用率不高，因此成本要高于进口催化剂。在性能上，国产催化剂主要考虑活性和稳定性，在膜电极上测试性能普遍低于进口催化剂，初始性能相当，耐久性尚有很大差距。

2. 产业技术发展路线

目前，我国催化剂制备技术、工艺和设备已经逐步掌握，并实现国产可控。催化剂活性和国外仍有不少差距。考虑到核心原材料的自主可控，逐步实现性能、成本和寿命满足商品化需求，进而达到该技术的完全商业化，催化剂产业技术路线图如表5.9所示。

1）2025年实现关键原材料的自主可控

2025年，通过国家相关政策的推进，国产化提速明显加快，在催化剂量产化有很大的提升，后续需逐步在催化剂载体改性、制备工艺稳定等方面不断优化，提高催化剂活性和耐久性。

催化剂活性：质量比活性（Pt，0.9V）≥440 mA/mg；活性比表面积（铂）≥80 m^2/g；动电位扫描活性衰减率（0.6~1.0 V，对照标准氢电极，50 mV/s）≤40%（3万次）；启停循环（1.0~1.5 V，5000循环）催化剂质量活性衰减≤40%；活性面积衰减≤40%；1.2 V 恒电位运行后活性衰减率40%（400 h）。

2）2030—2035 年实现催化剂性能达标

2030—2035 年，通过催化剂不断改进优化，实现国产催化剂性能达到或接近国外水平，成本进一步降低。

催化剂活性：质量比活性（Pt，0.9 V）≥570 mA/mg；活性比表面积（铂）≥80 m²/g；动电位扫描活性衰减率（0.6~1.0 V，对照标准氢电极，50 mV/s）≤40%（3 万次）；启停循环（1.0~1.5 V，5000 循环）催化剂质量活性衰减≤30%；活性面积衰减≤30%；1.2 V 恒电位运行后活性衰减率30%（400 h）。

表 5.9 催化剂产业技术路线图

实现年份	现阶段	2025年
产业水平	国产催化剂初步批量化制备能力，但催化剂寿命尚待验证	产能和技术水平不断提升，实现核心材料自主可控
现状或目标	国产化率<10%；质量比活性（Pt，0.9 V）≥440 mA/mg；活性比表面积（铂）≥70 m²/g；动电位扫描活性衰减率（0.6-1.0 V，对照标准氢电极，50 mV/s）≤40%（2 万次）；启停循环（1.0~1.5 V，5000 循环）催化剂质量活性衰减≤40%；活性面积衰减≤40%；1.2 V 恒电位运行后活性衰减率≤40%（200 h）	催化剂质量比活性（Pt，0.9 V）≥480 mA/mg；活性比表面积（铂）≥80 m²/g；动电位扫描活性衰减率（0.6~1.0 V，对照标准氢电极，50 mV/s）≤40%（3 万次）；启停循环（1.0~1.5 V，5000 循环）催化剂质量活性衰减≤40%；活性面积衰减≤40%；1.2 V 恒电位运行后活性衰减率≤40%（400 h）

实现年份	2030年	2035年
产业水平	不断推进性能和成本降低，和国外产品相对	进一步降低成本，性能达到国际领先水平
现状或目标	催化剂质量比活性（Pt，0.9 V）≥570 mA/mg；活性比表面积（铂）≥80 m²/g；动电位扫描活性衰减率（0.6~1.0 V，对照标准氢电极，50 mV/s）≤30%（3 万次）；启停循环（1.0~1.5 V，5000 循环）催化剂质量活性衰减≤30%；活性面积衰减≤30%；1.2 V 恒电位运行后活性衰减率30%（400 h）	

5.4 气体扩散层

5.4.1 概述

气体扩散层位于膜电极组合体两侧，主要作用包括支撑催化层、收集电流、传导气体和排出反应产物水。

理想的气体扩散层需要具备高导电性、多孔性、适当的亲水/疏水平衡、高化学稳定性、高热稳定性以及低成本等特点。电子在双极板和催化层之间传递需要以气体扩散层为通道，且需要收集电流，故要求气体扩散层具有较低的电阻率；为了使膜电极能够稳定安装，故要求其具有较高的机械强度，以稳定整个电极的结构，提高电池寿命；气体扩散层是氢气和氧气及生成水的传递通道，故要求其具有高的孔隙率和一定的孔径分布来保证均匀分布气体和产物水顺利排出；要有适当的亲水/疏水平衡，以防止过多的水分阻塞孔隙而导致气体透过性能下降；气体扩散层要求化学、电化学、热稳定性好，不会发生化学降解。

气体扩散层由基材层（gas diffusion barrier，GDB）和微孔层（micro-porous layer，MPL）组成，基材层材料主要为多孔的碳纤维纸、碳纤维织布、碳纤维无纺布及碳黑纸，微孔层通常是由导电碳黑和疏水剂构成。

5.4.2 气体扩散层的制备

气体扩散层的制备方法主要包括喷涂法、涂布法、静电纺丝法等，每种方法都有其自身的优点，下面就气体扩散层几种制备方法的优缺点进行分析和介绍。

1. 喷涂法

B. Millington等通过超声喷涂法制备了气体扩散型膜电极，并将其与手工喷涂的气体扩散型膜电极进行了相同条件下的性能对比。通过性能对比发现，采用超声喷涂以及手工喷涂制备的气体扩散型膜电极功率密度分别为10.9 W/mg和9.8 W/mg。他们认为通过超声喷涂制备的气体扩散型膜电极功率密度较高是因为超声喷涂制备的溶液具有更佳的分散效果，使铂的利用率更高，尤其在铂含量较少时超声喷涂法制备的气体扩散层更能表现出良好的电池性能。Chen W. H.等对比了刮涂法和喷涂法制备的气体扩散层在性能上的差别，通过对比发现气体扩散层在不同厚度下采用以上两种方法均能获得最佳的电池性能。说明刮涂法和喷涂法在特定条件下都能够用来制备气体扩散层，可以根据应用条件的不同来进行选择。

2. 涂布法

涂布法就是先将配制好的溶液置于支撑层碳纸上，然后在涂布机滚轮的作用下将含有聚四氟乙烯（PTEF）以及碳黑的混合溶液涂布到碳纸上，涂布法能够很好地控制气体扩散层的厚度而且具有较高的生产效率。

3. 静电纺丝法

静电纺丝是一种高度通用的技术，能够很好地将溶液通过电纺形成具有连续结构的纤维膜，纤维膜具有较大的比表面积、较小的粗糙度等优点，成为很多领域引进的技术。水凝结实验显示静电纺丝制备的微孔层比传统微孔层更佳，表明静电纺丝制备的微孔层显示了良好的水管理能力，有望为高性能气体扩散层的开发提供思路和借鉴。

5.4.3 气体扩散层的发展现状和趋势

1. 国内外现状

总体上，基材层通常选用能导电的碳纤维纸及碳纤维布，它的宏观有序或微观无序排列的纤维结构为气体及水的传导建立孔隙结构（图 5.16）。碳纤维纸和碳纤维布的制备属于造纸的化学工业范畴，碳纤维丝通过不同的工艺交叠黏结在一起，形成相对致密、形状不规则的气孔组合，这些气孔可以承担反应气体、产物水的导通，而完成微孔层的涂覆后的基材层进一步优化了微观上的传质、传热、导水和导电性能。因此，基材层和微孔层决定了气体扩散层的产品特性。

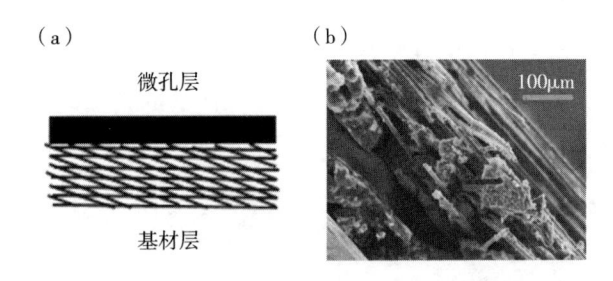

图 5.16 气体扩散层示意图（a）和扫描电子显微镜截面照片（b）

表 5.10 是目前世界上典型气体扩散层企业情况统计。德国 SGL 公司生产的气体扩散层市场占有率最高，其产品系列齐全，产量大且产品能力强，这归结于 SGL 公司长期从事碳材料的开发积累。日本 Toray 公司，在碳纤维原料和碳纸方面占技术制高点，在售产品需要按协议进行专属销售，约束条款多，市面上很难获得其气体扩散层产品。美国 Avcarb 为电堆制造商巴拉德的长期战略伙伴，巴拉德 9SSL 和 LCS 等电堆均采用该公司的气体扩散层。

表 5.10 气体扩散层企业情况统计

公司名称	国家	产品概况
SGL	德国	已实现气体扩散层的规模化生产
Freudenberg	德国	采用无纺布来制造气体扩散层，生产线主要在欧洲
Toray	日本	批量生产气体扩散层、碳纸，全球占据领先地位
Mitsubishi	日本	已实现气体扩散层的规模化生产
Avcarb	美国	已实现气体扩散层的规模化生产
JNTG	韩国	已实现气体扩散层的规模化生产
中国台湾碳能	中国	研发和销售气体扩散层，其第二代全新的碳纤维基材已经研发完成
通用氢能	中国	气体扩散层产品初步实现全自主知识产权，已为多家国内外头部企业供货
上海河森电气	中国	自行成功开发出燃料电池高性能碳纸，并实现批量生产
江苏天鸟	中国	具备优秀的碳纤维织物的生产能力，气体扩散层处于小批样试产
上海嘉资	中国	专注于碳纤维复合材料的研发与设计
安泰环境	中国	钛气体扩散层材料已批量稳定供应国外企业

我国气体扩散层技术层面已经可以对标国际先进产品，已实现一定规模化生产，有望逐渐进入产业化阶段，主要企业有通用氢能、江苏氢电、江苏清能、上海河森电气等。另外安泰环境工程技术有限公司开发的金属气体扩散层，结构稳定，性能优良，并持续给大型国外燃料电池厂家供货，也为气体扩散层提供了新的制备方法。

由于气体扩散层的传输结构主要用于反应气体的均匀传导和水管理，由基材层和微孔层共同承担。基材层由基体本身碳纤维交叠产生的孔隙结构搭建，通过疏水剂的添加形成疏水的孔隙结构，更有利于气体分散层孔隙分布及水的排出。通常，基材层中80%以上的孔是孔径超过50~150 μm的大孔，孔径单一，调节气及水管理能力有限；这些大孔的存在将会减少与催化剂层的有效接触面积，造成电阻增大，影响电堆的整体性能发挥。

电堆内部最复杂的问题是界面化学及调控，仅仅基材层的宏观结构难以完全满足界面电化学反应最优化的要求，因此需要应用微孔层。微孔层的实施是通过在浆料配方中添加造孔剂及将该浆料涂覆在基材层上，通常采用喷涂、狭缝涂布、逗号刮涂等方法制备到基材层上，生成密集的狭缝或更小的气孔结构。这个薄碳粉层，厚度约为5~100 μm，根据导电碳粉的掺杂量来改良基底层较大的孔隙结构，微孔层的孔大多在5~10 μm级别，均匀孔隙，在不影响均匀分散和传输导通气体的前提下，起到水管理的作用。更重要的是，微孔层改善了与膜电极催化剂质点的贴合性，降低催化层与气体扩散层之间的接触电阻，从而改善界面电化学反应。

以燃料电池系统的性能要求作为电堆开发的边界条件，把电堆的各项指标平衡地分解到各个核心组件上，经过仿真计算以及实际样件的模拟测试和结果修正，就可以获得气体扩散层的技术参数需求。

1）厚度

车用燃料电池较为强调功率密度，因此将严格限制电堆的体积，在保证气体扩散层性能的前提下提出减薄的需求；通常情况下，同等克重的碳布厚度要大于碳纸。同时减小气体扩散层厚度能够直接缩短电池内部气体与水的传输路径，增加传质能力。因此，超薄碳纸或成为未来基材层的主流和首选。但是过薄的碳纸可能存在强度上的问题，容易发生结构变形，影响气体扩散与排水通道的畅通及长期使用的耐久稳定性；另外，气体扩散层的厚度减小会使其在使用过程中的绝对压缩量减小，变形补偿能力下降，对气体扩散层及双极板的加工精度、尺寸一致性提出了很高的要求。

2）机械性能

该指标是由基材层的强度决定的。显而易见，碳布的强度优于碳纸；对碳纸来讲，应具有满足完成所有制备操作所需要的强度，且在电堆组装应力和整车复杂运行工况的条件下不会发生孔结构的坍塌。

3）导电性

以碳纤维为基材所制备的碳布和碳纸，都具备基本的导电性能；但是，由于含有树脂和黏结剂，这将对气体扩散层的导电性能造成一定影响。需要电化学模拟计算优化后再平衡调控。同时导电性能与厚度、孔隙率、亲疏水性调控之间存在相互耦合关系，需在综合考虑的基础上进行平衡优化。

4）亲水性/疏水性平衡

亲水性是碳材的基本性能，但是亲水性过高，会导致电堆内部排水不畅，甚至出现水分区域性聚集，从而造成膜电极水淹，严重影响电堆输出性能；疏水性太高，气体扩散层两侧水分传输受阻，无法有效调节电极反应区域的水分平衡。因此需要综合考虑电堆工作的温湿度条件，分别调控基材层和微孔层的亲水性。

5）透气率

气体扩散层具有多孔的结构，同双极板组合后，会影响系统的背压和流体扩散效率，在不同运行工况下，其透气性能的优劣会直接影响系统功率的稳定性。透气率与气体扩散层孔隙率和压缩率有关,通常气体扩散层孔隙率在60%~80%。

6)导热性能

气体扩散层的导热性能和燃料电池运行过程中的内部温度管理与水管理密切相关,尤其对于高工作温度下的燃料电池而言。工作状态下的燃料电池会不断地产生水和热量,因此气体扩散层需要及时地将水和热量排出电池系统。气体扩散层的导热性能会影响电堆内部的温度分布梯度,从而影响生成物水的存在状态以及电池的排水能力。因此良好的导热性能能够间接提高燃料电池的工作性能。

2. 未来发展趋势

当前,气体扩散层的作用不可替代,现阶段不论是金属双极板或石墨双极板的电堆,都选用碳纸作为基材来制备气体扩散层。随着国家政策及产业化布局的推动,国内对于碳纸的开发及应用愈发重视,新技术的兴起指日可待。预计未来2年,国产化的碳纸和气体扩散层将获得大批量应用。

(1)随着质子交换膜燃料电池产业的快速发展,国产碳纸和气体扩散层的性能与生产能力有了大幅提升,基本满足商业化应用需求。但由于气体扩散层产品的产业化涉及制浆造纸、涂布热压、碳化石墨化等多行业领域交叉,链条长、生产环节复杂,研发周期长、资金投入大,同时对工程技术平台和公用工程平台的依赖也比较大,未来应持续发展碳纤维、碳纸制造技术,加强国产化产品各环节技术提升推进步伐。

(2)基于气体扩散层内部复杂的微观结构,现有研究手段难以有效地探查其内部的传质和传热机理,气体扩散层内部的多相流传输状态也无法进行系统评估。因此,在制备工艺角度,现有工艺水平只能进行气体扩散层的组分改善,制备性质差异化的扩散层,无法准确改变气体扩散层内部传质结构和机理,从而解决气体扩散层的设计最优问题。因此,加大基础研究仍是当务之急。

(3)由于起步较晚,现有气体扩散层的测试方法、产品标准等系列研究与搭建工作在国内尚不完善,气体扩散层产品缺乏具有公信力的系列评价体系,漫长的产品替换测试周期内需要付出大量的研发投入、人力成本与时间成本,这导致规模化替换关键材料障碍重重。因此,需要着力推进产品标准及评价体系的建立,缩短产品评价周期。

(4)为了获得高性能气体扩散层,随着对气体扩散层的优化与循序改进,并对基材层进行改性和掺杂,结合模拟仿真软件进行优化和设计,制备多层次和梯度化的气体扩散层，以提高膜电极本身的传质能力。例如，降低气体扩散层一侧或两侧的孔隙率可以降低接触电阻并在气体扩散层内部产生孔隙梯度，以促进反应物供应和水分去除。或采用"集成双极板－膜电极"或"无气体扩散层"设计，减少或消除界面电阻，以同时满足导电、气体分配和水管理的要求。因此，未来几年，不排除全新气体扩散层技术和产品的突破。

（5）为了提高质子交换膜燃料电池的性能与耐久性，降低制造成本，提高可持续性，现有研究也在研究基材改性调控技术，并寻找大孔基材除传统碳纤维之外的替代材料。如静电纺丝技术制备亚微米至纳米级直径的连续纤维以实现微观孔径调控；在阴极基材层中通过手动微钻孔、电火花加工与激光穿孔等方式人为创建大孔，以增加液态水传输通道；基材层的可能替代材料包括：将天然石墨、碳纳米管作为添加剂材料，或直接将穿孔柔性石墨片作为基底材料；生物质基碳纤维（纤维素、竹子、椰子纤维等）一方面能够降低制造成本，另一方面生物质基碳纤维合理配比制备的气体扩散层在强度、导电、导热性能上存在一定优势；此外，沥青基碳纤维、气凝胶、金属泡沫、金属机加工等材料也在作为可能的替代材料进行研究尝试。尽管如此，目前关于可替代材料的研究距离商业化应用仍存在很长距离。其实金属气体扩散层的导电性和导热性良好，在制造过程中可以控制其孔隙度，另外相比碳纸拥有更好的机械强度，未来如果能代替碳纤维气体扩散层，将提高燃料电池的体积功率密度和性能。

2022年全球燃料电池气体扩散层市场销售额达到了33亿元，预计2029年将达到237亿元，年复合增长率为32.4%。随着高性能气体扩散层宏量制备的国产化突破，该材料的采购成本降低了约70%，从200~300美元/m^{2}降低到了90美元/m^{2}以下。但现阶段国内气体扩散层市场仍由外资企业为主导，且气体扩散层关键材料碳纸/碳布领域为国外公司所掌控。国产气体扩散层产品与美国Avcarb、日本Toray、德国SGL等厂商的气体扩散层产品相比，在性能与成本方面并不具备太大的优势，未来需要考虑原材料的自主可控、逐步实现性能、成本和寿命满足商品化的需求。

5.4.4 气体扩散层产业化发展路线

1. 关键技术指标及影响因素

气体扩散层的关键技术指标如下。

（1）制造可控厚度及偏差。为了提高气体扩散层的传质性能，降低基材层和微孔层的氧扩散阻力尤为重要。因此气体扩散层的厚度有逐渐减薄的趋势，同时阴阳极采取不同厚度的差异化设计。气体扩散层的厚度偏差会影响其与双极板之间的良好接触，增加接触电阻；厚度偏差的累积会进一步影响密封件处的接触应力，导致密封性能的下降；同时电堆中不同单电池之间的性能一致性也会受到影响。

（2）抗拉伸强度、弯曲强度、弯曲模量等。气体扩散层作为膜电极的主要结构部件，其机械性能影响膜电极结构的稳定性，因此良好的拉伸与弯曲强度是必要的。此外机械性能的指标也会影响气体扩散层的耐久性。

（3）体电阻及接触电阻。催化剂层与双极板之间的电子传输需要经过气体扩散层，因此气体扩散层的体电阻及界面间的接触电阻是其关键技术指标之一。

（4）热导率。气体扩散层的导热性能和燃料电池运行过程中的内部温度管理与水管理密切相关。工作状态下的燃料电池中不断产生的水和热量需要及时地排出电池系统。气体扩散层的导热性能会影响电堆内部的温度分布梯度，从而影响生成物水的存在状态及电池的排水能力。

（5）孔隙率及气体传输阻力。气体扩散层的气体传输阻力直接反映了传质能力的强弱，扩散阻力等于厚度除以气体扩散系数，气体有限扩散系数正比于孔隙率。因此减小扩散阻力的方法包括减小厚度，增加孔隙率及其他结构几何形状的设计。但是过薄的气体扩散层会使得气体在极板流道肋板下的扩散均匀性变差，同时厚度与孔隙率的调整会影响气体扩散层的机械性能与导电性能，因此各性能指标需要综合考虑进行设计。

2. 产业技术发展路线

针对质子交换膜燃料电池批量、低成本需求，突破扩散层用碳纸批量制备技术与装备。具体包括：开发碳纸用碳纤维工程化工艺与装备，研发碳纸用改性黏合剂，开发碳纸石墨化工艺与装备，研发表面疏水处理等后处理材料及工艺技术，根据"气–液–电–热"传输与支撑性能要求开发出系列碳纸，研发碳纸复合微孔层强化传输技术，开展运行工况下相关可靠性及耐腐蚀性研究。气体扩散层产业技术路线如表5.11所示。

2025年，通过国家相关政策的推进，国产化提速加快，在气体扩散层的关键材料和设备上要有进步，实现关键材料完全自主可控。其中，金属气体扩散层方面，厚度≤200 μm，偏差≤±0.75%，拉伸强度≥30 MPa，弯曲强度≥20 MPa，接触电阻≤5 mΩ·cm^2，电导率≥1600 S/m，孔隙率≥70%；碳纤维气体扩散层方面，厚度120~500 μm，偏差≤±2.5%，拉伸强度≥10 MPa，弯曲刚度≥0.8 N/mm，面电阻≤8 mΩ·cm，接触电阻≤6.5 mΩ·cm^2，垂直热导率≥0.35 W/(m·K)，气体扩散阻力<25 s/m@80℃，80%RH。

2030年，气体扩散层要实现跨越式发展。性能指标如下：碳纸可控厚度50~200 μm，偏差≤±1.5%，拉伸强度≥16 MPa，弯曲刚度≥1.4 N/mm，面电阻≤4 mΩ·cm，接触电阻≤2 mΩ·cm²，垂直热导率≥2 W/(m·K)，气体扩散阻力<10 s/m@80℃，80%RH；金属气体扩散层能够规模化应用，成为气体扩散层商用化的一种可选材料。

2035年实现气体扩散层性能指标达到国际领先水平。随着国内产业链发展，继续提升国产气体扩散层产业化水平。并通过量产工艺与设备开发，降低生产成本，掌握核心技术。碳纤维气体扩散层尺寸控制进一步提升、机械性能优异、导电导热性能良好、气体传输能力显著增强；金属气体扩散层成为气体扩散层商用化的一种优选材料。

表5.11 气体扩散层产业技术路线图

材料	目前水平	2025年	2030年	2035年
金属气体扩散层		·厚度≤200 μm，偏差≤±0.75% ·拉伸强度≥30 MPa，弯曲强度≥20 MPa ·接触电阻≤5 mΩ·cm2 ·电导率≥1600 S/m ·孔隙率≥70%	·尺寸控制提升，孔隙可控 ·机械性能与导电导热性能符合商用要求 ·气体传输能力显著增强 ·量产工艺与设备开发，成为气体扩散层的优选材料	
碳纤维气体扩散层	·厚度120~500 μm，偏差≤±2.5% ·拉伸强度≥10 MPa，弯曲刚度≥0.8 N/mm ·面电阻≤8 mΩ·cm，接触电阻≤6.5 mΩ·cm² ·垂直热导率≥0.35 W/(m·K) ·气体扩散阻力<25 s/m@80℃，80%RH		·碳纸可控厚度50~200 μm，偏差≤±1.5% ·拉伸强度≥16 MPa，弯曲刚度≥1.4 N/mm ·面电阻≤4 mΩ·cm，接触电阻≤2 mΩ·cm2 ·垂直热导率≥2 W/(m·K) ·气体扩散阻力<10 s/m@80℃，80%RH	·尺寸控制提升 ·机械性能优异 ·导电导热性能良好 ·气体传输能力再提高 ·量产工艺与设备开发，生产成本降低

5.5 双极板

5.5.1 概述

1.双极板的作用

双极板是质子交换膜燃料电池电堆中最重要的结构之一，典型双极板结构如图5.17所示，它们应具有以下功能：①帮助氢气和空气均匀分布，因此，双极板表面上通常有许多毫米级的气体流道；②便于电堆中生成物水的管理，即有效地排出生成物水以防累积在电堆中;③为冷却剂提供流动通道,从电堆中带走反应热量,管理系统的热平衡;④分离相邻单电池之中的氢气和空气,并在相邻电池之间提供电子传输通道;⑤结合密封材料提供密封功能,避免氢气、空气和冷却液泄漏;⑥以低电阻从电池中输出电子。

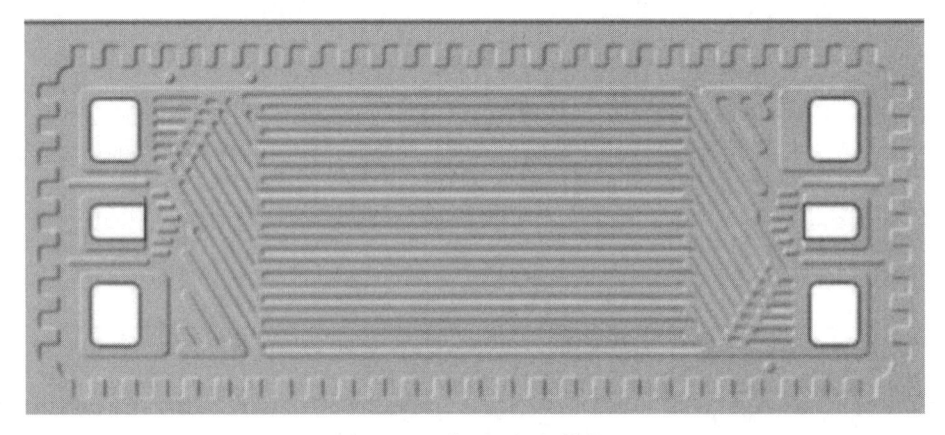

图 5.17 典型双极板结构

在 PEMFC 运行环境下,双极板的材料应满足以下要求:①要作为电堆最重要的支撑框架,它们应具有足够的强度和刚度;②为了减少电堆的总重量,它们应具有尽可能低的密度和厚度;③具有足够高的耐腐蚀性,以确保电堆的使用寿命要求;④与其他结构材料具有相接近的热膨胀系数,在电堆中产生较低的热应力;⑤具有尽可能小的体积电阻,减少功率损耗;⑥具有尽可能低的界面接触电阻;⑦导热系数尽可能高;⑧具有亲水表面,避免产生水柱堵塞流道、阻碍气体流动;⑨材料成本与制造成本低。

虽然人们提出了许多可能的材料和复合材料结构,但在汽车工业中最常用的材料是不锈钢、石墨和石墨复合材料。电堆采用不锈钢双极板,可降低重量,提高电导和热导率。然而,不锈钢通常需要表面涂层,以提高耐腐蚀性。不锈钢薄片的另一个问题是加工过程中的翘曲问题,特别是对于大尺寸的双极板。对于石墨复合材料,高成本的成型工艺是制约其实现批量生产的因素之一,而且强度和电导率之间的矛盾对其仍然是一个挑战性的问题。

2. 双极板的分类

1)石墨双极板

石墨由于其良好的热稳定性、导电性和较强的耐腐蚀性成为最早批量应用的

PEMFC双极板材料之一，可以满足燃料电池电堆长期安全稳定地运行。纯石墨板一般采用碳粉或石墨粉与沥青或可石墨化的树脂来制备。但是石墨材料具有孔隙率大、脆性大、力学强度低等问题，会导致制成的双极板气密性弱、加工性能差、成品率低。此外，在注塑和模压成型为主的制备工艺中，也存在容易出现气孔、厚度不均等问题。为了克服以上缺点，早期增加极板厚度的工艺，使得利用石墨双极板制成的燃料电池质量大、能量密度低。随着研究的不断深入，用可膨胀石墨加入密封剂，经过真空加压注密和高温焙烧，可模压出不同密度的柔性石墨板，这种石墨的性能稳定、导电性好、耐腐蚀、密封好并且易加工，是很好的双极板材料。上海交通大学燃料电池研究所的王明华等通过真空加压下硅酸钠浓溶液浸渍石墨双极板，后加热使之转变为SiO_2掺杂的结构。结果表明，采用上述方法制备的石墨双极板孔隙率降低了70%，在氢气压力为0.3 MPa下不透气，对石墨双极板的电阻几乎没有影响，提升了燃料电池的性能。以热压工艺为主的石墨双极板性能稳定，但其力学性能差、加工损耗率大、成本高，这些工艺问题始终制约着石墨双极板燃料电池在新能源汽车领域的应用。

2）复合双极板

双极板应用的复合材料是一种将耐腐蚀高分子材料与导电材料相结合的新型材料。

热固性树脂（如树脂、溶剂、增塑剂、分散剂等）和热塑性树脂（如聚丙烯等）均可作为生产双极板的高分子材料。但热固性材料的成型周期较长，在成本和生产率方面不如热塑性材料具有大规模生产的竞争力。无论热固型还是热塑型高分子材料都具有重量轻、易于加工、耐腐蚀性强的特点，拥有较好的机械性能和良好的密封性。但它们通常是绝缘体，因而必须加入填料，如金属导体和碳的衍生物，以增加导电性。但填料的引入也往往导致机械性能下降，因此如何使复合双极板具有良好的电化学性能和力学性能是一项挑战。

根据填充颗粒的类型，复合材料可分为金属基复合材料和碳基复合材料。对于复合双极板的研究大部分都集中在碳基复合材料上，以提供低密度的碳填料，金属填料本身比碳填料具有更高的导电性，但它们具有高密度，并且在PEMFC环境中有易腐蚀的缺点。由于材料限制，复合双极板通常是通过压缩成型和注塑成型将流道直接成型到板上，从而减少加工步骤和费用。

复合材料双极板存在气密性不足的问题，通过浸渍封孔来优化制备工艺以增强双极板的气密性，但为达到气密性要求，该工艺常常需要通过多次浸渍，会增加双极板的成本和制备周期。为使浸渍液充分进入双极板孔隙中封堵气孔，强化双极板的气密性,未来需研制成本低廉且黏度低的浸渍液或者优化浸渍工艺。复合双极板的导电性取决于界面接触电阻和体积电阻,通过表面改性可以降低界面接触电阻,降低复合双极板体积电阻则需要调节配方或者更换导电填料。

复合材料双极板综合了石墨和金属材料的优点,但是成本高、导电性能低制约着其实际应用。随着各种导电导热好、质量轻、强度高、耐腐蚀能力强、成型工艺简单、成本较低的新型复合材料不断研发,复合材料双极板会成为降低质子交换膜燃料电池成本的有效途径,更有利于燃料电池车的普及。

3)金属双极板

已广泛研究的金属双极板的主要材料是不锈钢、钛、镍、铝、铜及其合金。在用于双极板的金属材料中,考虑到其物理和化学性质、可制造性、成本和储量,不锈钢(SS)被认为是最有希望用于汽车应用的候选材料。因此,不锈钢引起了许多研究人员的注意,成为全球汽车燃料电池行业中最常用的双极板材料。燃料电池汽车的代表,如本田、现代和通用汽车,都在其燃料电池汽车中使用不锈钢作为双极板的基材。尽管考虑到耐腐蚀性和重量,丰田将钛用作双极板材料,但考虑到成本和资源储量,不锈钢可能仍然是金属双极板的最佳选择。不锈钢可以提供所需的特性,例如高导电性和导热性、有效防止气体渗透、优异的机械性能和优异的成形性能。此外,与石墨板相比,由不锈钢制成的双极板可以提供更高的强度、冲击韧性,并且与复合材料板相比具有更高的电导率。不锈钢独特的机械性能和优异的成形性能还允许在大规模生产中制造薄至 0.1 mm 甚至更薄的双极板。

尽管不锈钢具有许多优点,但它在 PEMFC 的典型酸性和潮湿环境中更容易腐蚀,这可能会对电堆的性能和耐久性产生不利影响。在阳极和阴极都可以观察到不锈钢双极板的腐蚀。阳极处的还原环境可导致杂化物的形成和溶解的金属离子,而阴极处的氧化环境可导致金属氧化物的形成和腐蚀速率的增加。双极板表面的腐蚀产物,如钝化氧化物,会增加界面接触电阻,从而降低电堆效率。同时,泄漏的金属离子可能会毒害质子交换膜并污染催化剂层,导致电池组的功率降低和寿命缩短。此外,经过长时间的腐蚀,薄双极板上可能会形成微坑,这将导致燃料电池组的损坏。为了克服不锈钢双极板的缺点,世界各地的科学家和工程师已经做了大量工作,重点研究新材料(包括基底和涂层材料)、制造工艺和表征方法。

同时,如果要实现不锈钢双极板的全面商业化,就必须考虑材料和制造成本。有研究表明,基底材料和涂层材料分别占 SS316 制造的双极板成本的 55% 和 18%。

为了解决这些问题，实现不锈钢双极板的设计、制造、性能和耐久性目标，研究人员提出了两条路线。一个是研究具有高耐腐蚀性、低接触电阻和优异成形性的新型不锈钢作为双极板或基材，另一个是开发用于不锈钢双极板的新型耐腐蚀涂层材料。例如 M. P. Brady 等开发了一种 Fe-20Cr-4V 铁素体不锈钢，与传统的 Fe-27Cr-6V 相比，其 Cr 和 V 含量更低，Fe-20Cr-4V 可以降低成本，同时提高其延展性，通过预氧化和氮化，Fe-20Cr-4V 的耐腐蚀性和接触电阻接近美国能源部目标。近年来，POSCO 公司开发的一种名为 Poss470FC 的无涂层铁素体不锈钢被用作现代汽车燃料电池汽车 NEXO 的双极板材料，这种铁素体不锈钢具有优异的耐腐蚀性和导电性，通过相对简化的化学表面处理，两者都达到了 2020 年美国能源部的目标。POSCO 的发明指出，即使没有涂层，不锈钢双极板的耐腐蚀性和导电性也可以通过成分优化和适当的表面改性技术达到使用要求。这可能是未来开发用于 PEMFC 的高性能、高耐久性不锈钢双极板的趋势之一。

其他金属材料双极板方面，由铝或铝镁合金制成的双极板在重量和厚度方面有优势，而且铝和镁离子不是催化剂毒物，但是轻合金具有高化学活性，不适合双极板应用，在这种情况下，需要开发一些特殊的防腐技术。如果这个问题得到了解决，冲压铝板将比石墨轻 2~3 倍，薄一半，而且便宜得多。铝和轻合金的另一个缺点是较高的热膨胀系数，在燃料电池环境中会影响双极板与膜电极的接触状态。高功率一直是质子交换膜燃料电池的追求目标，金属材料中钛及钛合金密度低、比强度高，在质子交换膜燃料电池中具有优良的耐腐蚀性，可以明显降低双极板重量和体积，从而显著提升电池的质量比功率和体积比功率，且钛及钛合金在长期服役运行过程中产生的腐蚀产物对质子交换膜和催化剂的毒性较弱，有利于提升电池运行的稳定性和耐久性，所以钛也是有前途的制作双极板的金属材料。遗憾的是，高耐腐蚀性只是高纯钛的特点，但它相当昂贵，此外，钛的加工比钢板冲压昂贵得多。

4）金属双极板的涂层

金属双极板的涂层需满足一定要求：材料上的涂层应具有良好的导电性，能够黏附在金属基板上，而不会使基底金属在操作中暴露出来，且涂层必须紧密堆积，防止涂层上形成微孔。由于针孔缺陷，金属双极板的涂层仍面临着一些挑战。表面改性材料分为碳基涂层、金属基涂层和导电高分子聚合物等。

碳基涂层具有优异的耐腐蚀性能，并且导电性、导热性能优良，已经得到了广泛的研究，主要碳基种类有纯碳膜、过渡金属碳化物、碳/陶瓷复合涂层等。磁控溅射以其低成本、高沉积速率，成为在不锈钢双极板表面沉积碳涂层最常用且相对成熟的方法。Jin W. H. 等用闭合场非平衡磁控溅射离子镀（CFUBMSIP）在304不锈钢表面沉积了碳膜，测定了碳膜的表面形貌、耐蚀性、界面接触电阻和与水的接触角，沉积后，接触电阻值急剧减小，水接触角增大，显著提高了304不锈钢的耐腐蚀性和导电性。Fukutsuka 等使用等离子体辅助化学气相沉积（PACVD）技术在304不锈钢上涂覆碳膜，并发现与未涂覆的304不锈钢相比，涂覆碳膜的304不锈钢具有更高的导电性和耐腐蚀性。过渡金属碳化物涂层同样具有优良的耐腐蚀性和导电性，也是当前比较热门的不锈钢双极板表面涂层材料，在降低 PEMFC 双极板制作成本、提高耐久性方面有较大的发展前景。碳/陶瓷（C/CrN）复合涂层近几年以其高导电性和良好的耐腐蚀性得到了广泛的研究，工艺上以阴极电弧离子镀代替物理气相沉积，解决了碳涂层溅射产率低的问题，提高了碳的沉积速率，并且与纯碳膜相比，复合涂层极大地降低了碳基涂层的制作成本。Lee S. H. 等采用阴极电弧离子镀（cathode arcion plating, CAIP）方法在316L不锈钢表面沉积了碳/陶瓷复合涂层。扫描电子显微镜结果表明，复合涂层在不锈钢基体表面紧凑且致密。

　　金属基涂层包括贵金属、金属氧化物、金属氮化物等。传统贵金属涂层材料具有很高的化学惰性，所以它们在拥有高导电性的同时也具备非常优异的化学稳定性。研究人员将 Au、Ag、Pt 等贵金属材料应用于不锈钢双极板的防护涂层，发现其明显阻止了双极板表面氧化膜的形成，显著降低了表面的接触电阻，并且耐腐蚀性优异，减少了金属离子的反应析出和对电解液的污染，从而保证了电池的使用性能。但是贵金属涂层高昂的制作成本，从根本上限制了其商业化应用和发展，所以就需要发展研究低成本的金属涂层如 Ni、Ti、Cr 等，或是将贵金属纳米颗粒掺杂到其他防护涂层中制备复合涂层以获得贵金属涂层各项优异性能的同时降低制作成本，这也是未来不锈钢双极板涂层改性的一个发展方向。金属氧化物涂层可以明显降低双极板在酸性环境中的腐蚀速率，具有非常好的化学稳定性，其制备方法主要有化学气相沉积法（CVD）、低压化学气相沉积法（LPCVD）等。金属氧化物涂层虽然具有非常优异的耐腐蚀性能，可以很好地保护基体，但是其导电性一直没有达到商业化生产和应用的要求，所以在保证耐腐蚀性的同时提高其导电性就成为当前研究和发展的主要课题。金属氮化物有良好的耐腐蚀性和导电性，目前已经成为比较热门的金属双极板表面改性材料，其中 Ti 和 Cr 的氮化物是当前的研究热点。金属氮化物涂层的制备方法主要有物理气相沉积（PVD）、电弧离子镀和磁控溅射法。

导电高分子聚合物涂层可以对PEMFC双极板起到很好的防护作用，具有良好的耐腐蚀性和导电性，受到了广泛关注，其中研究较多的就是聚苯胺（PANI）和聚吡咯（PPy），主要制备方法有电沉积等。导电高分子聚合物涂层本身性能优异，而且制备方法相对简单，但单一的聚合物涂层还难以满足PEMFC双极板的高导电性、耐腐蚀性和稳定性的工作要求，故还需要进行大量研究，来解决其本身存在的诸多问题，比如将石墨烯、金属及其化合物等与导电高分子聚合物结合制成复合涂层以获得更高的耐蚀性、耐久性和导电性，延长PEMFC的使用寿命，提高电堆的使用性能。

5.5.2 双极板的制备

1. 双极板的流道设计

双极板设计的重要要求是：在几何精度、机械性能、化学和物理性质方面实现电池有效区域的最大均匀性；在膜电极内产生尽可能均匀地接触压力分布；尽可能降低流动阻力。对于流道形式，存在许多可能的设计方案，燃料电池行业中双极板常见流道形状有平行流道、蛇形流道、叉指流道、网格型流道和仿生型流道等，如图5.18所示。一些重要的流道设计总结如下。

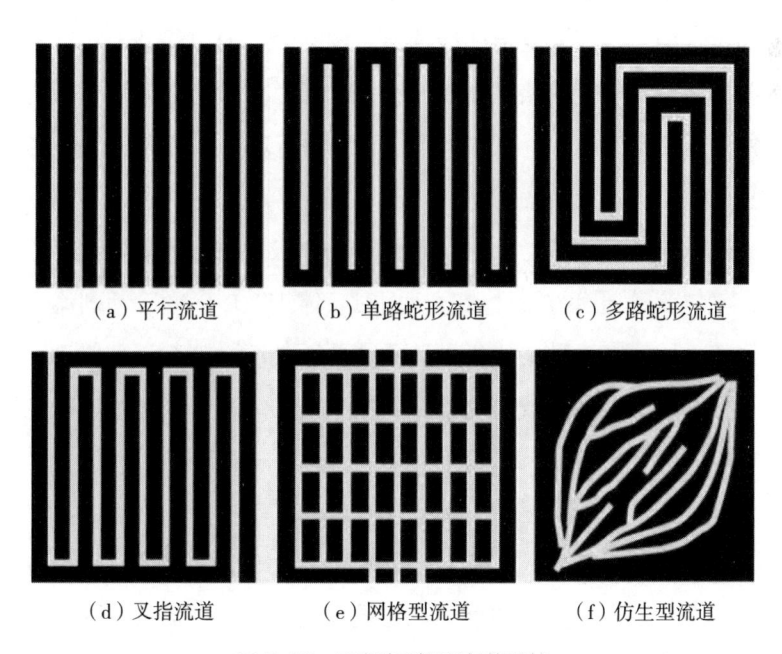

（a）平行流道　（b）单路蛇形流道　（c）多路蛇形流道

（d）叉指流道　（e）网格型流道　（f）仿生型流道

图5.18　双极板常见流道形状

1）平行流道

在这种设计中，双极板由许多平行的流动通道组成。流动通道或流场的平行设计使气体和流体流过平行通道，这是最传统的流动通道设计之一，具有低压降和均匀的气体分布。然而，这种类型的流动通道可能容易导致通道中的水堵塞，导致流动受阻和气体流动不均匀。当电堆连续运行时，反应水可能会积聚在流动通道中。因此，一方面，水倾向于附着在通道壁上，另一方面，小水滴很容易形成并聚结为较大的水滴。由于积聚在通道内的水滴的大小和数量、通道中反应气体的流动阻力彼此不同，这样反应气体在具有小阻力的通道中比具有大阻力的通道更快地流动。这种情况下，流动阻力小的通道中的小水滴可以很容易地与反应气体流一起去除，但大阻力通道中的大水滴变得越来越大，很难从通道中去除。随着时间的推移，这个过程会导致恶性循环，最终电堆内可能会出现许多停滞区域。这是双极板流道设计中的一个关键和常见问题。为了解决这个问题，研究者们提出了一种改进的流道设计，通过沿流动方向改变流道宽度，使流道的压降呈非线性。

2）蛇形流道

为了增强除水能力，反应气体或反应水被设计为流过单个通道或几个通道。在这种流动通道的设计中，水滴被通道两端的压差驱动沿着通道移动，特别是对于单个蛇形流动通道。然而，由于流动路径较长，在流动通道中可能会出现不均匀的反应物分布。在单个蛇形通道设计中，液态水也容易导致溢流现象，特别是在高电流密度下。

3）集成流道

反应物和冷却剂流动通道位于同一板面上的双极板被称为集成流道双极板，在这样的设计中，气体流动通道被设计成直接面对气体扩散层，而冷却剂流动通道则被设计成围绕气体流动通道。这种集成板设计不需要额外的冷却剂流动层，因此提供了更紧凑的堆叠设计。尽管这种集成设计提供了更紧凑的结构，但它很难在电堆表面保持均匀的温度。

4）叉指流道

这种一体化流道设计使气体扩散层的除水能力优于普通流道设计，缓解了高电流密度下的水淹问题，然而，这种类型的流道设计增加了压力损失。因为气体流过气体扩散层时流动阻力大，它还需要精确地控制 PEMFC 电堆中的夹紧压力，以保持气体扩散层中合理的高孔隙率，包括端板夹紧载荷产生的夹紧压力幅值和分布均匀性。最后，流动阻力的长期作用可能导致气体扩散层的破坏。

5）其他流道

实现先进 PEMFC 电堆的障碍之一是气体流动通道的设计和制造，包括低成本和轻型双极板的开发。据报道，通过优化气体流动通道可以实现超过 50% 的功率密度增加。除上述流场设计外，流动通道布局还有许多其他设计，例如金属网格和金属泡沫设计。但是它们中的大多数要么是组合设计，要么是并行流、蛇形流、叉指流、集成流通道的改进设计。

6）流道横截面

除流道布局外，流道截面的几何形状和尺寸设计是与 PEMFC 性能有关的另一个重要因素。由于具有良好的可制造性，矩形截面的通道可能是应用最广泛的通道，关于矩形截面形状，最佳值与其宽度和深度有关，此外，发现随着脊宽度的减小，氢气消耗增加，在此基础上，对三角形和半球形截面形状通道的研究表明，与矩形截面相比，氢气消耗增加了 9%，电堆阳极氢气消耗的增加可以提高其性能。当脊设计成理想的矩形（直角）时，角周围的接触压力变得非常大，这是不可取的，可利用圆角来降低局部最大压力，以增加接触压力的均匀性。

2. 双极板的制造技术

双极板占 PEMFC 电堆重量的 60% 以上和成本的 30% 以上。因此，除性能控制之外，重量和成本降低一直是双极板设计和制造的两个最重要的目标。双极板成本主要包括材料和制造成本。在材料选择方面，必须在材料成本、电气和机械性能、耐腐蚀性、可制造性等之间取得平衡。双极板的大部分生产成本取决于制造技术，这是 PEMFC 电堆商业化大规模生产的关键技术。到目前为止，已经提出了许多用于双极板的制造方法，如机械铣削、注塑成型、冲压成型、橡胶成型、激光加工和 3D 打印等。

1）机械铣削

铣削是制造业中非常常见的方法，也是石墨双极板制造中非常流行的方法，尤其是对于新设计堆栈的原型开发。用于批量生产双极板的机铣制造成本在很大程度上取决于双极板的尺寸、精度和结构复杂性。对于具有双面铣削工艺的薄双极板，需要一种特殊的夹具，批量生产的机器铣削精度也不够好。

2）注塑成型

为了生产更经济的 PEMFC，开发低成本注塑工艺成为必然的技术路线，其中碳基复合材料应用是一种非常重要和常见的解决方案。复合材料在生产双极板方面表现出重量轻、可制造性好的优点。此外，复合材料很容易通过不同的方法生产，如压缩和注射成型。例如，流动通道可以直接成型，避免了铣削中昂贵的制造过程。由于热固性材料和热塑性材料都可以用于注塑生产，使得制造具有高石墨含量的双极板成为可能，从而提高双极板的导电性。由于热固性树脂具有低黏度和低密度及合适的导热性，因此在双极板制造中具有良好的综合性能；由于生产成本的优势，使用热塑性材料大规模生产双极板更方便，但是热塑性塑料的机械强度和稳定性不如热固性材料。注塑成型可以更容易地应用于自动化和大规模生产，这使得每个双极板的处理时间短，并且具有可接受的尺寸和形状公差。因此，注塑成型技术可能是复合材料双极板最有前途和最具成本效益的生产方法。

3）冲压成型

由于双极板大规模生产的低成本要求，已经开发了各种成形技术来制造金属双极板，如液压成形、橡胶垫成形、金属薄板冲压等。与注塑成型和机器铣削相比，尽管冲压成型降低了批量生产成本，但冲压成型双极板的几何尺寸精度很难控制。特别对于大型双极板，翘曲或屈曲变形是批量生产过程中需要解决的一个严重问题。对于长度超过 800 mm 的大型双极板，由于残余应力的存在，最大横向变形可达几毫米。双极板的平面度和几何误差对于制造高性能的电堆非常重要。如果双极板在冲压成形后引起大的翘曲变形，则制造的电堆将在接触压力的不均匀分布中表现出更严重的程度。在金属板成形双极板的冲压过程中，由于冲压过程后的弹性恢复，形状几何误差是不可避免的。此外，两个单独的冲压成型双极板通常焊接在一起，以提供冷却剂的流动通道，焊接过程会在双极板中产生进一步的残余变形。因此，如何控制冲压成型双极板的翘曲或屈曲变形仍然是一项具有挑战性的技术。

4）3D 打印

为了提高双极板制造的效率和降低成本，要么简化制造过程，要么选择廉价的材料。然而，由于材料浪费和生产复杂流道的挑战，传统的成型工艺无法提供很大的改进。作为一种替代方案，3D 打印技术是一种革命性的方法，可以在几乎零材料浪费的情况下制造复杂的结构。一些研究人员试图使用 3D 打印技术用塑料和不锈钢材料开发双极板，以降低双极板的制造成本。作为一项新技术，尽管 3D 打印几乎被应用于每一个制造应用中，但在生产效率大幅提高之前，目前还无法预见其在双极板大规模生产中的应用。

3. 双极板的封装技术

1)多电池方式

Clarity 燃料电池汽车搭载的双极板，和国内现有的双极板不同，该双极板封装采用的是"3+2"结构形式，即每个双极板由 3 片极板和 2 片膜电极组成。该设计的密封主要依靠密封圈，密封环的断面形式从以前的梯形升级成现在的矩形，电堆容积降低了约 3 L。密封圈完全覆盖在金属双极板的外圈，使金属双极板内部与外部完全分离，减少了电堆设计的成本。此外，密封圈中集成了歧管等流场载体。在密封圈的成型工艺中可以直接生产这些部件，减少了电堆的零件数量，简化了制造工艺。将薄板冲压成型工艺和橡胶成型工艺集成一个工艺，能大幅降低生产成本，有利于产业化。

2)单电池方式

Mirai 所搭载的燃料电池双极板除 1 片阴极板、1 片阳极板、1 片膜电极外，还有 1 层多孔层。多孔层利用虹吸原理自动管理水场，通过激光微焊接和阳极板连接在一起，阴极板和阳极板的外围通过注胶方式密封。

3)封装工艺

从当前国内行业展会展出的情况看，国内金属双极板水场的封装以焊接为主，气场一般采用贴胶方式，但也有用注胶方式直接将胶条注塑在双极板或者膜电极上的情况。封装完成后，为了保证内阻性能，要进行双极板接触电阻测试。为了保证电池的工作时间，要进行腐蚀电流测试。现在国内的封装技术相较国外而言还存在较大差距，需要加大研究力度促使其发展。封装技术的好坏直接影响燃料电池堆的性能，进而会影响整车的使用性能。

现有的焊接基本是针对厚度在 0.2 mm 以上的薄板，而对 0.1 mm 的不锈钢或者钛板的案例鲜有报道。为了减轻质量，增加单位体积发电率，金属双极板多用 0.1 mm 以下的不锈钢板或者钛板制造，焊接完成后，残余应力在撤除夹具后会造成双极板的弯曲变形，因此需进一步研究控制焊接残余应力的密封焊接。

5.5.3 双极板的发展现状和趋势

1. 国内外现状

表 5.12 显示了 2020 年和 2025 年美国能源部双极板技术目标。双极板的材料必须更便宜，并具有高导电性和导热性、低接触电阻和良好的耐腐蚀性。表 5.13 为不同双极板材料的优缺点。

表 5.12 美国能源部双极板性能目标

特性	单位	2020年状态	2025年目标
电导率	S/cm	100	>100
接触电阻	$m\Omega \cdot cm^2$	10	<10
气体渗透系数	$Std\ cm^3/(s \cdot cm^2 \cdot Pa)$	1.3×10^{-14}	1.3×10^{-14}
导热系数	$W/(m \cdot K)$	10	20
阳极腐蚀电流	$\mu A/cm^2$	1 且无活性峰	<1 且无活性峰
阴极腐蚀电流	$\mu A/cm^2$	1	<1
寿命	h	5000	8000
极板重量	kg/kW	0.4	0.18
成本	美元/kW	3	2
抗弯强度	MPa	25	>40

表 5.13 不同双极板材料的优点和缺点

材料	优点	缺点
复合材料	耐腐蚀性、体积小、轻量化、高强度	机械强度差、电导率低、批量生产困难、价格高
石墨材料	优异的耐腐蚀性、高热导率和高电导率、稳定的化学性质、成熟的制造技术	机械性能差（脆性），重量和体积大，可加工性差，加工成本高
金属材料	机械性能、易于制造、低成本、卓越的结构抗震耐久性、可以形成超薄双极板	易腐蚀（毒害膜和催化剂）

石墨板方面，国内石墨双极板技术近年来发展十分迅速，技术水平与国外相当，已基本实现国产化。头部企业更是持续发展技术，提前突破国家制定的 2025 年单组突破 1.5 mm 的技术要求。目前石墨双极板的力学性能和制备成本已得到较大改善，但仍无法完全满足双极板各项性能指标要求，这是阻碍石墨双极板广泛应用于市场的最大瓶颈，之后研究重点仍是制作工艺的改进和减小石墨板的厚度，以降低成本和提高质量功率密度。

复合材料板方面，复合膜压碳板在国外已突破 0.8 mm 薄板技术，具备与金属板同样的体积功率密度。国内方面，国鸿氢能有来自加拿大巴拉德公司的授权技术；青岛杜科新材料有限公司年产 100 万组复合膜压碳板生产线已投产，厚度小于 1.4 mm，电导率 300 S/cm；山东岱擎新能源科技有限公司开发研制了具有超细流道的超薄金属复合双极板，厚度 0.6~0.8 mm，流道宽度 0.2~0.4 mm。总体上复合双极板的生产制造在我国尚未形成规模，仍未大批量投入市场，原料成本高、模压工艺不成熟是复合双极板批量生产使用面临的首要问题。

金属板方面，国外典型代表产品是丰田纺织/神户制钢生产的用于丰田 Miari 2 的钛基材金属双极板。通过预先在轧制钛卷材上进行碳纳米复合涂层表面处理，无需在冲压成形后进行防腐涂层表面处理。单片厚度 0.8 mm、腐蚀电流密度低于 0.8 $\mu A/cm^2$，对应电堆的体积功率密度为 5.4 kW/L，运行寿命超过 5000 h。目前，随着国内企业多年深耕金属双极板行业，整体产品性能持续提升，使用寿命大幅度提升，已基本达到国外先进技术水平，量产线逐步建立，下游客户认可度提升。当前，国内金属双极板企业在华东、华南、华北、东北都有所分布，其中华东地区的双极板企业数量最多，也是国内金属双极板生产企业最为集中的地区。预计随着双极板产业持续增长，我国金属板渗透率有望持续提高。中国钢研科技集团有限公司旗下单位安泰环境工程技术有限公司制备的 PEMFC 金属双极板入选 2022 年中央企业科技创新成果产品手册。国氢科技的钛双极板入选中国汽车工程学会"2022 年新能源汽车六大标志性进展"。表 5.14 展示了国内外生产双极板的主要企业。

表 5.14 国内外双极板生产企业

双极板类型	国外企业	国内企业/研究机构
石墨板	美国 POCO、SHF 公司； 日本 Fujikura Rubber 公司、 Kyushu Refractories 公司； 英国 Bac2 公司；加拿大 Ballard 公司	中钢天源、鑫能石墨、神州碳制品、沪江科技、联强碳素、喜丽碳素、弘枫实业、弘竣实业、信远工业
金属板	瑞典 Cellimpact 公司； 德国 Dana 公司、Grabener 公司； 美国 Treadstone 公司	安泰环境、上汽捷氢新源动力、上海致臻、国氢科技
复合材料板	英国 Porvair 公司； 美国 ORNL 公司	国鸿氢能、武汉嘉马拉雅、江苏神州碳制品有限公司、惠州市海龙模具塑料制品有限公司

质子交换膜燃料电池核心原材料、部组件的国产化，实现"自主可控"是目前我国亟须解决的问题，为此，在技术需求上也对双极板提出了更高的要求。

金属板基材方面，目前以不锈钢和钛合金板为主，不锈钢基材开发以钢铁企业为代表，而国内金属双极板专用基材的开发方面还比较薄弱，需要加强研发。随着用户对电堆的功率密度要求越来越高，双极板的厚度也越来越小，在考虑双极板性能的同时，也需要考虑双极板的支撑强度，使流道起到合理的加强筋的作用。因此，流道逐渐向细密发展，细密化的流道和脊可以减小支撑跨度，增强流道对膜电极的机械支撑强度。

金属材料双极板虽然优点明显，但是耐腐蚀性差，需要对其表面镀膜，无论是采用碳基涂层，还是金属基涂层表面改性，包括纯粹使用稀有金属和贵金属，以及这些金属的氧化物或氮化物及碳化物等，甚至包括多种金属在内的复合涂层，都能使金属双极板的导电和抗腐蚀性能得到很大提升。但对比发现，金属基表面涂层的各项性能要普遍优于碳基涂层。然而金属基涂层需要用到大量不同种类的金属，有些性能优异的贵金属价格往往不菲，因此国内外大量相关学者都在探索合适的金属材料用来制备性能优异的表面涂层，这也成了近年来学者们的研究重点，也是未来金属双极板表面涂层技术的发展趋势所在。另外金属双极板的耐腐蚀性也可以通过成分优化实现，这种无涂层技术可能是未来开发用于PEMFC的高性能、高耐久性金属双极板的趋势之一。

复合材料双极板质量轻、易成型、性能稳定，但是由于其导电性能弱、成本比较高制约了应用普及。单纯依靠改进石墨/树脂的成分和配比越来越难以实现各项性能的协同优化。同时，结构对于复合双极板性能的影响也日渐得到了重视，导电填料的有序组织能够有效提升复合双极板的导电性能；去除极板表面富集的树脂，有利于大幅降低复合石墨极板的接触电阻；依靠引入预制功能层，能够实现对于极板各方面性能的分别优化。因此，开发新型具有高性能、低成本的复合材料双极板成为燃料电池突破现有技术和成本瓶颈的关键路径之一，是今后车用质子交换膜燃料电池双极板材料的重点研究方向。

2. 未来发展趋势

目前，国内外科研工作者和相关企业开展了流场设计、精密制造以及性能评价等大量相关研究，开发了多款质子交换膜燃料电池用双极板。商业化上看，乘用车大都采用金属双极板，商用车一般采用石墨双极板。国内双极板企业扩产趋势明显，当前全国燃料电池双极板总产能超过2000万片/年，预计2025年车用燃料电池双极板市场规模将达到13亿元。目前国内金属双极板出货量已经超过石墨双极板（含复合石墨双极板），金属双极板领域已经出现了单个企业单个客户出货达百万片级别的现象。技术方面，个别国产金属双极板设计寿命已经超过2万小时，还已有企业开始推出无涂层的金属双极板；石墨双极板方面技术已经比较成熟，市场已有越来越多的企业成功开发出超薄超精细石墨双极板。

随着金属双极板从示范性应用逐步进入阶段性量产或商业化应用阶段，其市场占有率会稳步提升。在质子交换膜燃料电池商业化应用需求牵引下，未来金属双极板的开发可能会从以下几个方面展开。

（1）以提升燃料电池性能为目标的极板结构多层次优化设计。极板的功能较多，对燃料电池的多项性能指标有着重要影响，从多个层次进行优化设计：极板整体结构角度，考虑极板进出口排布、排水及有效反应面积比等因素；极板流场角度，考虑反应气体分配均匀性、流阻、压降等因素；微流道结构角度，微流道/脊宽比、侧壁倾斜角度、圆角半径等几何结构等对接触电阻、排水性能等影响因素；基材塑性成形性能角度，考虑金属材料成形极限、回弹、各向异性等对微流道深度、几何精度及极板板形精度因素。综合考虑极板多种作用，从多个层次优化设计极板结构，以提升燃料电池性能。

（2）低成本、高质量极板智能成形技术。不锈钢极板成形工艺逐渐成熟，已经从示范性应用逐步进入阶段性量产或商业化应用阶段。质子交换膜燃料电池整体成本较高，目前寄希望于极板大批量生产，以能够将成本降低至市场所接受的百元以内。综合金属极板制造行业发展，基于连续模的冲压成形制造技术必将是主流方向。然而，金属极板大批量生产涉及材料性能一致性、工艺稳定性及质量控制等多个环节，相关研究如在线检测与质量控制技术等，还有待进一步加强，尤其是板厚不断减小、钛等难变形材料应用，更需深入研究低成本、高质量极板智能成形技术。

（3）极板成形质量与燃料电池相关性研究。该相关性研究对细化极板成形质量标准，推动燃料电池技术整体、快速发展具有重要意义。然而，受燃料电池测试成本等制约，极板微流道尺寸误差、板形翘曲、表面质量及装配参数和误差等对燃料电池性能的影响还不够系统，并且出于对知识产权保护的考虑，研究成果很少公开，更不利于该问题的深入系统研究。

（4）极板焊接和表面改性等技术。冲压成形的一般为单个极板，电堆用双极板产品还需要焊接、表面改性处理等工序。单极板焊接成为双极板，由于板厚小、面积大，焊接质量可靠性不高，在成本、良品率等方面还有待进一步提升。金属极板耐腐蚀性不佳，表面改性技术是提升其耐腐蚀寿命的主要途径。然而，金属极板的结构特点、工作环境等对大面积、复杂结构的金属极板表面改性技术提出了巨大挑战。目前，纳米多层碳膜已经应用于不锈钢金属极板，但在使用寿命等方面还有待提高。钛双极板表面制备的金属碳/氮化物和无定型碳涂层综合性能优越,具有较高的研究和应用价值,然而这些涂层易出现针孔缺陷等,因此目前研究的主要目标是提升涂层致密性、膜基结合强度和涂层表面导电性。此外涂层还应具有良好疏水性,以促进反应生成水的排出。要满足这些综合性能,对涂层的结构设计和组织成分提出了更高要求。涂层结构组织的复合化和纳米化可以一定程度提升涂层致密性、耐蚀性、导电性,增强钛极板服役稳定性和可靠性,是今后发展的主要方向。

总之,金属极板设计与制造技术在需求牵引下已经取得了长足的进步,进入示范或小批量生产阶段,但是在结构多层次优化设计、低成本高质量智能制造、极板成形质量与电堆性能相关性及极板焊接和表面改性技术等方面需继续提升。每种双极板材料都有其优缺点,但没有一种材料符合所有的设计标准,最佳双极板的讨论为时尚早,石墨和复合双极板也会是特定应用场景下的不二选择,综合考虑材质、加工、流场设计等因素才能决定这些材料的最合适命运。

5.5.4 双极板产业化发展路线

1. 关键技术指标及影响因素

1) 金属材料研发

石墨双极板在固定应用场景下更受欢迎,但其机械性能和可加工性差。复合材料双极板需要加入导电填料来提高电导率,这将增加成本,现阶段不适合大规模生产,而且复合双极板很难达到良好的电和力学性能,还需加强研究。相比之下,金属具有较高的机械强度、更好的耐冲击和振动性能、优良的可制造性和成本效益,因此是未来最有前景的材料之一。金属双极板的缺点是其低耐腐蚀性,可以通过导电聚合物薄膜、金属氮化物/碳化物薄膜和贵金属薄膜等保护涂层来克服。未来的工作重点是开发优良的耐腐蚀性和导电性涂层或新型金属材料。

2) 表面改性涂层

双极板的长期腐蚀试验对电堆的服役可靠性有着重要的意义。虽然诸多文献报道了耐腐蚀试验,但其中大部分都缺乏对涂层的耐久性测试。在实际应用过程中,燃料电池不可避免地要长期运行,而涂层可能会由于腐蚀加剧而降解,导致电极金属离子中毒。因此,有必要进行长期腐蚀试验,这也是金属双极板生产和应用面临的一大挑战。

双极板的高电位腐蚀性能也是需要重点关注的性能之一。当燃料电池在移动能源领域如汽车等中实际应用时，电堆启停的瞬态电位可高达 1.2~1.6 V。虽然高电位的持续时间并不长，但仍然很可能穿透防腐层，使其失去防护效果。因此，在今后的双极板测试工作中，高电位极化测试也应该受到重视，目前只有少数文献报道了对应的研究结果。

多层涂层和元素掺杂是提升双极板性能可行的有效途径。在设计金属双极板表面改性涂层时，可以通过对多层涂层进行复合结构设计以提高涂层的导电性，或在涂层中引入耐蚀元素以提高耐蚀性。诸多文献已经清晰地表明了通过这两种途径提升涂层整体性能的可行性。因此可以预期，在未来的工作中，多层涂层和元素掺杂的结合可以获得效果更好的金属双极板防腐涂层。

虽然当前的研究表明，经过不同元素选择和结构设计的表面改性涂层可以有效提升极板的耐腐蚀性能和导电性。然而，极板性能的退化机制、涂层的损伤机制、在不同工况下的性能稳定性和耐久性等，仍然是亟待阐明的问题。因此，金属极板表面改性材料仍需创新和进一步的深入研究，以应对大规模应用和产业化推进过程中的挑战。

3）流场设计

流场设计有助于双极板在燃料电池运行过程中良好地发挥作用，特别是在从通道中除水方面。研究人员对几种流场布局进行了广泛的研究，如蛇形、交错流场和平行流场等。蛇形和交错流场在除水和均匀配水方面表现较好，但也会导致压力降较高和反应物分布不均匀。对于其他流场设计，如平行流场，由于排水不足或不均匀，容易形成停滞区。近年来，三维流场在促进水的均匀分布方面成为研究的热点，它的制造技术和设计限制了其广泛应用，是未来的重要研究方向。

2. 产业技术发展路线

通过改进与创新双极板材料及结构，优化耐久性控制策略，建立材料与部件批量生产线。发展双极板制造装备技术，实现双极板材料和部件的产品化、商业化，最终使双极板材料从品质与产能上满足质子交换膜燃料电池汽车规模化运行要求。双极板产业技术路线如表 5.15 所示。

（1）2025 年，金属双极板要研发高耐蚀、低电阻、易于精密成型的不锈钢和钛合金基材，开发高耐久低电阻表面处理技术，建立超薄基材极板试制及寿命快速评估方法和基材耐蚀、导电、可成形性综合性能评估体系；石墨双极板的研究重点是制作工艺的改进和减小石墨板的厚度，同时保障板材强度，以降低成本和提高质量功率密度；还有高强度与弹性、高致密与导电性、超薄的复合极板，关注成分设计、混合熔铸、组织调控与前后处理技术，及其可连续工业级制备技术与装置的研发。关键技术指标包括：金属双极板抗弯强度≥ 25 MPa，接触电阻≤ 8 mΩ·cm^2@1.4 MPa，腐蚀电流≤ 1 μA/cm^2@80℃；石墨双极板厚度≤ 2 mm，透气率≤ 2 × 10^{-6} Std·cm^3/（s·cm^2·Pa），寿命≥ 8000 h；复合双极板厚度≤ 1.0 mm，电导率≥ 150 S/cm，透气率≤ 2 × 10^{-8} Std·cm^3/（s·cm^2·Pa）。

（2）2030年，双极板性能持续提升，成本持续下降，可靠性大幅度提升，实现大规模推广应用。在这一阶段，通过研发新的微细流道成型技术及高速、高精度成型方法，探索高耐久低电阻表面材料和处理技术，逐步提升双极板性能，寿命突破15000 h，实现双极板的更新换代。期间要通过量产流程与设备的开发，提高效率，有效降低成本。

（3）2035年是双极板全面达到产业化要求的关键节点。在这过程中要通过基于计算科学的模拟、基于机器学习和人工智能的信息学方法及量子计算技术加强研发，推动双极板商业化进程，并借助数据驱动型材料开发技术使双极板的各种性能达到商业化要求。

表5.15 双极板产业技术路线图

材料	目前水平	2025年	2030年	2035年
金属双极板	·抗弯强度≥ 25 MPa ·接触电阻≤ 8 mΩ·cm^2@1.4 MPa ·腐蚀电流≤ 1 μA/cm^2@80℃		·抗弯强度≥ 45 MPa ·接触电阻≤ 3 mΩ·cm^2@1.4 MPa ·腐蚀电流≤ 0.5 μA/cm^2@80℃ ·不锈钢、钛等专用金属双极板基材研发，无涂层技术取得突破	
石墨双极板	·厚度≤ 2 mm ·透气率≤ 2 × 10^{-6} Std·cm^3/（s·cm^2·Pa）@80℃，3 atm，100%RH ·寿命≥ 8000 h	·厚度≤ 1.5 mm ·透气率≤ 1.5 × 10^{-6} Std·cm^3/(s·cm^2·Pa)@80℃，3atm，100%RH ·寿命≥ 15000 h	·厚度≤ 1.2 mm ·透气率≤ 1.3 × 10^{-6} Std·cm^3/(s·cm^2·Pa)@80℃，3atm，100%RH ·寿命≥ 22000 h	
复合双极板	·厚度≤ 1 mm ·电导率≥ 150 S/cm ·透气率≤ 2 × 10^{-8} Std·cm^3/（s·cm^2·Pa）@80℃，3atm，100%RH	·厚度≤ 0.8 mm ·电导率≥ 200 S/cm ·透气率≤ 1.5 × 10^{-8} Std·cm^3/(s·cm^2·Pa)@80℃，3atm，100%RH	·厚度≤ 0.5 mm ·电导率≥ 250 S/cm ·透气率≤ 1.2 × 10^{-8} Std·cm^3/(s·cm^2·Pa)@80℃，3atm，100%RH	

5.6 密封材料

5.6.1 概述

1. 密封材料的作用

在运行过程中，质子交换膜燃料电池内部伴有气体和液体，因此需要对电池周边进行密封以防止电池内的气体/液体泄漏，通常采用弹性体充当密封或垫片材料。尽管密封功能对质子交换膜燃料电池的耐久性、可靠性、功能性能和寿命成本有重大影响，但它往往被忽视。

在运行期间，燃料电池内部存在反应气体和液体，需要密封垫片在双极板与膜电极之间提供良好的密封效果。密封垫片的密封失效会导致气体及流体泄漏，这会降低燃料电池的性能，导致电堆损坏并引起安全问题。密封垫片的另一个作用是防止燃料电池堆中的双极板之间发生短路，因此需要有较好的绝缘性。由于 PEMFC 工作在一个较宽的温度范围内（−40~90℃），温度变化会引起双极板等部件发生尺寸上的变化。为了保持燃料电池的尺寸稳定性，需要密封件发生相应的形变进行尺寸补偿。密封垫片所处的环境较为复杂，由于其位于双极板与膜电极之间，会直接暴露于酸性溶液、氢气、潮湿空气中，同时还要承受温度循环与一定的压缩应力。

除以上功能要求外，密封材料还需满足一定的材料要求。

（1）出色的机械稳定性。由于燃料电池需要施加足够的组装力以保证密封效果，密封垫片在燃料电池的长期运转中都一直承受着一定的压缩应力，密封垫片必须有足够的机械稳定性，尤其是要有较低的永久压缩变形以保证密封效果。

（2）优良的热稳定性和化学稳定性。密封垫片在使用过程中会经历温度循环变化，密封垫片必须具有良好的热稳定性以应对温度的变化。密封垫片还要有良好的化学稳定性，密封垫片的降解不仅会影响密封效果，降解成分可能导致催化剂层失活，迁移到电池的其他部位则导致双极板或气体扩散层孔隙阻塞，这些都会降低燃料电池的工作效率。

（3）与其他组件具有良好的兼容性。必须保证密封垫片不会析出降低催化剂活性的物质，以免降低电池效率。

（4）良好的电绝缘性和气密性。防止电池短路及气体泄漏。同时密封材料应当具备较低的氢渗透性。燃料电池电堆的密封既要考虑密封件与极板间的界面泄漏，也要考虑密封件内部的渗透过程。

（5）制造工艺简单、成本低。

2. 密封材料的分类

由于质子交换膜燃料电池需要在较大温度范围内稳定运行，因此对密封材料有较高的要求。密封材料应使电堆处于合适的受压状态，避免电堆过压，尽可能地降低电堆内的接触电阻。基于自身受压反弹的特点进行密封的固态密封材料，其回弹性能是一项重要指标。固态密封材料的优点是具有较好的隔音性和抗震性，然而其缺点则是与被黏结表面之间不易密合。与之相反，液态密封材料具有流动性，因此可以流入复杂的表面结构中并具有更好的密封性，不易产生泄露。同时，密封材料内析出的物质也不应导致催化剂中毒、加速膜老化或者扩散层堵塞。鉴于此，目前封制品采用的材料主要以硅橡胶、三元乙丙橡胶、氟橡胶等为主。

（1）硅橡胶的主链是硅氧键，支链是有机基团。通过改变其支链有机基团和填料的种类可进一步优化硅橡胶的力学性能、黏度、固化后硬度及固化方式，进而满足其在不同条件下的使用要求。硅橡胶应用于密封制品的领域相当广泛，例如汽车发动机曲轴后密封圈、燃油泵密封件、空调压缩机密封件、电位器绝缘衬套和灌封材料等。但是，在燃料电池中硅橡胶遇到氟离子会发生降解，且目前还未有关于降解产物对燃料电池性能的影响的研究工作。同时，硅橡胶弹性体的应力弛豫现象也是影响其耐久性的重要原因，应力弛豫现象主要与弹性体自身结构高度相关，其产生的机理主要是材料内部分子在力的作用下发生构象重排。

（2）在聚烯烃类橡胶中，适用于质子交换膜燃料电池密封材料的橡胶主要包括聚异丁烯基橡胶和三元乙丙橡胶（EPDM）。三元乙丙橡胶对水和气的密封性能要优于硅胶，适宜工作温度在 –40~100℃，而该温度范围能够满足燃料电池的使用要求。EPDM 与基体的黏结性能较差，通常需要配合使用底涂剂才能与基材粘贴牢固。系统性地研究 EPDM 的应力弛豫后，Tong C. 等发现 EPDM 在不同温度和不同介质下弹性体材料的应力弛豫曲线变化是一致的，均呈现出前期下降快速而后期变化趋缓这一特征。伴随温度的增加，EPDM 在空气中的应力弛豫曲线下降更加快速，这说明温度会加快橡胶的应力弛豫行为，而当介质由空气更换为去离子水时也会发生同样的效应。

（3）氟橡胶因为其侧链上为 C—F 键，且在结构上氟原子能屏蔽高分子中的主链，因而其耐高温性能及耐腐蚀性能较为优异。相比硅橡胶和 EPDM，氟橡胶的耐低温性能较差，其最低所能承受的温度仅为 -20℃，所以氟橡胶的应用具有一定的局限性。从生产成本来看，由于氟橡胶的生产工艺较为复杂使得其经济成本较高。

除橡胶材料以外，紫外线固化和热固化类树脂也被应用于燃料电池的密封。此类黏结剂主要应用于双极板-膜电极一体化结构的黏结，通过在膜电极组件的边框和金属双极板之间涂覆黏结剂，再通过紫外线或加热实现固化，最终完成整个一体化单电池的生产制备。

5.6.2 密封材料的制备

密封材料一般可分为固态垫片和液体密封胶两类。固态垫片是最传统的密封形式，可以通过硅橡胶和氟橡胶的切割、冲压、成型来获得。固态垫片可以方便地组装和拆卸，最大的缺点是垫片和黏结表面不易紧密闭合，导致界面泄漏。

液体密封胶能流入非常复杂的表面结构，具有良好的密封性能，也能有效防止界面泄漏。液体密封剂主要有两种类型：原地成形（FIPG）和现场固化垫片（CIPG）。原地成型密封胶是在密封面进行电池组装前使用的液体密封胶，在这种情况下，密封胶尚未固化；电池组装后，固化密封胶以密封电池。原地成型密封胶是硅胶密封胶，可以在室温下交联。由于密封液的自由流平，原地成型密封胶没有要求密封面的高精度。现场固化垫片应用于密封表面，并通过各种方法（加热、紫外线辐射、水分等）固化，然后组装成一个密封件。现场固化垫片可以实现复杂的密封几何形状。由于密封胶直接涂在组件的表面，然后固化，它通常不需要模具，而需要模压垫圈。

此外，液态密封胶的成型工艺还包括冷流道注射成型。注射橡胶的成型即通过注射机，将处于液态的橡胶在一定的温度和压力下注入模具型腔中进行硫化成型，得到高尺寸精度的橡胶件。同时与普通橡胶注射模具相比，冷流道注射使得橡胶在进入模具之前一直保持在硫化温度以下，并保持流动性，可以在下一次注射成型过程中作为原料继续使用。与热流道成型中产生大量废料相比，极大地提高了橡胶材料的利用率，降低生产成本和能源消耗，同时避免了废弃胶料的清理，提高了生产效率。

现有的垫片一般采用三种设计：一是散装型垫片，通过模压制成预期的形状，然后进行组装，这种方式适用于单个电池或原型电池组的组装，加工方便但组装效率低下；二是固定性垫片，通过平板注塑硫化工艺将密封垫片直接集成到其他燃料电池组件上（如双极板），这样能够显著提高组装效率；三是基于液体橡胶的一体化注塑成型工艺，将电池组装固定后向燃料电池的预留位置中直接注入液体橡胶然后再升温固化，这种方法能够有效节约组装时间，并且垫片与其他部件结合更为紧密、密封效果更好，更加适用大批量的生产。

橡胶材料的加工工艺较为复杂但是基本流程相同，PEMFC密封材料制备流程可以分为以下两个环节。

（1）开炼机混炼。开启开炼机，用天然橡胶对开炼机双辊进行清洗。关闭开炼机，调整开炼机双辊辊距为1 mm左右后重新开启开炼机。将按配方称取的纯胶投入开炼机塑炼2 min左右；然后依次加入配方中的填料助剂ZnO、CaO、碳黑等进行混炼，接着再依次缓慢加入促进剂、硫化剂，在开炼机上对橡胶进行打三角包、滚卷处理，最后制成混炼胶片。

（2）混炼胶硫化与测试样片制备。混炼胶片静置8 h以上，通过硫化测试仪测定混炼胶的硫化性能。按照硫化曲线测试结果，在相应温度、压力、时间下，使用平板硫化机及配套的模具对混炼胶进行加工，最后得到厚度为1~2 mm的硫化胶片，利用特殊的裁刀冲压制成可用于后续测试表征的硫化胶试样。

5.6.3 密封材料的发展现状和趋势

1. 国内外现状

主要用于PEMFC的密封材料有硅橡胶、氟橡胶和三元乙丙橡胶。硅橡胶因其优异的耐热性和耐化学性及高压缩性而成为应用最广泛的材料。氟橡胶和三元乙丙橡胶以其优良的综合性能是很好的候选密封材料，已作为PEMFC的密封材料。厌氧胶黏剂和紫外线固化密封剂也是很有前途的PEMFC密封剂，具有低成本的优势。

关于密封材料的耐久性，大多数研究采用加速降解实验来研究在机械压力和化学腐蚀条件下的降解。通过对密封材料耐久性的大量研究，可以发现今后在保持优良的耐高温耐低温、耐化学腐蚀、耐湿、耐氧化、耐撕裂、压缩比好的同时，开发低成本的密封材料。

对于密封结构，常用的密封结构包括质子交换膜直接密封结构、质子交换膜包装框架密封结构、膜电极包装框架密封结构、刚性保护框架密封结构。膜电极包装框架密封结构更常用于燃料电池。该结构适用于批量生产，便于电堆组装，成本低，同时膜电极集成式密封结构将各组件的尺寸一致性控制及可能泄漏途径的阻断集中在了工艺生产阶段，极大地减小了装堆过程对于密封效果的影响。同时在分离式密封结构中，双极板、膜电极、橡胶件等各组件在尺寸精度上的偏差会互相叠加，总偏差过大则会影响整堆的密封效果。而膜电极集成式密封则将尺寸偏差的控制缩小在了橡胶件本身，降低了电堆对其他部件的尺寸精度要求，在低成本的条件下提高密封的可靠性。但其一步成型结构对模具结构和工艺参数有严格的要求。而液态硅胶注射成型在尺寸精度的控制上具有很大优势，通过高精度的模具型腔制作与注射压力、硫化温度等成型工艺参数的控制，能够将橡胶件的尺寸偏差控制在一个很小的范围内。另一个有利的结构是刚性保护框架密封，它保护膜电极的反应区不因其额外的硬层而受到损害，但密封结构复杂，制造工艺难度大。

所有弹性密封材料作为PEMFC电堆的密封垫片时，都应具有良好的耐氢、耐氧、耐水、耐热、耐化学性和机械应力性能，这些都是技术上需要解决的问题。另外为了更好地分析密封件的性能，还需要对密封件的化学腐蚀失效机理和机械应力进行详细的分析。密封材料失效的主要原因是其工作环境总是暴露于氢、氧、水、酸之中，以及高温和机械应力下，进而导致密封材料的老化，材料的耐久性分析通常是通过在特定的模拟环境下进行测试来获得的，因此，有必要进一步发展，开发更接近PEMFC实际运行的仿真环境，以获得更准确、更有意义的数据。为了研究降解机理，需在各种实验环境下对PEMFC密封失效模式进行大量实验。急需发展完善密封件耐久性试验的常用测试方法和寿命预测模型，为研究人员研究PEMFC密封件的耐久性提供方便。

同时在为电堆选取密封材料并进行密封结构设计时，应该同时考虑整个电堆的装配力学关系。整个电堆的装配压紧力同时由膜电极组件和密封件承担，增加装配力会导致膜电极组件压缩量增加，气体扩散层孔隙率减小，影响传质性能。因此无法通过直接调整整堆压缩量来提高密封件的接触应力从而提高密封性能，即整堆的装配力、压缩量应当在密封结构设计阶段完成参数的确定。同时电堆中各组件的尺寸一致性控制是保证整堆密封效果的关键，包括双极板的厚度尺寸精度、表面粗糙度控制、膜电极组件的尺寸一致性及密封件尺寸偏差的精确控制等。

2. 未来发展趋势

未来，应根据已知材料的特点和密封材料的要求开发新型低成本密封材料，进行更全面的耐久性试验分析，得到在最实际的操作环境中满足要求的材料。密封材料的选择要满足以下几点，高抗应力松弛、降低材料的压缩比、优良的耐化学性。为了获得具有良好耐久性的密封材料，可以强调以下几项措施：选择高抗应力松弛的密封材料；通过改变密封材料的截面尺寸来降低材料的压缩比；使用具有优异化学抗性的材料减少材料表面化学降解导致的密封失效；采用适当的填料和加压方法增加填料密度，减少填料泄漏；改进橡胶的配方和生产工艺，获得永久变形值较低的密封材料。

此外，由于燃料电池工作的温度范围广，因此宽温域下的密封材料性能研究尤为重要。高温下材料的热膨胀与模量变化、低温下的材料硬化与变形补偿能力下降都会导致密封效果受到相应的影响。同时高低温循环带来的橡胶材料老化的影响同样不可忽视。因此温度适应性强、气体渗透性低、结构稳定性与化学稳定性好的橡胶材料是亟需攻克的重点。

近年来对燃料电池密封结构的研究较少。传统的密封结构需要改进，以应对新的挑战。因此，通过对燃料电池密封部件的结构分析和仿真，并采用高精度尺寸扫描、接触应力测试及压缩状态测试等检测手段加以辅助，设计出更好的密封结构，对膜电极具有良好保护作用，易于组装、拆卸、批量生产、成本低，是未来研究的重点。

5.6.4 密封材料产业化发展路线

1. 关键技术指标及影响因素

密封材料的关键技术指标包括：

（1）密封件成型精度偏差。成型精度与密封件的密封效果紧密相关，高成型精度有利于密封界面处接触应力的一致性，减少气体泄漏通道出现的可能性。

（2）接触应力均匀性。接触应力的均匀性与密封件的成型精度、接触表面的平整度与表面状态、密封材料物性参数等因素有关。

（3）材料氢渗透系数。除界面泄漏外，通过密封材料内部的渗透过程同样会导致气体泄漏的出现。因此密封材料在工作温度下应该具有较低的氢渗透系数。

（4）气体泄漏率。气体渗透率是直接衡量密封材料密封效果的指标，其与密封材料本身性质、密封结构设计及各部件加工成型精度等参数相关。

（5）温度适应性（热膨胀系数、玻璃化转变温度）。随着燃料电池技术的不断发展，燃料电池的工作温度范围逐渐扩大，对密封材料在宽温域下的工作性能提出了更高的要求。

（6）耐久性（应力松弛、平均松弛率、压缩永久变形）。随着电堆使用寿命的提高，密封材料耐久性要求也随之提高。密封件工作环境存在持续的压力循环、温湿度循环与高酸性气体等，因此其在高温、压力循环与酸性环境下的耐久性能尤为关键。

2.产业技术发展路线

现阶段，密封材料成本在国产化和规模化的过程中逐步降低，初步具备了产业化基础。未来逐步实现成本和寿命满足商品化需求，进而达到该技术的完全商业化。密封材料的产业技术路线如表5.16所示。

密封材料关键指标如下：2025年，成型精度偏差≤0.02 mm、温度适应性 –30~95℃、耐久性≥8000 h；2030年，温度适应性 –30~120℃、气体泄漏率≤5×10^{-8} Pa·m³/s；2035年，密封材料达到接触应力高均匀性、氢渗透系数极低，更新量产设备和工艺，生产成本显著降低。

表5.16 密封材料产业技术路线图

时间	现阶段	2025年	2030年	2035年
密封材料关键参数	·成型精度偏差≤0.02 mm ·温度适应性 –30~95℃ ·耐久性≥8000 h	·温度适应性 –30~120℃ ·气体泄漏率≤5×10^{-8} Pa·m³/s	·接触应力高均匀性 ·材料氢渗透系数低 ·量产设备和工艺开发，生产成本显著降低

参考文献

［1］艾邦氢科技网. 国内氢燃料电池膜电极厂商20强介绍［EB/OL］.（2022-06-11）［2023-09-27］. https://mp.weixin.qq.com/s/i2ZQ592caKe6HCAPchCBbQ.

［2］艾邦氢科技网. 国外三大膜电极厂商介绍［EB/OL］.（2022-06-11）［2023-09-27］. https://www.htech360.com/a/5247.

［3］艾邦氢科技网. 氢燃料电池催化剂制备工艺及主要厂商［EB/OL］.（2023-01-30）［2023-09-27］. https:www.htech360.com/a/17101.

［4］艾邦氢科技网. 质子交换膜（PEM）生产工艺［EB/OL］.（2022-08-24）［2023-09-27］. https://www.htech360.com/a/6789.

［5］贺朝晖, 吴程浩. 氢燃料电池膜电极专题研究：核心材料国产化，助推氢能车商业化［EB/OL］.（2022-12-01）［2023-09-27］. https://h2.in-en.com/html/h2-2418567.shtml.

［6］鸿基创能CEO. 膜电极2025年销售1000万片，价格300元/KW［EB/OL］.（2022-10-19）［2023-09-27］. https://xueqiu.com/2428686217/233078604.

［7］刘建国, 李佳. 质子交换膜燃料电池关键材料与技术［M］. 北京：化学工业出版社，2021.

［8］未势能源. 膜电极制备方法之直涂浆料与涂布技术［EB/OL］.（2023-06-08）［2023-09-

27］. https://mp.weixin.qq.com/s/QlzQTiPX6hpVaNr6QMdLdw.
［9］肖群稀. 迈入燃料电池技术快速发展的十年［R］. 华泰研究，2022. https://zhuanlan.zhihu.com/p/472265872.
［10］衣宝廉，俞红梅，侯中军. 氢燃料电池［M］. 北京：化学工业出版社，2021.
［11］银势. 2022 年膜电极装机市场超 200 万片，唐锋/擎动/鸿基位列前三［EB/OL］.（2022-03-14）［2023-09-27］. https://mp.weixin.qq.com/s/cdBkUGe9-hjMgGiLSyiCXQ.
［12］银势. 2022 中国氢能与燃料电池产业年度蓝皮书［R/OL］. www.trendba--nk.com.
［13］张宇. 质子交换膜燃料电池气体扩散层的耐久性研究［D］. 武汉：武汉理工大学，2018.
［14］中国汽车工程学会. 节能与新能源汽车技术路线图［M］. 北京：机械工业出版社，2016.
［15］中国汽车工程学会. 节能与新能源汽车技术路线图 2.0［M］. 北京：机械工业出版社，2021.
［16］BRADY M P, ELHAMID M A, DADHEECH G, et al. Manufacturing and performance assessment of stamped, laser welded, and nitrided FeCrV stainless steel bipolar plates for proton exchange membrane fuel cells［J］. International Journal of Hydrogen Energy，2013: 4734-4739.
［17］CHEN W H, KO T H, CHENG S I, et al. Effect of various micro-porous layer preparation methods on the performance of a proton exchange membrane fuel cell［J］. International Journal of Nanotechnology，2014，11（9-11）: 993-1005.
［18］FUKUTSUKA T, YAMAGUCHI T, MIYANO S I, et al. Carbon-coated Stainless Steel as PEFC Bipolar Plate Material［J］. Journal of Power Sources，2007，174（1）: 199-205.
［19］JIN W H, FENG K, LI Z G, et al. Properties of Carbon Film Deposited on Stainless Steel by Close Field Unbalanced Magnetron Sputter Ion Plating［J］. Thin Solid Films，2013，531: 320-327.
［20］JONGHEE K, JO K, KIM Y, et al. Stainless Steel for Polymer Fuel Cell Separator and Method for Preparing Same: U.S. Patent 9290845［P］. 2016-03-22.
［21］LEE S H, WOO S P, KAKATI N, et al. Corrosion and Electrical Properties of Carbon/Ceramic Multilayer Coated on Stainless Steel Bipolar Plates［J］. Surface & Coatings Technology，2016，303: 162-169.
［22］MILLINGTON B, WHIPPLE V, POLLET B G. A novel method for preparing proton exchange membrane fuel cell electrodes by the ultrasonic-spray technique［J］. Journal of Power Sources，2011，196（20）: 8500-8508.
［23］NEVILLE J. Fuel cell roadmap 2020［M］. UK: Automotive Council.
［24］PROF D, ACHIM K, PETER A, et al. PRODUCTION OF FUEL CELL COMPONENTS［M］. Aachen Germany：PEM of RWTH Aachen University and VDMA，2020.
［25］TONG C, CHAO Y J, VANZ J W. Stress relaxation behavior of EPDM seals in polymer electrolyte membrane fuel cell environment［J］. International Journal of Hydrogen Energy，2012，

37（18）：13478-13483.
[26] WANG W, Wu W Y, et al. Stress relaxation characteristic of silicone seal gasket[J]. Lubrication Engineering, 2004, 3（2）：29-30, 32.
[27] WU F, CHEN B, YAN Y, et al. Degradation of Silicone Rubbers as Sealing Materials for Proton Exchange Membrane Fuel Cells under Temperature Cycling[J]. Polymers, 2018, 10（5）：522.

第6章

固体氧化物燃料电池电堆及系统

6.1 概述

固体氧化物燃料电池（SOFC）系统包括电堆和辅助系统两个部分，是利用固体氧化物燃料电池电堆，持续将碳氢燃料中的化学能高效转化为满足应用需求品质的电能和热能的装置。电堆是整个电化学反应发生的场所，辅助系统则是确保电堆的电化学反应能够稳定、高效、可靠地运行的辅助设施，为电堆提供燃料、氧化剂（空气等）、重整水蒸气、电力变换，以及相应的协同控制，包括气体供给与流量控制、热管理、功率变换及控制单元等多个子系统。固体氧化物燃料电池独立发电系统通过燃烧未反应的燃料加热反应气体，从而实现整个发电系统的温度控制。

6.1.1 固体氧化物燃料电池电堆功能及要求

为了实现 SOFC 的应用，需要将若干个能量有限的单体电池通过串联或并联组合得到所需要能量输出。单体电池经过堆叠、连接、封装后形成电堆，电堆的输出功率与面积成正比。由于材料的复杂性和高热膨胀系数，电堆设计中通常会出现连接、破裂和泄露的问题，低韧性的陶瓷单电池间电连接也会引起一些其他问题。电堆的设计需要考虑以下几方面：①电堆要选择高电压、低电流输出，以减少电堆不必要的能量损耗；②电堆中各部件的电流通道要尽可能短，组件间要有良好的电接触；③电堆密封结构完整，以提供最大的开路电压，并避免明显漏气、串气或短路；④电堆需要具有良好的气体流道设计，燃料气与氧化气要均匀分布到电堆的每个单体电池上，以减少气体传输压力损失；⑤确保电堆内部温度的均匀分布，设计必须能够承受大的温度梯度。

6.1.2 固体氧化物燃料电池系统功能及要求

完整的固体氧化物燃料电池系统一般包括电堆、燃料流量控制器、鼓风机、燃烧室、空气换热器、燃料（重整）换热器、脱硫器、水换热器、储水箱、功率变换器、电气控制系统等。按照具体功能，上述部件可划分为 6 个子系统。

1. 燃料供给子系统

燃料供给子系统的主要作用是为电堆提供足够流量、温度、满足电堆反应需求和系统稳定运行的燃料气体。以天然气为例，燃料子系统可以将来自管网的天然气经过流量计、脱硫器后，与经换热后的水蒸气均匀混合进入重整换热器，重整后得到主要成分为氢气和一氧化碳的优质燃料，该高温燃料随后进入电堆进行发电。为保证系统稳定运行，燃料子系统应满足以下要求：燃料精确的流量控制；燃料足够的重整率（≥90% 为宜）；接近电堆实际工作温度的重整燃料温度。

2. 空气供给子系统

空气供给子系统的主要作用是为电堆提供足够流量、温度、满足电堆反应需求和系统稳定运行的空气。在系统运行时，鼓风机将足够风量的空气泵入空气换热器，换热后得到的高温空气进入电堆进行发电。空气在 SOFC 系统中除了作为反应气体，还是热的主要载体。电堆的升温、降温、温度梯度的控制主要通过调节空气温度和流量来实现。例如，电堆升温阶段，经过电堆的过量空气和燃料不发生电化学反应直接进入燃烧室燃烧，产生的热烟气主要给空气换热，通过热的积累来实现加热电堆。为保证系统稳定运行，空气系统应满足以下要求：足够的过量比以保证电堆反应和系统内部热量的传输；换热后空气温度接近电堆反应温度；低能耗。

3. 电堆子系统

电堆作为整个系统的"心脏"，是实现燃料化学能向电能转化的场所，整个外围系统部件都是为了保证其稳定、高效运行。电堆应满足以下要求：高电效率；一定的抗温度波动的能力；低衰减率。

4. 能量回收子系统

能量回收子系统与空气供给系统存在耦合，包含化学能回收系统和热量回收系统两部分。化学能回收系统的主要作用是将电堆尾气中未反应完的燃料和空气在燃烧室内燃烧，产生的高温烟气通入换热器、重整器以加热反应原料。热量回收系统是通过将水与上述换热后的烟气进行终极换热，使得烟气温度降至接近室温，换热得到的热水通过保温水箱储存，为用户提供高品质热能。为保证系统高效运行，能量回收系统应满足以下要求：100% 燃烧效率；高换热效率。

5. 电气控制子系统

电气控制子系统主要作用是将电堆产生的波动的电能通过直流（DC）、交流（AC）的变换，有效地供给给用户（或电网）、系统自身及储能系统。该系统主要包括 DC/DC 和 DC/AC 变换器及储能电池。DC/DC 是将电堆产生的波动的直流电转换为固定、稳定、特定的直流电压输出，该部分电能主要用于给系统自带储能电池充电，该储能电池主要为突发（断气、断电）状况下辅助部件稳定运行提供所需的电能。此外，当 SOFC 用于增程式电动车或与储能电站联合使用时，该 DC/DC 还为外部储能电池充电。DC/AC 是将单堆产生的波动的直流电转换为符合要求的市电（交流电），该部分电能除了直接供用户使用和并网，还为辅助部件供电。电气控制子系统应满足以下要求：高转换效率；足够系统稳定过渡的储电量。

6. 系统控制子系统

系统控制子系统是整个 SOFC 系统的"大脑"，其主要作用是对整个系统的气体、温度、电能调配进行精准控制，并根据各部件内部的温度、气压、电的数据波动对输入量（主要是气体流量）进行快速、精准响应，保证电堆高效运行，保证燃烧室、换热器、重整器等各部件工作在安全范围内。

对于 SOFC 系统整体而言，主要要求包括高效性、稳定性和长寿命。高效性要求系统应实现尽可能高的电效率，同时保证高的热效率，以体现 SOFC 相较于其他发电装置的优势。稳定性要求 SOFC 在电和热的输出方面要足够稳定，具备一定的抵抗突发状况的能力。长寿命要求电堆衰减率足够低（≤0.2%/1000 h），以及各辅助部件的工作寿命足以匹配电堆寿命。此外，系统还应具备高的体积功率密度、良好的环境适应性等。

6.2 固体氧化物燃料电池电堆

SOFC 单电池的开路电压只有 1.1 V 左右，在稳定工作时，工作电压在 0.7~0.9 V。如此低的电压难以实际应用，因此需要进行单体电池之间的串联，形成具有数十伏特电压的电堆。串联可以提高电压而保持电流不变，并联可以增大电流而保持电压不变，由于实用化 SOFC 的单体电池面积很大，以（10 cm×10 cm）的平板电池为例，其有效面积可以达到 81 cm²，工作电流大于 40 A，如果并联电流会进一步成倍增加，导致外部导线的成本增加，欧姆损失加剧，因此串联是组成电堆的首选方式。

自 1930 年以来，出现了多种 SOFC 电堆的设计方式。从 1960 年以后，电堆的设计主要集中于平板式电堆、管式电堆和平管式电堆三种结构。平板式 SOFC 电堆的主要缺点是密封难度大、热循环性能差、性能衰减高；优点是电流路径短、比功率高、电性能好。管式 SOFC 电堆的主要缺点是电流路径长、内电阻大、比功率低、制造难度大、成本高；优点是密封容易、稳定性好。平管式电堆集成了上述两种结构优势，可靠性与稳定性最优。

SOFC 电堆是由电池组件串联组成。在平板式电堆中，电流流向与电池垂直，流程短且采集均匀，所以电池的欧姆极化比管式电堆低，可以实现更高的电性能。平板式电堆电池结构简单，电解质和电极制备容易控制，电池的造价也比管式电堆低得多，制造成本更容易满足美国 SECA 项目组制定的 SOFC 商业化成本指标，但其稳定性与可靠性有待增强。平管式电堆则弥补了平板式与管式两者的不足，具有最优的结构稳定性与可靠性，性能接近平板式电堆，和平板式一起构成了目前国际上市场占有率最高的两种技术。

按单电池支撑结构的特点可将电池分为电解质支撑、阳极支撑、阴极支撑、金属支撑等，其中开发最多的是阳极支撑结构。阳极支撑 SOFC 因为其电解质薄膜电阻小、功率密度高，尤其适合在中低温（650~750℃）范围内运行，是构建千瓦级 SOFC 独立发电系统的基础。

6.2.1 电堆设计关键因素

SOFC 发电系统的核心部件是由若干单体电池组成的电堆，其性能的优劣直接决定了发电系统的命运。电堆内各部件间界面的相互作用是影响电堆性能的关键，充分了解电堆部件及其界面行为，有助于显著改善电池及其成堆的输出性能，对 SOFC 应用的推进具有相当程度的帮助作用。

1. 连接体及其防护

将两个单体电池串联起来的部件称为连接体。对于管式电堆，连接体往往采用陶瓷材料，并与电池制备成一体。对于平板式电堆（图 6.1）而言，连接体材料一般采用金属材料，并与电池分别制备，因其板状结构而称为连接板。连接体应满足以下条件：足够高的电导率，足够的高温抗氧化性能，适合的热膨胀系数，足够的机械强度及较小的高温蠕变率，高导热系数，精细的流道设计，价格低廉，容易制造。

图6.1 平板式燃料电堆示意图

连接板上有槽和筋两部分，其中槽是气体与电池的接触部分，反应气体可以自由地出入多孔电极，这部分的反应气体最为充分，是发电的主要场所。筋是电接触部分，主要是将电极上产生的电流导出到连接板上。由于筋与电池紧密接触，筋下面的部分气体扩散较为困难，因此该部分的电极可能难以参与电化学反应，从而形成"死区"。筋槽面积比例及宽度是连接板设计的重要问题，需要根据实际情况调控。筋越窄（数量相应增加，使接触面积不变）则其覆盖的电极气体越容易扩散，"死区"面积越小；槽越窄则电流横向流动的距离越短，电阻越小。因此，尽可能使用窄的筋和槽是提高电堆性能的一个办法。当然，筋和槽越窄，其加工越困难，精度越难保证，技术难度较高。

连接板设计的另一个问题是各个流道之间的气流分布是否均匀。为此，可在两头增设扰流柱，当气体经过扰流柱时发生湍流，流动方向发散，从而使气流均匀化。实际装堆时，在垂直于电池的方向，也可能产生气流分布不均匀。这是由于气体的动量在进气口与出气口存在一定差别。为减少这种不均匀性，一方面电堆中的电池片数量不宜过多，一般以30~50片为宜；另一方面，适当地增加气孔面积，使电堆两侧气道变宽，气体流动压损减小，有利于电池之间的气流均匀性。

以金属材料做成的连接板，在长期高温运行时，其氧化腐蚀是一个重要的问题。为尽可能减缓金属连接板的腐蚀，在其组成中一般需要添加金属Cr，形成不锈钢。在高温氧化性气氛中，Cr优先被氧化，形成导电的Cr_2O_3保护膜，可阻止连接板进一步被氧化。但表面的Cr_2O_3保护层在高温下会逐渐挥发消耗，并污染阴极，因此有必要在其表面制备一层连续且致密的导电氧化物涂层（图6.2）。该涂层需要满足以下要求：

尽可能高的电导率；与金属基板热膨胀系数一致；薄且致密；与基板结合牢固。

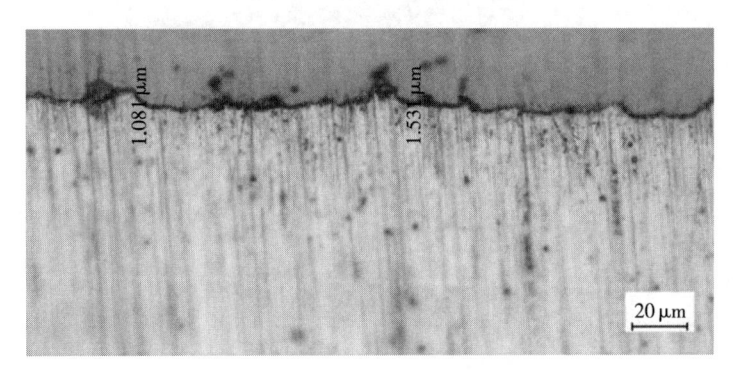

图 6.2 连接件及其防护涂层结构

为加强涂层与合金基体的结合，在喷涂前需要对连接板表面进行喷砂处理，即利用压缩空气将刚玉砂、石英砂或 SiC 颗粒等高强度的微粒加速、喷洒、撞击金属基体表面，将金属表面的氧化层去除，同时产生具有一定表面粗糙度的新表面。喷砂后的表面容易与氧化物涂层结合紧密，可防止涂层因热膨胀系数的失配而脱落。但喷砂过程中金属连接板可能会出现变形，连接板往往需要退火整形处理，以恢复其平面结构。虽然等离子喷涂可以得到质量很好的抗氧化涂层，但是由于过程复杂且需要昂贵的等离子喷涂设备，采用室温浆料喷涂结合高温烧制抗氧化涂层的方法更为经济。

2. 密封材料与密封技术

SOFC 各部件组成不同，这些异质材料需要用密封材料紧密地结合在一起，因此对密封材料有很高的要求。多数平板型 SOFC 电堆需要封接以防止漏气或串气。一般来说，由于密封要求非常苛刻，必须使用能够耐高温和耐氧化气氛腐蚀的高成本金属材料进行集电。设计平板型 SOFC 时，重点在于使封接量和封接面积最小。平板型 SOFC 电堆对封接要求较高，一般涉及多种不同类型间的组件封接。例如：电池与连接体或电池与边框（陶瓷－金属）、边框与连接体（金属－金属）、边框与绝缘垫片（陶瓷/金属－陶瓷）之间的封接。通常采用两种封接方法：压实型（加垫圈或不带垫圈）和黏结型。

压实型是使用机械载荷压紧燃料电池组件形成密封。这种方法的优点是不需要密封剂，将压缩不平整表面产生的机械应力减到最小并形成气密密封是关键。压实型封料需要具有高温下较好的弹性，且材料本身要有一定的柔性以消除封接面微观尺度上粗糙不平引起的渗漏。在表面不平整时可加垫圈来提高气密（图 6.3）。压实型封接材

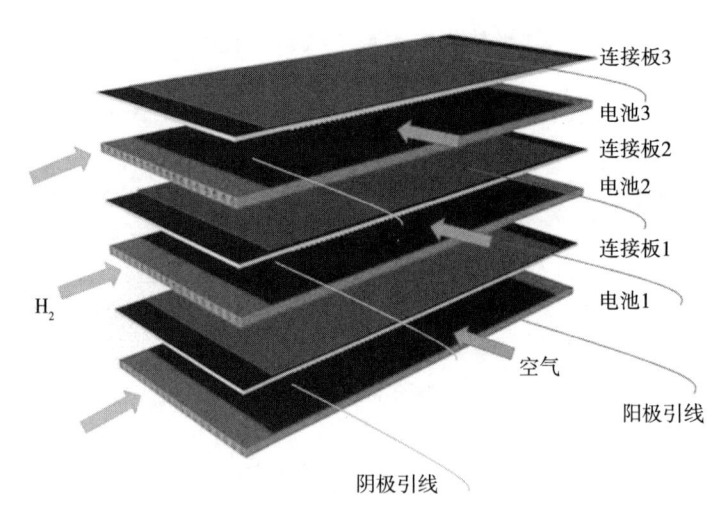

图 6.3　电堆密封垫示意图

料的优点为对封接元件的热膨胀匹配要求较低，有利于实现较高的热循环性能。这种封料需要在加压下实现密封，对电堆的设计提出了较高要求，而且普遍需要一些特殊设计来使电堆在较高工作温度下仍维持一定的封接压力，以维持电堆的接触电阻能够在一个较低的水平。云母及云母基复合材料是比较常用的压实型封接材料。压实型封接有利于 SOFC 电堆实现多次热循环启动，但其长期稳定性仍需要进一步考察。

  黏结型密封材料由于是靠黏结力将两种封接元件结合在一起，因此首先需要具有良好的润湿性。此外，还需要在氧化、还原气氛下稳定，与电池/电堆组件之间化学兼容，并且具有良好的封接性和绝缘性能。黏结型封料可以分为硬密封和软密封两种，包括胶黏剂、玻璃和玻璃陶瓷。硬密封材料在电堆工作温度下处于刚性状态，封接温度高于电堆的工作温度，而软密封材料则可保持一定的黏滞状态。硬密封材料需要具有和封接元件相匹配的热膨胀系数，而软密封材料这方面要求相对稍低。目前 SOFC 电堆中普遍使用玻璃及玻璃-陶瓷材料作为黏结型密封材料，具有润湿性好、成本低、加工容易、组分可调节及使用温度范围宽等优点。然而这种材料同时也存在着脆性、热循环过程中易遭破坏、易与其他元件发生反应及可能存在易挥发元素毒化电极材料等问题。由熔融填料制备成的金属封料也可实现良好的封接性能，但也存在一些缺陷：首先，金属封料需要配合绝缘材料使用，增加了封接的复杂性；其次，满足 SOFC 工作条件要求的金属封接材料并不多。虽然已有报道称 Au 或 Ag 等贵金属材料可实现良好的封接性能，但成本太高，难以在 SOFC 领域实现重要应用。

3. 界面接触材料与电流收集技术

当多片电池串联组成电堆时，在连接体和电池阴极、阳极的界面处需要使用一层导电性良好的接触材料以减少电堆的内阻，同时避免连接体直接接触电极导致电极结构破坏。一般而言，当界面接触材料较厚时，电堆组装的机械压力主要集中在该材料上，其优点是电接触好、电阻较小，其缺点是密封环上承受的压力较小，严重时会导致密封失效；反之，为了保证密封而使密封环变厚时，密封容易实现，但界面的接触可能出现问题。因此，同时兼顾密封与电流收集存在一定困难。

6.2.2 电堆制造工艺流程

以平板式 SOFC 电堆为例，电堆的组装是将电池、金属连接体依次交替堆叠的过程。堆叠之前，电池阴极、阳极需提前印刷界面接触材料，连接体密封区域需提前铺设密封材料。堆叠过程中，部件在各方向上要对齐。安装装配过程大致可概括为：铺设底部端板—接触材料、密封材料涂敷—堆叠—加压—螺栓紧固—升温密封、活化—成品。

1. 铺设底部端板

电堆底部端板为电堆底部提供结构支撑，同时作为电流收集端子。在电堆装配前，底部端板上需印刷界面接触材料，并在密封区域涂敷密封材料。装配时，将底部端板安装在装配台上，该端板将作为电堆水平方向上的参照物，所有部件都应与之对齐。

2. 堆叠

将涂敷接触材料的电池和涂敷密封材料的金属连接体依次在端板上方堆叠，直至所需片数。最后将顶部端板放置在电堆顶部，完成堆叠过程。

3. 加压

将堆叠好的电堆移至加压平台，通过气缸（油压）对电堆进行加压，以保证接触和基本密封。放置一段时间后，在上下端板之间加装紧固螺栓，完成电堆常温下的装配过程。

4. 升温密封、活化

装配后的电堆通常会在测试台上完成一次完整的升温和低电流放电，其主要目的是：电堆密封材料在高温下形成玻璃态，填充各密封区域，完成电堆密封；电堆内部电池在高温下完成还原和活化测试；结合以上两点，完成电堆性能评测。

6.3 固体氧化物燃料电池系统设计及集成

6.3.1 系统设计及制造

1. 系统设计关键因素

尽管 SOFC 发电系统有不同类型和用途,具体结构和部件也有差异,但其设计和开发流程大致相同,如图 6.4 所示。

(1) 根据系统的应用场景和电堆操作窗口(包括电堆工作温度区间、耐受的温度梯度、热循环和升降温速率限制、负载的速率和限制条件等)的要求,对系统的基本技术要求进行定义,如重整器的类型(水蒸气重整或部分氧化重整)、燃烧室类型、是否需要燃料的循环、电堆构型(是否空气开放)、系统的启动速度要求等;为满足最后的产品需求,在最初设计的时候就必须考虑安全与排放的各项认证标准。

(2) 根据系统的基本定义需求,进行系统的流程设计,同时结合系统启动和运行的控制策略对系统流程的物料和能量进行核算,对流程进行仿真计算,根据计算和仿真结果对系统流程进行优化。

(3) 根据计算结果对各辅助部件进行部件的结构设计或选型,并对辅助部件进行独立测试。

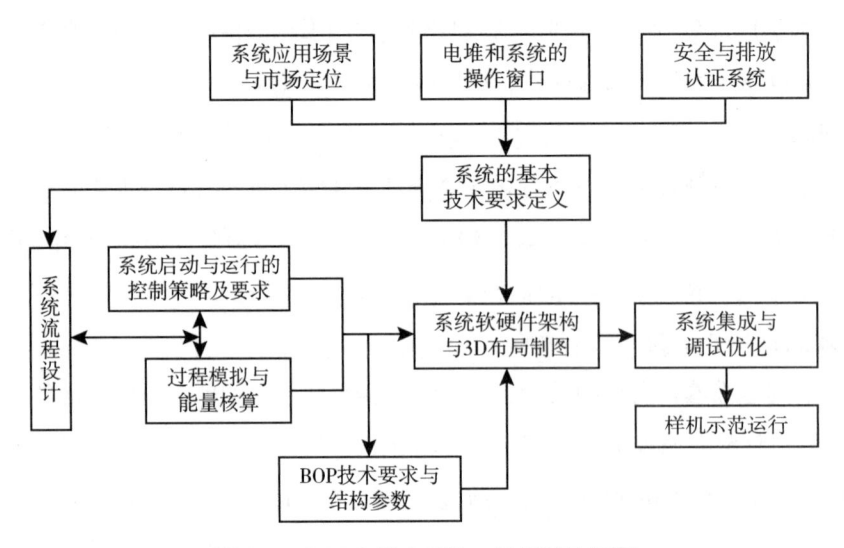

图 6.4 SOFC 发电系统一般设计流程图

（4）根据系统流程设计优化的结构，结合各辅助部件和电堆的实际尺寸等，进行系统的三维布局设计，绘制系统布局图，同时进行控制系统和电气线路的设计（包括硬件、软件架构等）。

（5）系统部件的硬件集成（包括系统台架、辅助部件、电堆和管路连接、控制面板及电气接线等）。

（6）控制软件的编写及系统调试，对系统的启动与负载状态、辅助部件运行情况与稳定性等进行测试与优化。

（7）在系统自主运行的基础上，进行发电系统的示范运行，考察实际使用环境的状态，进行故障状态收集等。

另外，SOFC发电系统的控制子系统非常重要。SOFC电堆模块是整个发电系统的核心，但同样需要各个子系统能够协调稳定工作，为电堆提供良好的工作环境，从而高效输出电能和热能。

因此SOFC发电系统的控制子系统，其核心功能是对电堆及辅助部件核心参数的数据采集与实时显示，通过对工作环境的监测与控制来保证电堆的稳定输出。SOFC发电系统的控制子系统主要作用，是对电堆和重要的辅助部件进行状态监测（必要时记录数据备查）；控制流体输送装置和热管理，为电堆工作提供必要的热工环境和反应物质，对电堆的功率输出进行控制、减小负载冲击；在部件或电堆故障时，启动保护程序，控制系统可控降温，保证系统安全。

尽管SOFC发电系统的控制复杂，但实际上只有一个核心逻辑，就是为电堆服务，在保证电堆工作环境与条件稳定的情况下，控制电堆输出一定功率。就系统的运行过程而言，大致包括升温、稳定负载或动态负载、降温或紧急状态等几种不同的状态和过程，其控制思路也有所不同。系统控制的步骤和流程条件，总结如图6.5所示。通过该控制思路与逻辑，将电堆从室温可控地升温至运行温度，电堆开始负载后，通过对流量（燃料利用率）、温度和空气过量比等参数的控制，使电堆达到动态平衡，提供稳定的电力和热的输出，并在负载变动时即时调整辅助部件工作状态，以满足电堆的动态响应。

2. 系统组装工艺流程

SOFC系统组装为四部分，先独立安装，后整合。即分别独立进行发电系统、辅助系统、加热系统、电控系统的组装与调试，通过管路进行连接。最终测试整合后系统发电效果。

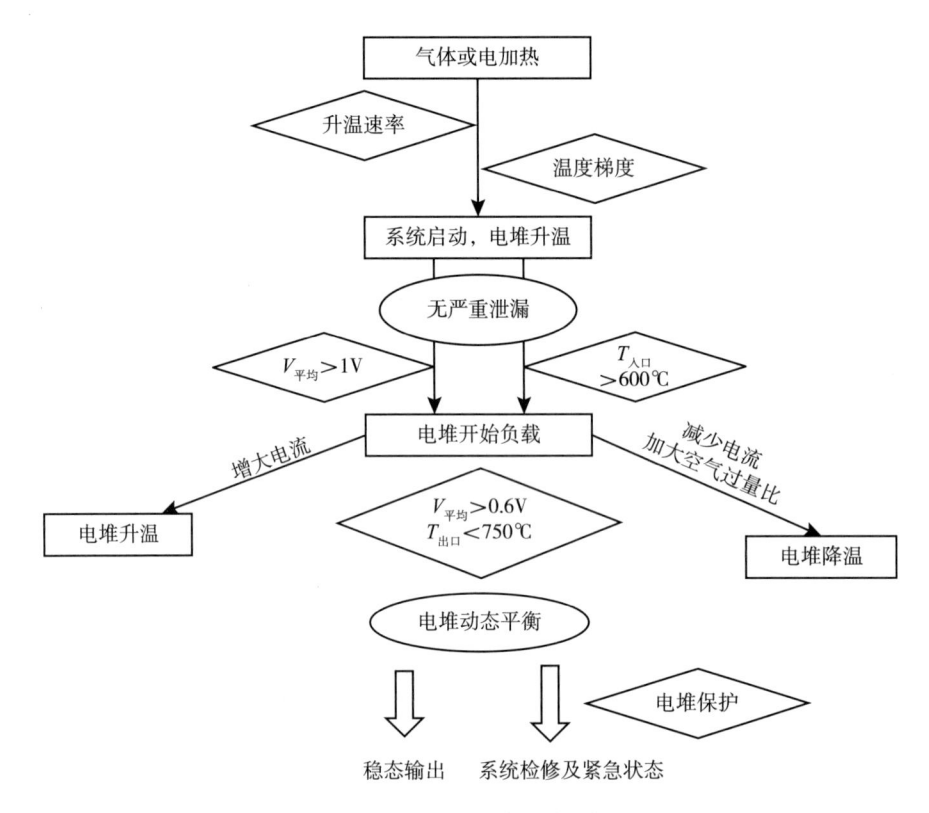

图 6.5　SOFC 发电系统控制的基本逻辑图

6.3.2　辅助系统设计及选型

1. 辅助系统关键部件介绍

SOFC 发电系统有不同类型，但其原理与流程等大致相同（图 6.6）。燃料（天然气）经换热、脱硫后和空气一起进入重整器，重整后得到的 CH_4、H_2、CO、CO_2 和 H_2O 的混合气体换热升温后进入电堆模块的阳极侧，阳极尾气与重整器的混合气体相互换热后进入燃烧器，与电堆出来的空气混合后完全燃烧，燃烧器烟气进入高温换热器，对进入电堆的天然气、水蒸气等进行预热。空气经过滤后由鼓风机带入系统，与电堆流出的高温空气尾气进行换热，一般升至高于 650℃后，再进入电堆模块阴极侧，发电后剩余的空气进入换热器，降温后进入燃烧器与燃料气进行混合燃烧。燃烧后的烟气经过多级换热、充分利用余热后排出系统。系统的废热可以利用溴冷机来制冷，也可以换热制热水，充分实现能量的梯级利用。

在 SOFC 发电系统中，除了电堆模块，还包括大量辅助部件（BOP）。辅助部件

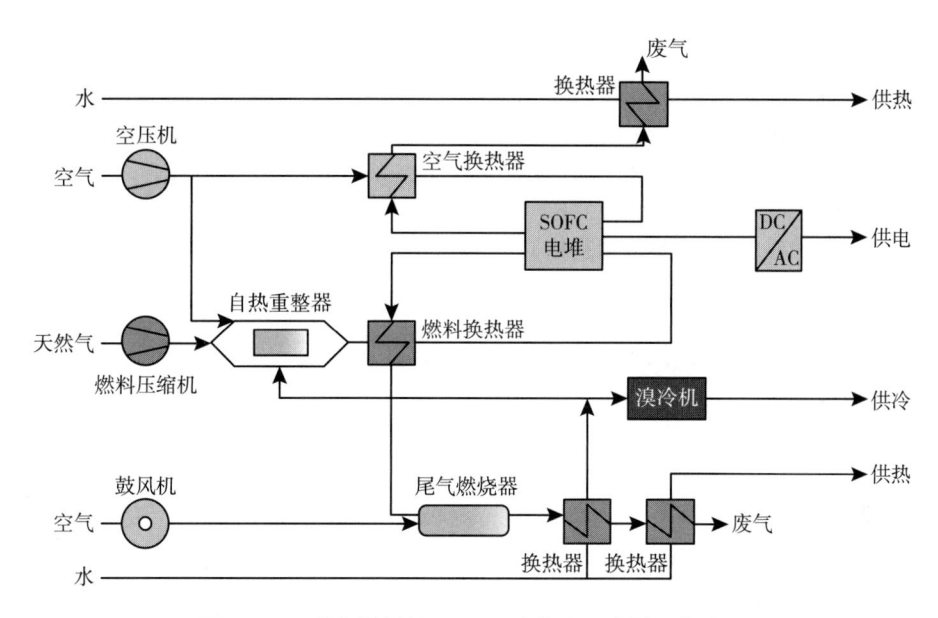

图 6.6 天然气燃料的 SOFC 冷热电三联供系统流图

包括燃料重整器、燃烧器、换热器、脱硫器、泵与风机、引射器等。除此之外，系统中的元器件还包括保温材料、流量控制器、温度、压力传感器、燃气报警器、DC/DC 转换器、DC/AC 逆变器与自动控制系统等。

重整器是指将碳氢化合物燃料经过与水蒸气、CO_2、氧气等进行化学催化反应，转化为具有高的电化学活性的 H_2、CO，使之能够在电堆内完成电化学转化，并避免碳沉积的反应装置。重整反应时伴随着热效应，可以把重整器理解为换热器与催化反应器的结合。研发的重点是高效率的反应器设计、高性能长寿命的催化剂、在运行工况下长期稳定的材质和涂层。根据不同的燃料，需要研发不同的催化剂和重整器。

燃烧器则是指将电堆排出的燃料侧尾气中尚未反应的剩余燃料进行催化燃烧，达到无害化处理并得到高温热能的反应装置。一方面，尾气中的燃料浓度低，因此需要催化燃烧；另一方面，鉴于尾气温度起点高，燃烧温度较高，燃烧器材料和相关催化剂需要耐热并长时间运行。

换热器是指在 SOFC 系统中实现高温烟气和低温反应气（燃料、空气）进行高效率换热的器件，其目的是实现热能的回收利用，提高系统的能量利用效率。换热器的开发重点一是效率，在单位体积内需要有充分的换热面积，同时材料、焊接部位及涂层需要满足高温下长期运行的需求。

引射器是指将电堆燃料尾气回流一部分进入燃料进口气中，实现部分燃料循环利用的装置，其作用是提高燃料利用率，同时电堆尾气中的 H_2O 和 CO_2 可以作为重整所需的反应气体，降低初始的水碳比，从而提高系统效率。引射器的开发难点在于其回流效率，以及材料在高温下的耐久性。

2. 辅助系统设计依据

辅助系统的设计服务于系统需求。针对特定应用场景规定的燃料成分，以及系统功率和效率目标，结合现有工业加工技术水平，在系统流程及其物料衡算、能量衡算的基础上，得出相关辅助系统运行温度、反应面积、空速等特性参数。辅助系统的设计应结合理论模拟和实验数据进行修正，设置相应的余量，应对运行工况的波动。与此同时，需考虑升降温或负荷变动等工况下的安全管理需求。

1）重整器

（1）重整器类型与反应。重整器能够将进入系统的天然气、醇类、生物质气、油类等燃料转化为主要成分为 H_2、CO 和 CO_2 的合成气，从而使得 SOFC 常用的 Ni/YSZ 阳极材料能够在燃料气中长期稳定运行。根据其中催化反应的类型，一般可分为水蒸气重整型、部分氧化重整型和自热重整型。不管哪种类型，重整反应器都是一个复杂的反应体系。水蒸气重整反应是强吸热反应，一般在负载型镍催化剂上进行，反应温度在 500℃ 以上。部分氧化重整反应则恰恰相反，为强放热反应，负载型铂－金属催化剂和负载型铂基催化剂均可作为部分氧化重整的催化剂。自热重整反应则是以上二者的混合，通过少部分烷的氧化来为水蒸气重整反应提供热能，从而实现整个系统的自热。

不同的热行为决定了它们应用在系统中时完全不同的系统设计。水蒸气重整反应需要吸热，这决定了系统启动阶段必须在燃烧器中燃烧部分燃料，作为重整反应的热源；部分氧化重整反应放出的热，则可以促进系统的热启动，并且反应不需要水，比较适合需要快速启动和移动式的系统。发电系统运行阶段，电堆开始负载，水蒸气重整反应可以充分利用系统的废热进行重整，同时产氢量也更多，因此系统的发电效率相对于部分氧化重整型的发电系统要高。但另一方面，采用水蒸气重整的系统，需要对系统的水进行管理，以便实现系统的水自持，因此系统的复杂度更高。

由于 SOFC 的燃料适应性，其阳极能够容忍较高的 CO 含量而不会发生催化剂中毒现象，因此并不需要重整器的氢选择转化率特别高，同时，为了利用内重整反应（即在电池阳极上发生的甲烷和水的反应）来吸收电堆负载时放出的热，SOFC 系统中通常留下 10%~30% 的甲烷来进行内重整，也不需要重整器的碳氢化合物转化率特别高。因此与工业大型重整制装置的多段反应、工序复杂等相比，SOFC 系统中的重整器设计要简单得多，但小型发电系统中的重整器设计和制造面临小型化、高稳定性等难题。

（2）重整器结构与催化剂。重整器按其反应器结构类型一般可分为管式、板式和微通道式等。常见的管式又包括套管式和列管式等。无论哪种结构设计，其宗旨就是在将催化剂充分负载的同时，使得反应器能够快速、有效地换热。

甲烷重整催化剂一般由活性组分、载体和助催化剂组成。活性组分具有解离活化的作用，常用的包括贵金属基的 Pt、Pd、Rh 和 Ir 等，非贵金属基的 Ni、Fe 和 Co 等，还有一些过渡金属的碳化物和氮化物等。催化剂载体具有很好的热物性，不仅起着物理上的支撑和分散作用，而且能够和活性组分相互作用并影响其性能。载体一般选择 Al_2O_3、SiO_2、MgO、CaO、TiO_2 和 ZrO_2 等。除了材料组成本身，其他如比表面积、孔隙率、机械强度和热导率等物理特性也是重要的选择依据。为了提高催化剂对反应气体的吸附能力和抗积碳能力，常常加入适量的助催化剂，包括碱金属及碱土金属氧化物 K_2O、MgO、BaO 和稀金属氧化物 CeO_2、La_2O_3 等。

（3）重整器参数与指标。重整转化率和氢选择转化率是反映重整器反应的重要指标。重整转化率是指参与转化反应的碳氢化合物的量占输入的碳氢化合物总量的比值；氢选择转化率是指反应生成的 H_2 占反应生成物的比值。

反应温度和水碳比（S/C）是水蒸气型重整器的重要技术参数，一般来说反应温度越高，碳氢化合物燃料的转化率越高，重整产物中的氢气浓度也越高，从热力学上计算，需要 3 以上的 S/C 来保证重整器不会发生积碳、催化剂的衰减等。然而较高的 S/C 意味着重整产物中的水含量较高，使得燃料电池的开路电压降低的同时，也降低了气体在阳极微孔中的扩散速率，增大了极化电阻。因此需要根据系统的流程设计、电堆的操作窗口、电池的阳极材料等条件来合理选择重整器工作参数。

反应温度和氧碳比（O/C）是部分氧化型重整器的重要技术参数，O/C 一般在 0.5 附近调节，降低 O/C，重整产物中的氢气和 CO 的选择转化率提高，但碳氢化合物燃料的转化率会有所降低。由于部分氧化反应是快速的强放热反应，容易出现局部过热点，导致催化剂的积碳、氧化和失效，因此需要通过合理的催化剂装填、结构设计和空速选择等控制反应器内部的工作温度。

催化剂寿命是决定重整器寿命和维护周期的重要参数，一旦催化剂失活或者完全失效，严重影响电堆的电化学性能。在研发阶段，必须对催化剂寿命和重整器出口组分随时间的变化等进行有效评估。

2）燃烧器

（1）燃烧器概述。在工农业生产中常用的燃烧器，是指使燃料和空气以一定方式喷出混合（或混合喷出）燃烧的一类装置。工业上的大型燃烧器，按燃料的性质，分为燃油燃烧器、燃气燃烧器及双燃料燃烧器等；按燃烧器的燃烧控制方式，分为单段火燃烧器、双段火燃烧器、比例调节燃烧器等；按燃料雾化方式，分为机械式雾化燃烧器、介质雾化燃烧器等；按结构，分为整体式燃烧器、分体式燃烧器等。

在 SOFC 系统中，燃烧器的主要作用为燃烧一定的燃料，为燃料的预热和水蒸气重整、空气的预热和余热利用等提供热源。系统热启动阶段，燃烧器燃料为浓度较高的甲烷，为重整器和气体预热提供必要的热能；系统运行发电阶段，大部分燃料在电堆中发电，此时燃烧器燃料为主要成分是 H_2、CO_2，仅含少量 CH_4、H_2 和 CO 等的贫燃料，一般需要催化燃烧。另外，由于系统中电堆在发电时产生大量热量，需要大于过量比的空气去冷却，因此，燃烧器往往需要适应较宽范围的空燃比。除了燃烧工况的不同，如何控制燃烧的稳定性、保证燃烧器出口温度的稳定也是其难点。

（2）燃烧器结构与参数。尽管有多种不同的结构设计，但 SOFC 系统用燃烧器的一般结构如图 6.7 所示，采用类圆柱形结构，包括混合区、燃烧区、烟气扩散区、点火针和热电偶等。具体的尺寸大小和长径比等结构参数，则要根据系统中燃烧气体的组分流速和火焰传播速度等，进行计算并实验测定。除了常规的布局与结构，为了保证燃烧器出口温度的稳定，避免对电堆造成热冲击，在电堆空气出口侧（即燃烧器的空气入口）加入适量冷空气来进行调节，也是一种常用的结构设计。

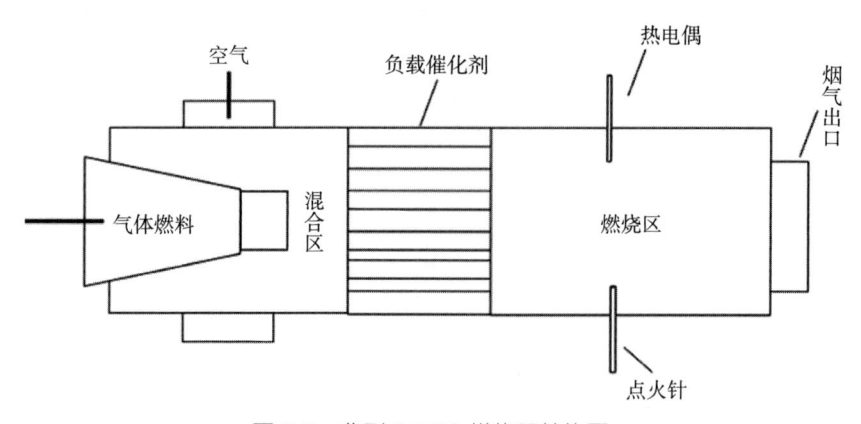

图 6.7　典型 SOFC 燃烧器结构图

（3）SOFC 系统中的燃烧器设计要点。与一般工业用燃烧器不同，SOFC 系统用燃烧器由于燃料的组成和流量等与电堆输出相关，因而情况更复杂，要求更多，控制更难。总体而言，对燃烧器有以下基本设计要求：①燃烧效率高，即燃料在各个工况下都能够充分燃烧，减少 CO 和氮氧化物等有害气体的排放；②燃烧稳定和安全可靠，不发生熄火、回火和爆震等现象，以免造成下游电堆和上游换热器的损伤；③尺寸小、重量轻、结构简单，无论用于便携电源还是固定式发电系统，燃烧器都必须尺寸尽量小，结构紧凑并简单，以减少系统热损失，同时便于制造安装和后期的检修维护；④气阻尽量小，由于系统中管路较长，并且使用了风机等空气部件，因此希望通过燃烧器的结构设计使得气阻尽量降低。

3）换热器

换热器是将热流体的部分热量传递给冷流体的设备，其中的流体包括气体。换热器是化工、石油动力、食品等工业的通用设备。在 SOFC 发电系统中，换热器同样具有极重要的作用。电堆工作所需燃料气、空气均需要进行预热，以使电堆达到所需工作温度，同时电堆尾气与燃烧后的余热也需要利用起来，这些都需要换热器发挥作用。

换热器种类很多，但根据冷热流体热量交换的原理和方式，基本上可分为三大类，即间壁式、混合式和蓄热式。在三类换热器中，间壁式换热器应用最多，SOFC 系统中也多采用这类换热器。按照传热面的形状和结构，间壁式换热器又可分为管式换热器、板式换热器和板翅式换热器等。

板翅式换热器由于其结构紧凑、轻巧和传热强度高等优点最为常用。隔板、翅片及密封条三部分构成了板翅式换热器的基本结构单元。冷热流体在相邻基本单元体的流道中流动，通过翅片及与翅片连成一体的隔板进行热交换。翅片是板翅式换热器的最基本结构单元，按照其结构形状大致分为平直翅片、多孔翅片、锯齿形翅片和波纹翅片等。翅片表面的孔洞、缝隙和弯折等促使扰动，破坏热阻大的层流层，因此特别适合与传热性能差的气体换热。为了防止翅片两侧的气体串气，必须对众多的翅片进行有效的密封，翅片本身复杂的形状给密封带来了困难。目前最常用的密封技术是钎焊工艺，其工艺可靠性是决定 SOFC 用换热器良品率的关键。

在 SOFC 发电系统中，往往要求所设计的换热器结构紧凑、压阻较小，同时在接近 800~1000℃ 的高温环境中能够耐腐蚀，避免元素挥发对电堆产生毒化作用。目前常用的换热器用高温金属包括 2520 钢、INCONEIL 合金等，有效的涂层防护也是避免电堆铬污染的方法之一。SiC 陶瓷由于其优异的热传导特性、抗热震性和化学稳定性，被研发用于SOFC系统用高温换热器。

重整器、换热器和燃烧器这三类重要辅助部件，往往需要进行综合设计并相互耦合。尤其在中小型SOFC发电系统中，三者加上电堆的一体式紧凑化设计，能够极大地缩短系统管路连接，并降低系统热损失。

4）脱硫器

城市管网天然气中，为了在发生泄漏爆炸或中毒前警示人们，通常会人为地在燃气中添加臭味剂，目前，国内乃至世界各地，使用的最普遍的臭味剂是四氢噻吩（THT）。在部分天然气气源中，尽管厂家已经脱硫，但仍然存在少量的H_2S；在沼气和生物质气等燃料中，硫含量往往高达每升几百毫克。

燃料中所含的硫会对重整器中的催化剂产生毒化作用；同时，含硫的燃料气进入Ni/YSZ，会与Ni发生反应，从而导致阳极三相界面的减少和性能衰减。实验发现，10 ppm含量的H_2S就可能造成Ni/YSZ阳极材料的持续衰减。近年来的研究明，受污染的空气中极其微量的硫也会对SOFC的阴极材料造成毒化。因此，在SOFC发电系统中，天然气进入重整器之前，就必须进行脱硫。常用的脱硫催化剂分为常温型和中温型两种。常温型如活性炭、氧化铁等，对四氢噻吩加臭味剂等进行脱除；中温型主要是Zn等，反应温度为200~400℃。

常用的脱硫器是简单长筒状，中间填充催化剂，催化剂的装填量和堆积密度是比较重要的设计参数。催化剂的装填量直接决定了系统的维护周期，因此需要根据气源中的硫含量和脱除效率来合理选择，同时在结构设计上要考虑拆装方便以便于催化剂的再装填。催化剂的堆积密度要与催化剂的颗粒度相匹配，不能给燃料侧造成太大的气阻。

5）泵与风机

泵与风机是燃料电池系统中物料供应的重要部件，通过它们，大量的燃料和空气以一定的压强进入系统。泵用于压力比较大的情况，从能耗角度考虑比较适合大功率系统；风机仅限于压力变化比较小的情况，只有在空气运动处于开放的环境中才能使用。常用的泵包括叶片泵、膜片泵等类型，而风机则包括轴向鼓风机和离心式鼓风机等。

泵与风机的参数包括体积与重量、风量与压强、功率与效率、耐久性与使用寿命等。降低辅助系统部件的能耗是提高系统效率的关键措施。泵或风机是辅助系统部件中单体耗电最大的，增大风机的风量时，不仅气体压强下降明显，其消耗功率也有大幅提升。因此除风机等本身的效率外，研究者往往通过对电堆的气体流道结构和系统中的气体管路进行优化设计，降低系统气阻，以减小泵或风机的能耗。

为了提高系统产品的发电效率，常常使电堆的部分尾气进入重整器进行循环，以提高燃料利用率。高温用燃气循环泵由于使用温度高、需要完全密封并且材料选择比较难，成为研发的难点，同时从系统控制的角度看，如何对尾气成分进行定量并和系统燃料输入量进行协同也是一大难点。

3. 辅助系统选型要素

（1）精度、量程、能耗要求。辅助系统中所有部件的控制参数（例如风机、燃料流量计、压力机的精度及量程等）应满足系统运行需要，同时能耗应尽量低以降低系统自身电耗。

（2）热工特性。热工元件主要包括燃烧室、换热器、重整器、水蒸气发生器、水换热器等，这些部件需满足系统对热量的供给和回收要求，同时尽可能降低器件内部压损。

（3）体积。所有部件在满足功能的前提下，体积尽可能小。

（4）寿命与可靠性。所有零部件寿命与可靠性需满足系统设计要求。

（5）成本和国产化。在满足设计要求的基础上，零部件成本应尽可能低，并优先考虑国产化。

6.4 固体氧化物燃料电池电堆及系统发展现状和趋势

6.4.1 国内外发展现状

经过数十年的发展，固体氧化物燃料电池存在多种技术路线，从电池结构角度而言，主要包括平板式（电解质支撑、阳极支撑、金属支撑等）、管式和平管式，其中平板式结构电池功率密度高，但密封难度较大；管式结构电池易于密封，但功率密度偏低。为了兼容两者优势，科学家们发明了平管式电池结构。虽然固体氧化物燃料电池技术路线多种多样，但从产业化应用角度看，解决电堆的一致性、可靠性等核心问题是 SOFC 应用成功的关键。

在平板式结构电池技术路线中，以美国 Bloom Energy（BE）公司开发的基于电解质支撑型平板式电池的系统尤为典型。近十年来，该公司应用该技术路线研制的产品，为美国 Google、eBay、Walmart 等公司提供了 3000 多套大功率发电系统（图 6.8），是目前全球最大的 SOFC 生产商。

在管式结构电池技术路线中，以日本三菱重工开发的电堆和系统为典型代表（图 6.9）。采用该技术路线，三菱公司研制了 10 kW 级模块的管式电堆，又以 10 kW 级为模块集成了 250 kW 的 SOFC 发电系统。然而由于制造难度较大、电流收集困难及单位面积电流密度较低等问题，在商业化方面进展缓慢，但不失为一种大规模静态发电的可靠方式，是目前继美国 BE 公司后又一发展大功率发电系统的先进代表。

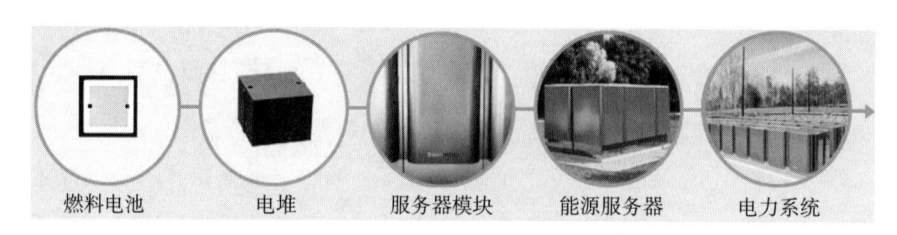

图 6.8 美国 BE 公司的电解质电池发电系统

图 6.9 日本三菱管式电池发电系统

功率在千瓦级到 20 kW 级之间的小型燃料电池热电联供系统一直是各国 SOFC 研发中的热点。多年来，在详细深入分析平板式与管式结构电池的基础上，日本京瓷公司发明了基于阳极支撑的平管式结构电池技术路线。2012 年，京瓷与日本爱信精机合作开发出了第一款商业化 700W 家用热电联供系统（图 6.10），可以同时输出电力与热水，热电联供效率超过 90%。2016 年，利用这种技术进行扩展，他们将系统功率提高到了 3 kW 级。

综合上述国际商业化较为成功的公司案例，我们发现他们采用的电池结构有一个

图 6.10 大阪燃气平管式电池发电系统

共性，即为近似对称，这表明对称性结构具有更为优越的稳定性。我国当前主流技术路线为传统平板式阳极支撑电池，其主要由 Ni-YSZ/YSZ/LSCF 之类的材料组成，属于典型的不对称的板式结构。

当 SOFC 在高温下还原运行时，各组成之间细微的热膨胀差异都将导致不对称板式结构的崩溃，形成板式的翘曲，进而出现电解质在界面处的贯穿开裂现象。因此，这种不对称性结构的破坏，将导致电池在运行过程中极易发生寿命的快速衰减，这也是当前不对称结构没有更大范围推广应用的原因之一。

要想实现 SOFC 的应用，更重要的是将若干个能量有限的单体电池通过串联或并联组合成电堆的形式，得到所需能量输出。表 6.1、表 6.2 分别为国际上运行较为成功的电池及其电堆特性。从表中可以看出，电池通常可达 9 万 h 以上，而电堆普遍使役寿命在 10000~30000 h，且能量密度更低。这可能是因为电池集成电堆后，更大的功率运行释放出更多的热量，导致部件高温疲劳失效。研究发现，主要是热失衡引起部件损坏所致。

表 6.1 不同类型结构电池运行寿命对比

名称	管式，三菱重工	平管式，京瓷	平板式，日本特陶
运行温度	900℃	750℃	700~750℃
电流密度	0.15 A/cm^2	0.23 A/cm^2	0.5 A/cm^2
衰减速率	0.1%/1000 h	0.2%/1000 h	0.6%/1000 h
测试时间	≥90000 h	≥90000 h	须进一步改善

中国潮州三环、华中科技大学（华科福赛）、中国科学院宁波材料技术与工程研究所（浙江氢邦科技有限公司）、宁波索福人、清华大学（华清京昆）等相关团队也在千瓦级电堆方面取得了一些进展，相关电堆信息如表6.3所示。

表6.2 不同类型结构电池对应的电堆运行对比

名称	CFCL 澳大利亚	Solid Power 美国	Hexis 瑞士	TOFC 日本	Versa Power 美国
运行温度	750℃	800℃	850℃	725℃	700℃
初始功率	2 kW	1 kW	1.2 kW	2 kW	15 kW
电池片数	4×51	72	60	75	96
电池类型	ASC-P	ASC-P	ESC-P	ASC-P	ASC-P
活性面积	49 cm²	50 cm²	100 cm²	144 cm²	550 cm²
功率密度	0.2 W/cm²	0.28 W/cm²	0.22 W/cm²	0.2 W/cm²	0.31 W/cm²
衰减速率	1.5%/1000 h	1.5%/1000 h	0.3%/1000 h	0.9%/1000 h	1.3%/1000 h
运行时间	4000~8000 h	3000~10000 h	3000~30000 h	3000~14000 h	3000~15000 h

表6.3 中国固体氧化物燃料电池堆性能对比分析

名称	潮州三环	索福人	华科福赛	华清京昆	浙江氢邦
运行温度	700~750℃	700~750℃	600~800℃	700~750℃	700~750℃
电堆功率	1.5 kW	1~5 kW	1~3 kW	1~3 kW	1~5 kW
电池类型	平板型	平板型	平板型	平板型	平管型
衰减速率	0.3%~0.5%/1000 h	≤2.0%/1000 h	≤1.8%/1000 h	≤2.0%/1000 h	≤1.0%/1000 h
测试时间	≥10000 h	≥3000 h	≥3000 h	—	≥3000 h

我国在电池方面取得了较大的进展，接近了国际先进水平。但就电堆的可靠性而言，特别是其在碳基燃料环境下面临更为严峻的问题。SOFC通常工作在600~800℃的中高温区，但运行温度会在600~800℃浮动，极端时候会降低到550℃或者升高至900℃。同时，受气体流场、电流收集、电池结构不均衡等多方面因素影响，在出现电流集中和热集中等问题时局部温度甚至会升至1000℃。这种不同区域存在的温差和由于工况变化造成的温度波动，都会在SOFC的部件上产生热应力，成为导致SOFC发生部件性能衰退、破坏和失效的诱因。因此，亟需开展结合热、电、化、力等多场耦合模拟仿真结构优化设计，提出电池与电堆性能提升对策，实现SOFC高可靠性、高耐久性运行。

2015年以来，中国科学院宁波材料所研究团队提出了平管式结构电池技术路线，并基于热、电、化、力等多场耦合理论，对电池的温度场、流场、应力场等开展了模拟仿真，为电池结构优化设计打下了基础。在此基础上，该团队初步打通了大面积电池制造工艺路线，并对制备获得的电池开展了结构与性能对比，结果显示该结构电池具有较强的抗氧化还原特性及抗破坏载荷能力。基于该结构电池，团队进一步开展了基于碳基燃料，如甲烷、甲醇等条件下的性能评估，验证了电池性能的可靠性。在平管式结构电池研发基础上，团队探讨基于多场耦合理论的电池与电堆结构优化设计，与浙江氢邦科技有限公司合作，进一步发展稳定可靠的电池与电堆批量化制造技术，研究其在碳基燃料下的性能衰减规律与机理，提出改善措施，发展出高可靠性的固体氧化物燃料电池技术，目前已完成1 kW级多燃料发电，含氢气、甲烷、氨气。

6.4.2 主要技术瓶颈

1. 大功率固体氧化物燃料电池系统

适合我国国情的应用是接近100 kW的大功率SOFC系统，目前，这个功率段的系统在我国还是一片空白。涉及的核心技术有4项：①大功率的电堆模组设计和开发；②高效的热平衡系统的设计和开发，包括换热器、燃烧器、水蒸气发生器、预重整器、气流歧管和隔热部件设计；③电源系统的设计开发，包括直流升压和逆变；④控制策略开发，使系统能够应对各种工况，包括正常的升降温、发电工况，以及突发的断气、超温、泄漏、掉负荷等突发工况。大功率系统的成功开发是产业化发展的前提。

2. 高功率密度

SOFC单电池的功率密度可以测到2 W/cm²以上，但是，目前世界主流的SOFC厂家，电堆的功率密度运行在200~300 mW/cm²，远远没有发挥SOFC单电池的性能。主要原因是电堆中的热管理困难，功率密度增加之后，电堆产生的焦耳热大幅度提高，依靠空气冷却电堆需要的能量大幅提高，系统总输出和发电效率下降。提高电堆的高效热管理能力，是不断提高功率密度的关键。德国纽伦堡大学Marius和Juergen提出的平面热管技术或许是一个解决方案，该技术通过在SOFC单电池层间设置平板型的热管，将电堆工作过程产生的热量快速转移到电堆外部，大幅度降低电堆的温度梯度，减少冷却空气的使用，以进一步改善电堆热管理能力，显著提高电堆的热效率。不断提高功率密度，才能不断提高SOFC与其他技术的竞争力。

3. SOFC应用的配套产业

SOFC的发展离不开相关的配套产业,包括:在材料领域,各种功能陶瓷、耐高温金属、隔热材料等材料供应,以及相应的成型和防护涂层技术;在热工机械领域,工作温度高达800℃的高温换热器、燃烧器、水蒸气发生器、预重整器气流歧管等部件的设计、计算、加工和测试;在催化与热工领域,燃料的脱硫、重整处理、隔热处理、尾气处理等;在电控领域,风机、DC/DC和DC/AC电源模块及其控制逻辑等。

6.4.3 发展趋势

1. 操作温度的中、低温化

虽然高温操作有其独特的优点,但会造成SOFC性能的下降。如电池组成材料的缓慢分解及不同相之间的缓慢扩散、电极的高温烧结等,这些问题最终会抵消其因高温带来的极化损失减少的优势,而造成较为严重的后果,如电池部件失效并降低电池的寿命。将SOFC的操作温度从传统的900~1000℃降到500~800℃会显著提高电池组的热力学效率,并且可以大幅降低制作成本,同时解决了高温下电池片封装困难的问题,加速SOFC的产业化。一般为了降低SOFC的操作温度,通常从改善电极的极化电阻和电解质电阻两方面来研究。选择新型高催化活性的电极材料和采用新型的电极微结构来降低电极极化损失,以及采取氧离子传导率较高的固体电解质材料来改善电解质电阻,如用掺杂的CeO_2基等氧化物取代YSZ,其操作温度可以降低到500~700℃,而性能不亚于传统的YSZ基在1000℃时的性能水平;减少电解质的厚度,使SOFC从电解质支撑向电极支撑转变,同样有利于减少电解质电阻。如将传统的100~200 μm厚度的电解质层,减少到由电极支撑的10 μm以下(一般在4~10 μm),操作温度可降到800℃以下。

2. 电池构型的转变

SOFC是由许多的单电池片串联或者并联在一起形成的电池组,单电池片目前主要有两种构型:平板式和管式。平板式SOFC单电池片的阴极/电解质/阳极经烧结,成为一体的夹层平板状结构,简称PEN平板。结构设计通常有电解质支撑或电极(阳极或阴极)支撑两种。传统高温的SOFC用YSZ做电解质,通常采用电解质自支撑设计,其操作温度在900~1000℃,厚度在150~200 μm。这种结构的电池组在稍低的操作温度下,会因为电解质电阻较大而带来极大的欧姆损失。而采用阳极支撑的单电池片,不仅可以减少操作温度降低带来的极化损失,同时也增大了整体的强度。

管式 SOFC 是用一端封闭的单电池为基本单元串联组装而成，一般采用增加单电池的长度来提高电堆的总体功率密度，通过燃料内重整技术来提高燃料重整转化率，减少设备的投入成本和操作复杂性。但通常在工业的设计上，管式结构由于其电极间距大，内阻损失增大，从而对应的功率密度会较低。并且当用阴极支撑型管状结构时，制作工艺比较复杂，导致成本增加。西门子 – 西屋在管式结构 SOFC 的研究方面一直处于较先进的地位，并且已经将研制的管式结构的 SOFC 电堆成功用于大型电站。其他三菱重工等少数几个公司也在开发管式构型的固体氧化物燃料电池方面有较为显著的成绩。

为了进一步提升 SOFC 的稳定性和制作成本，推出了平管式结构电堆。它不仅集中了管式 SOFC 的全部优点，而且还拥有比管式设计更高的长度和体功率密度。除此之外，与管式结构相比，它被平板化而且有多个幅条在空气电极上作为电路的桥梁。从而降低了电池的内阻，并使用较薄的空气电极使电极的极化阻力降低并减轻了电池的重量。

3. 燃料多样性

在传统能源日益枯竭，资源严重匮乏的今天，对各种燃料能源的适应性是很多能量转化装置的必由之路。而 SOFC 的优点之一就是除氢源之外，对各种碳氢化合物具有普遍适应性。其使用碳氢化合物主要通过外部重整、内部重整、直接氧化三种途径来实现。外部重整采用燃料电池外部的燃料处理器，在气体进入阳极前进行高温水蒸气重整，生成阳极反应所需的 H 及其他产物如 CO、CO_2 等，氢被送入燃料电池中继续参与电化学氧化反应，其他的反应废气则不断排出。高温下燃料气体在阳极支撑内部的重整是目前 SOFC 研究的另一个热点，有水蒸气重整、CO_2 重整及气体的部分氧化三个方面。其中水蒸气和 CO_2 重整属于吸热反应，部分氧化属于放热反应。在内部重整型 SOFC 中，燃料电池的电化学反应可以直接提供内部重整所需的热量，而不需要传统 SOFC 的外部热交换器提供，从而将电化学反应与燃料气内重整进行电热偶联，可以省去 SOFC 昂贵的外部重整装置，降低成本，也因此可以作为小型可移动电源和偏远地区小微型发电的首选电源。直接（电化学）氧化不受低温时的反应平衡限制，克服了很多水蒸气重整的缺陷，但却容易在阳极上发生碳沉积。因而通常需要选用合适的阳极材料和控制一些反应参数来减少碳沉积。随着技术的发展，必然要求我们开发出新型的阳极材料，优化其组成与结构，使其性能可以适应大量无需处理的原材料，从而简化操作过程，降低整个产业的运行成本。

6.5 固体氧化物燃料电池电堆及系统产业化发展目标

6.5.1 关键技术指标及影响因素

国内 SOFC 产业与美国、日本和欧洲的先进水平相比，还有较大的差距，国内尚未出现商业化的 SOFC 系统。我国的 SOFC 系统开发，都还是停留在实验室和样机阶段，没有商业化的 SOFC 引领，产业的参与度较低，国内 SOFC 产业链还不完整。SOFC 工作温度高，所用的换热器、燃烧器、预重整器、水蒸气发生器、电源、电控系统都是高度定制化的产品，目前，国内还没有专业厂家供应相关的核心零部件，国内参与的企业较少，技术力量不强。国内参与 SOFC 的开发和产业化的企业不多，除了潮州三环（集团）股份有限公司、潍柴动力股份有限公司经济实力较强，其他参与的公司规模较小，而日本、欧洲参与该技术开发的都是大型知名企业。

在 SOFC 发展及商业化过程中，热电联供技术有效提高了 SOFC 的工作效率，但高温燃料电池仍然存在的问题是高的工作温度对电池寿命的影响。因此，在电池材料开发、电池组装技术、电池系统设计及电池管理等各方面需要继续进行联合研究，实现科学交叉，以促进 SOFC 的商业化进程。总结起来关键问题包括：

（1）对电池材料、电池密封技术、电池堆组装等研究，存在重复性工作。重视新材料研究，但轻视传统材料的优化，需进行分类研究，定期交流，合作开发电池系统，减少资源浪费。

（2）SOFC 需要在高温下运行，造成电池装备封装困难、性能不稳定、运行成本高等问题，需要降低 SOFC 的工作温度（500~800℃），引进或开发适用于中温 SOFC 的新材料体系。

（3）SOFC 包括陶瓷电堆、燃料供应、处理模块、温控模块、电气模块等。需要整合不同行业技术进行产品设计集成，产品规模化、产业化难度较大。

（4）在研究电池输出性能和长期稳定性如何提高的同时，需加强 SOFC 理论研究和工艺实现，降低 SOFC 的工作温度和制造成本，切实促进 SOFC 产业化发展。

（5）国内 SOFC 产业发展中，仅有的产品主要为单电池部件和小型电池堆，较为单一，且功率较小、产量不足，整体发展滞后，在产业化尤其是示范系统方面缺乏经验。

（6）难以进行市场竞争，相对传统发电，SOFC发电成本较高，缺乏市场竞争力，需要国家补贴或实现技术突破，才能替代部分传统能源。

（7）电堆产业化的核心问题是长期稳定性，需要在降低电堆成本和稳定电堆性能方面实现技术突破。

（8）此外，行业技术标准的制定也是一项重要的工作。在科技含量较高的产业中，如果企业现行的生产标准成为通用的标准，能够争取到更多的利益因此，国内企业应当通过建立战略联盟尽快形成SOFC产品研发的通用技术标准，并且与国际先进技术接轨。

在推动SOFC商业化的进程中，平板式SOFC电堆主要面临减低成本和延长使用寿命两大技术瓶颈。现阶段平板式SOFC电堆亟待解决的问题主要为以下几方面：①进一步降低单电池和连接体的制造成本，优化金属连接体的耐高温性能；②提高阳极支撑单电池的稳定性，降低电池长期工作的性能衰减；③解决金属连接体长期运行中的氧化腐蚀及有害元素对电池的毒化问题；④进一步提高封接材料的密封性能，开发可在较低压力和温度下实现密封的高温封接材料，提高燃料利用率；⑤提高平板式电堆的多次热循环启动能力，降低启动时间。

我国SOFC技术与可再生能源相互配合，可弥补风力光伏发电稳定性不足的缺点，在增强电网清洁供电的能力和供电稳定性上具有重大作用。SOFC的推广对于改善我国的能源结构风险、降低环境污染，具有非常显著的促进作用。未来国内SOFC技术应注重多学科、多领域交叉发展，支撑SOFC实现"高校—研究院—企业—行业—产业"的生态链健康发展。预计未来几年，随着产业发展和国家的逐步重视，将出台更多支持SOFC的政策，同时引导产业链上的企业关注和投入，有实力的资源整合单位将继续介入，共同推动SOFC的发展，实现我国能源的清洁利用。

6.5.2 产业技术发展目标

中国以煤为主的能源消费结构造成了环境污染，能源消费结构正在进行优化调整，正在逐步增加天然气等清洁能源的使用量。党的十九大报告在"加快生态文明体制改革，建设美丽中国"这一章节中明确指出，要推进绿色发展，壮大清洁能源产业，推进能源生产和消费革命，构建清洁低碳、安全高效的能源体系。固体氧化物燃料电池发电系统的推广应用有利于节能减排，符合党的十九大报告所倡导的发展理念。

国家相关部委相继出台了一系列的文件来规划固体氧化物燃料电池发电技术的发展。如《能源技术革命创新行动计划（2016—2030年）》（发改能源〔2016〕513号）、《中国制造2025—能源装备实施方案》（发改能源〔2016〕1274号）及《能源技术创新"十三五"规划》（国能科技〔2016〕397号），将固体氧化物燃料电池堆和发电系统集成技术作为电力领域重点自主创新来推进。

SOFC发电系统是推进能源结构优化的重要载体，在国外已有成功应用案例。国内尚未有商业应用案例，核心技术需靠自己掌握。目前SOFC领域市场属于蓝海市场。

SOFC产业的整体发展路线和目标是：①现阶段达到100 kW级的以氢、天然气为燃料SOFC发电系统市场化；② 2025年，达到200~500 kW的分布式热电联供系统示范运行；③ 2030—2035年，达到兆瓦级的电力、热力供需优化控制智慧社区。

参考文献

［1］侯丽萍，张暴暴. 固体氧化物燃料电池的系统结构及其研究进展［J］. 西安工程大学学报，2007，21（2）：267-270.

［2］汝艳雷，王建新，李卓斌，等. 基于对称双阴极结构固体氧化物燃料电池乙醇燃料内直接重整的电化学性能［J］. 硅酸盐学报，2020（3）：442-446.

［3］俞成荣，朱建国，蒋聪盈，等. 基于电－化－热耦合理论对称双阴极固体氧化物燃料电池堆的电流与温度场数值模拟［J］. 电化学，2020，26（6）：789-796.

［4］俞成荣，朱建国，周晔欣，等. 不同集流方式下对称双阴极固体氧化物燃料电池的电－化－热－力数值模拟及失效分析［J］. 力学季刊，2020，41（3）：11.

［5］邹志文，刘武，蒋龙，等. 中空对称双阴极结构电池的高温抗氧化还原特性［J］. 硅酸盐学报，2019（3）：308-312.

［6］ADAMS T A，NEASE J，TUCKER D，et al. Energy Conversion with Solid Oxide Fuel Cell Systems: A Review of Concepts and Outlooks for the Short- and Long-Term［J］. Industrial & Engineering Chemistry Research，2013，52（9）：3089-3111.

［7］CHEN D，XU Y，HU B，et al. Investigation of proper external air flow path for tubular fuel cell stacks with an anode support feature［J］. Energy Conversion and Management，2018，171：807-814.

［8］GANDIGLIO M，LANZINI A，SANTARELLI M. Large Stationary Solid Oxide Fuel Cell（SOFC）Power Plants［M］//Kupecki J. Modeling, design, construction, and operation of power generators with solid oxide fuel cells, Green Energy and Technology. Cham: Springer, 2018: 233-261.

[9] GEORGE R A. Status of Tubular SOFC Field Unit Demonstrations [J]. Journal of Power Sources, 2000, 86 (1/2): 134-139.

[10] GUAN W B, ZHAI H J, JIN L, et al. Temperature Measurement and Distribution Inside Planar SOFC Stacks [J]. Fuel Cells, 2012, 12 (1): 24-31.

[11] GUAN W, WANG W G. Electrochemical Performance of Planar Solid Oxide Fuel Cell (SOFC) Stacks: From Repeat Unit to Module [J]. Energy Technology, 2014, 2 (8): 692-697.

[12] HUANG K, SINGHAR S C. Cathode-supported tubular solid oxide fuel cell technology: A critical review [J]. Journal of Power Sources, 2013, 237 (9): 84-97.

[13] JIANG C Y, GU Y C, GUAN W B, et al. 3D thermo-electro-chemo-mechanical coupled modeling of solid oxide fuel cell with double-sided cathodes [J]. International Journal of Hydrogen Energy, 2020, 45 (1): 904-915.

[14] JIANG C, GU Y, GUAN W, et al. Thermal Stress Analysis of Solid Oxide Fuel Cell with Z-type and Serpen-tine-Type Channels Considering Pressure Drop [J]. Journal of the Electrochemical Society, 2020, 167 (4): 044517.

[15] LIN J, MIAO G, XIA C, et al. Optimization of anode structure for intermediate temperature solid oxide fuel cell via phase-inversion cotape casting [J]. Journal of the American Ceramic Society, 2017, 100 (8): 3794-3800.

[16] LIU W, SANG J K, WANG Y D, et al. Durability of direct-internally reformed simulated coke oven gas in an anode-supported planar solid oxide fuel cell based on double-sided cathodes- ScienceDirect [J]. Journal of Power Sources, 465: 228284.

[17] LIU W, ZHENG J H, WANG Y D, et al. Structure evaluation of anode-supported planar solid oxide fuel cells based on single/double-sided electrolyte (s) under redox conditions [J]. International Journal of Applied Ceramic Technologic, 2019, 17 (3): 1314-1321.

[18] LIU W, ZOU Z W, MIAO F X, et al. Anode-Supported Planar Solid Oxide Fuel Cells Based on Double-sided Cathodes [J]. Energy Technology, 2019, 7 (2): 240-244.

[19] New Jersey Board of Public Utilities New Jersey's clean energy program-CHP program [EB/OL]. http://www.njcleanenergy.com/chp. Accessed 10 Jan 2017.

[20] OTOMO J, OISHI J, MIYAZAKI K, et al. Coupled analysis of performance and costs of segmented-in-series tubular solid oxide fuel cell for combined cycle system [J]. International Journal of Hydrogen Energy, 2017, 42 (30): 19190-19203.

[21] RASHID K, DONG S K, KHAN R A, et al. Optimization of manifold design for 1 kW-class flat-tubular solid oxide fuel cell stack operating on reformed natural gas [J]. Journal of Power Sources, 2016, 327 (9): 638-652.

[22] RU Y, SANG J, XIA C, et al. Durability of direct internal reforming of methanol as fuel for solid oxide fuel cell with double-sided cathodes [J]. International Journal of Hydrogen Energy, 2020, 45 (11): 7069-7076.

[23] SAENGPRAJAK A, KATCHAROEN A, CHOCKUA W, et al. Prospective study of application the direct-biogas solid oxide fuel cell system to the biogas plant in Thailand [J]. Energy Procedia, 2019, 158:978-983.

[24] SINGHAL S C. Solid oxide fuel cells for stationary, mobile, and military applications [J]. Solid State Ionics, 2002, 152: 405-410.

[25] SONG S D, HAN M F, SUN Z H. The recent progress of planar solid oxide fuel cell stack [J]. Chinese Journal, 2014, 59 (15): 1405.

[26] SONG S D, HAN M F, SUN Z. The progress on research and development of tubular solid oxide fuel cell stacks [J]. Chinese Science Bulletin, 2013, 58 (21): 2035.

[27] STAMBOULI A B, TRAVERSA E. Solid Oxide Fuel Cells (SOFCs): A Review of an Environmentally Clean and Efficient Source of Energy [J]. Renewable and Sustainable Energy Reviews, 2002, 6 (5): 433-455.

[28] WILLIAMS M C, STRAKEY J P, SURDOVAL W A. The U.S. Department of Energy, Office of Fossil Energy Stationary Fuel Cell Program [J]. Journal of Power Sources, 2005, 143 (1-2): 191-196.

[29] WU X, YANG D, WANG J, et al. Temperature gradient control of a solid oxide fuel cell stack [J]. Journal of Power Sources, 2019, 414: 345-353.

[30] XIANG Z, HAIBO S, FENGHUI W, et al. Curvature Reversal and Residual Stress in Solid Oxide Fuel Cell Induced by Chemical Shrinkage and Expansion [J]. Fuel Cells, 2014, 14 (6): 1057-1061.

[31] XU M, LI T S, YANG M, et al. Modeling of an anode supported solid oxide fuel cell focusing on thermal stresses [J]. International Journal of Hydrogen Energy, 2016, 41 (33): 14927-14940.

[32] YAN D, LIANG L, YANG J, et al. Performance degradation and analysis of 10-cell anode-supported SOFC stack with external manifold structure [J]. Energy, 2017, 125:663-670.

[33] YANG J J, YAN D, HUANG W, et al. Improvement on durability and thermal cycle performance for solid oxide fuel cell stack with external manifold structure [J]. Energy, 2018, 149: 903-913.

[34] YANG J, HUANG W, WANG X, et al. Study on component interface evolution of a solid oxide fuel cell stack after long term operation [J]. Journal of Power Sources, 2018, 387:57-63.

[35] YOKOO M, MIZUKI K, WATANABE K, et al. Development of a high power density 2.5 kW class solid oxide fuel cell stack [J]. Journal of Power Sources, 2011, 196 (19): 7937-7944.

[36] YU R, GUAN W, ZHOU X D. Probing Temperature Inside Planar SOFC Short Stack, Modules, and Stack Series (JOM) [J]. JOM, 2017, 69 (2): 247-253.

[37] ZHANG L, XING Y, XU H, et al. Comparative study of solid oxide fuel cell combined heat and power system with Multi-Stage Exhaust Chemical Energy Recycling: Modeling, experiment and optimization [J]. Energy Conversion and Management, 2017, 139: 79-88.

第 7 章

固体氧化物燃料电池关键部件与材料

7.1 单电池

7.1.1 几何形状分类

1. 管式电池

美国西门子-西屋动力公司（SWPC）是高温管式 SOFC 的技术先锋，该公司开发的轴向连接管式 SOFC 基本结构如图 7.1 所示。单电池从内到外由多孔阴极支撑管、电解质、连接体和阳极组成。阴极管用挤出成型制备；电解质和连接体分别采用电化学气相沉积法（EVD）和等离子喷涂法沉积在阴极上；然后在电解质上沉积阳极。

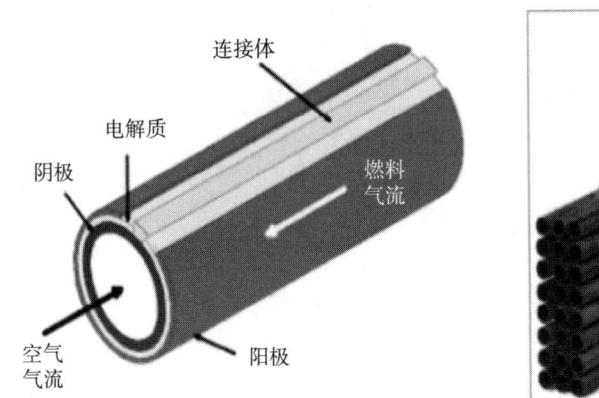

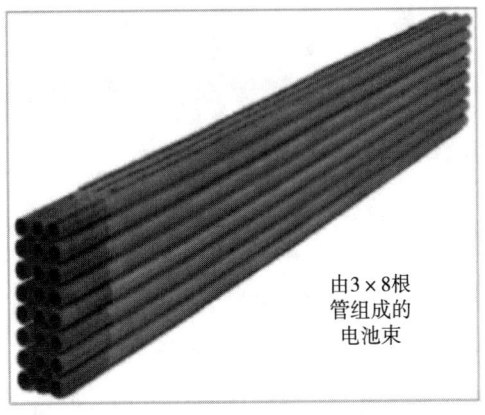

图 7.1 单体管式 SOFC 的结构示意图及其电堆

AtrexEnergy 与 SWPC 的管式结构不同，此公司采用的是阳极支撑型管式电池，如图 7.2 所示。电解质层和阴极层在其外侧。

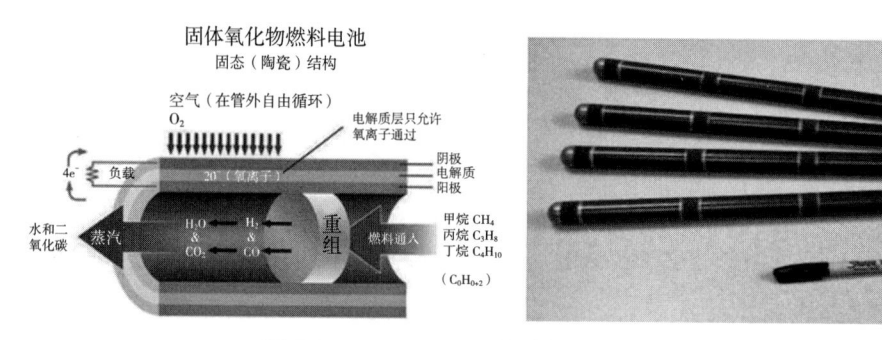

图 7.2 AtrexEnergy 管式电池结构示意图及单电池

与平板式 SOFC 相比，管式结构具有很多优点：单体电池的自由度大，不易开裂；电池的工作面积大；电池组装简单，不需要高温密封；单电池间的连接体处在还原气氛，可以使用廉价的金属材料做电流集流体；当某个电池破坏时，只需切断该电池氧化气体的送气通道，不会影响整个电池堆的工作。但该结构也有明显的缺点：功率密度低；制备工艺成本高；集流时电流流程较长，增加的欧姆电阻限制了 SOFC 的性能。

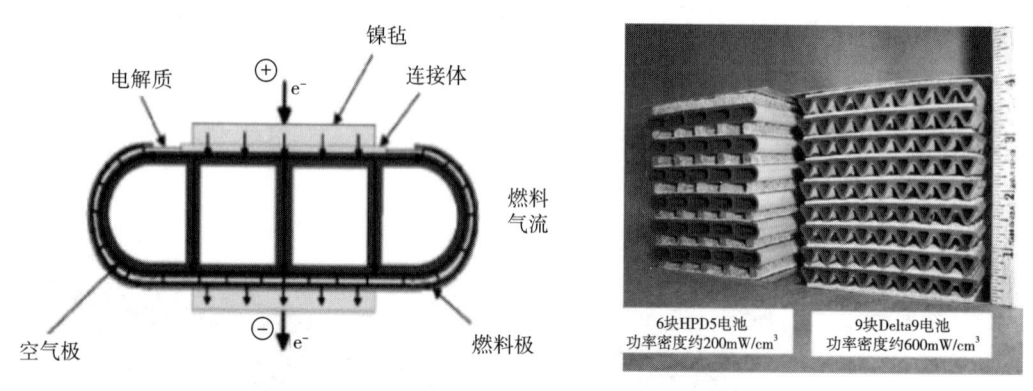

图 7.3 压扁型管式 SOFC 横截面示意图及其电堆

为了解决上述问题，SWPC 开发了新型的管式 SOFC，如图 7.3 所示，并采用大气等离子喷涂工艺（ASP）代替 EVD 在挤出成型的阴极上制备电解质、连接体和阳极以降低制作成本。该结构的特点是：保持了管式 SOFC 不需要密封的优点；降低了欧姆电阻，从而提高了电池的功率密度；可以使电池堆组装更紧凑，提高电堆单位体积的功率密度。

微管式 SOFC 在被 K. Kendall 提出后，一直有很多研究者关注，其特点是具有非常好的抗热震性能，电堆能够在很短的时间内（如几分钟）启动；与大直径管式

SOFC 相比,体积功率密度增加。缺点是单电池的面比电阻(area specific resistance,ASR)高,导线长,将许多小单电池连接在一起集成大电堆有一定的困难。所以,这种微管式 SOFC 结构只适宜制备小功率的发电装置。美国的 Acumentrics 是目前国际上为数不多的从事微管式 SOFC 研究开发的主要公司,采用阳极支撑的微管,工作温度为 800℃。该公司的微管式 SOFC 在性能衰减指标上已经达到美国 SECA 项目三期的指标。

2. 平板式电池

平板式 SOFC 的空气电极、电解质、燃料电极均为平板式层状结构,通过不同的制备工艺将三者烧结成一体,组成"三合一"平板式电池结构(positive electrolyte negative,PEN)。单体 PEN 一般有两种结构,电解质支撑型与阳极支撑型,如图 7.4 所示。

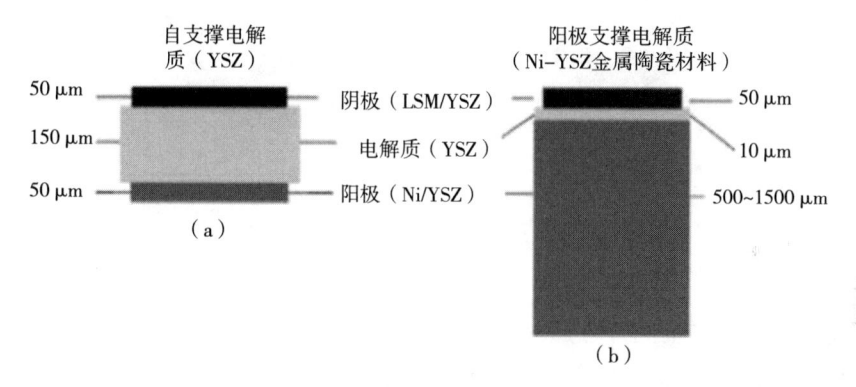

图 7.4 单体平板式 SOFC 的两种结构设计,(a) 电解质支撑型;(b) 阳极支撑型

平板式 SOFC 组成电池堆时,通过开有气槽的双极连接板将单体 PEN 串联起来,氧化气体和燃料气体分别从导气槽中交叉(或平行)流过。PEN 与双极连接板间通常采用微晶玻璃密封,形成密封的氧化气室和燃料气室。

平板式的 PEN 制备工艺简单,造价低。由于电流收集方向与电流垂直,流经路径短,电流收集均匀。且平板式 SOFC 功率密度较管式高。平板式 SOFC 主要缺点是:①需要解决高温密封的技术难题及由此带来的抗热循环性能差的问题;②连接板性能要求高。连接板的空气侧在高温氧化气氛中工作,为保证集电性能必须具有优良的抗氧化性能。连接板需要具有与 PEN 匹配的热膨胀系数和化学稳定性。

当 SOFC 的操作温度降低到 600~800℃后,可以在很大程度上扩展电池材料的选择范围、提高电池运行的稳定性和可靠性,降低电池系统的制造和运行成本。因此,目前研究和开发的中温 SOFC 大多采用平板式结构。

7.1.2 支撑类型分类

1. 电解质支撑型电池

电解质支撑型 SOFC 是第一代 SOFC，由于电解质电导率较电极材料低，需在较高的温度（900~1000℃）运行。电解质支撑型 SOFC，较为典型的是瑞士 Sulzer Hexis 公司开发的如图 7.5 所示的电堆结构。

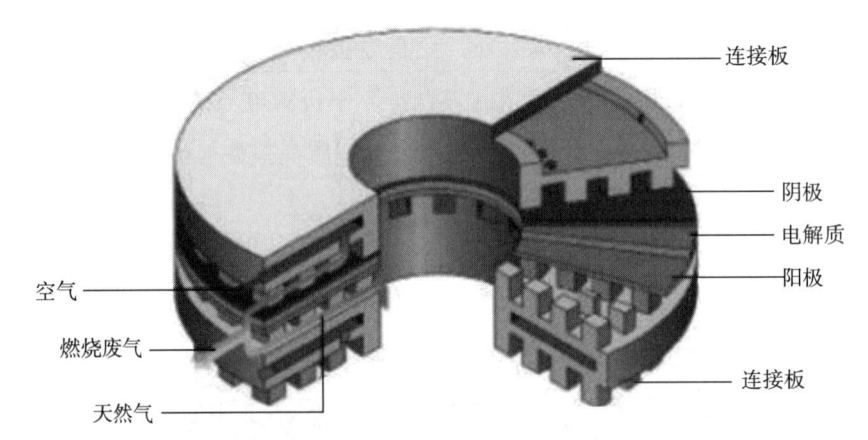

图 7.5　瑞士 Sulzer Hexis 公司电解质支撑型平板式 SOFC 结构示意图

该结构中燃料气体由中心开孔的电解质支撑型圆电池通入，从电池的边缘处排出，氧化气体则由电堆的外部通入。这种开放式的连接板结构可以将未反应的燃料和氧化气体排出直接燃烧，解决了平板式结构中的密封难题。但此结构合金连接板制造工艺复杂，成本高，同时也存在着与管式结构类似的燃料利用率不高的问题。

美国 Bloom Energy 公司一直采用电解质支撑型 SOFC，从 2010 年推出的第一款产品至今，均使用电解质支撑 SOFC，电池图片如图 7.6 所示。此外，澳大利亚 CFCL 和日本 Toho Gas 的产品也是基于电解质支撑型电池。

图 7.6　Bloom Energy 产品单电池

2. 阳极支撑型电池

图 7.7 为德国 Forschungszentrum Jülich 开发的阳极支撑型 SOFC 的结构示意图。采用热压法制备支撑阳极，厚度 1~1.5 mm，然后通过真空料浆浇铸法在支撑层上淀积 5~10 μm 厚的电解质层，最后丝网印刷阴极。通过开有气槽的合金来支撑单电池，并提供主要的机械强度，然后通过双极连接板将单电池串联成电堆。已成功组装并运行了 60 片的电堆，采用 CH_4 为燃料，内部重整，800℃下的最大输出功率为 11.9 kW。

图 7.8 为上海硅酸盐研究所开发的平板式 SOFC 电堆的结构示意图。

阳极支撑型 SOFC 相较于电解质支撑型 SOFC，因支撑体电导率高而被称为第二代 SOFC，目前较多机构均采用这种结构，如 Tokyo Gas（日本）、Riaoe（丹麦）、GE（美国）等。此类结构电池的运行温度下降到 750℃以下，功率密度也随之提高。但 SOFC 指标中除功率密度外，还有个重要的指标是衰减率和寿命。阳极因为是燃料反应场所，伴随着反应的持续进行和冷热循环，阳极存在着氧化和还原的不断进行，从而有颗粒的体积变化，因此，从衰减率和寿命上看，相较于电解质支撑和阴极支撑还需要进一步提高，或者在系统集成层面提供保护措施（比如增加外重整器）。

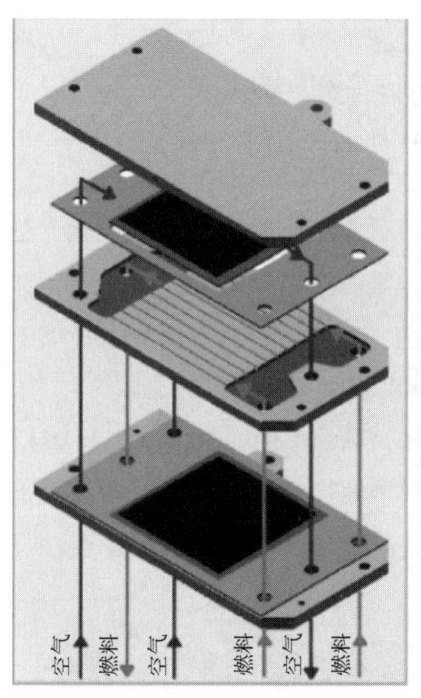

图 7.7 Forschungszentrum Jülich 开发的阳极支撑型平板式 SOFC 结构示意图

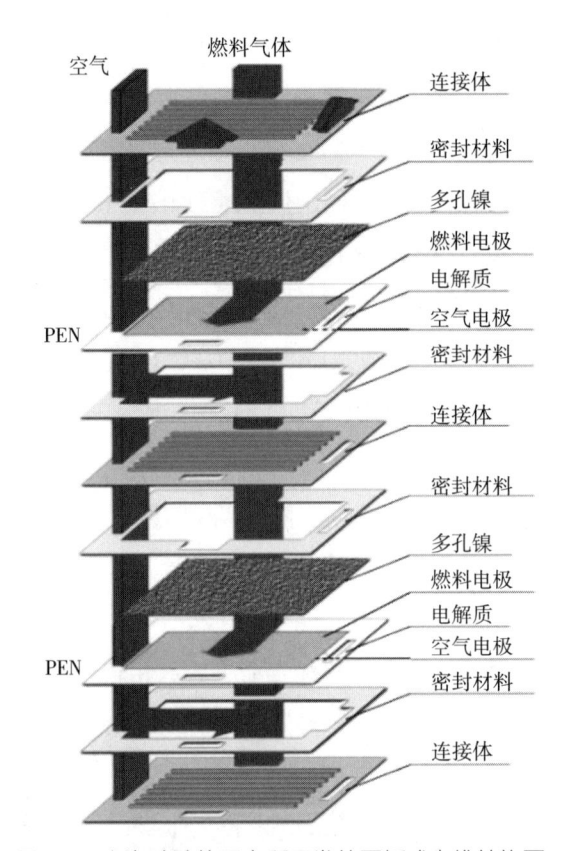

图 7.8　上海硅酸盐研究所开发的平板式电堆结构图

3. 阴极支撑型电池

典型的阴极支撑型 SOFC 即管式电池示例中西门子－西屋动力公司的电池，包括为提高电池的输出功率密度而开发的瓦楞型设计也是阴极支撑型电池。传统的钙钛矿型阴极材料与氧化锆基电解质在高温下会发生反应，生成不导电相，所以传统的方法难以制备阴极支撑型电池，SWPC 采用电化学气相沉积法来制备电解质。

上海硅酸盐研究所燃料电池组试图通过制备高收缩率的 $LaMnO_3$（LSM）材料，各部分结构均采用价格低廉的浸渍法，通过支撑体收缩带动电解质收缩，在不高于阴极与电解质材料反应的温度之下，得到致密的电解质层。图 7.9 即阴极支撑电池照片。

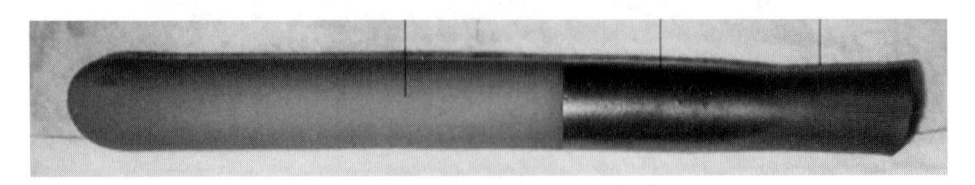

图 7.9　浸渍法所制备的阴极支撑管式单电池

7.1.3 电解质分类

根据所使用的电解质材料不同，氧离子导体 SOFC 可以分为不同类型。最常见的类型包括：

（1）氧化钇稳定的氧化锆（YSZ）电解质 SOFC。这种类型的固体氧化物燃料电池使用氧化锆作为电解质材料。它具有较好的离子导电性和化学稳定性，在高温下得到实际应用。

（2）氧化钪稳定氧化锆（ScSZ）电解质 SOFC。氧化钪稳定氧化锆电解质在离子导电性优于 YSZ，强度、烧结性和化学稳定性等方面综合性较好。ScSZ 在电解质支撑电池和阳极支撑电池中得到广泛应用。

（3）氧化铈电解质（GDC）SOFC。这种类型的固体氧化物燃料电池使用氧化铈作为电解质材料。与氧化锆电解质相比，氧化铈电解质具有更高的离子传导性能，但需要更低的操作温度，当前在 Cerespower 的金属支撑电池中得到应用。因工作温度为 600℃，金属支撑体传热快、强度高，电池的启动时间较短。

（4）镓酸镧电解质（LSGM）SOFC。这种类型的固体氧化物燃料电池使用掺杂的镓酸镧电解质材料。镓酸镧电解质在中温区具有高的离子传导性能和良好的热稳定性，可以在高温下实现较高的电池效率。但是 LSGM 反应性强，难以得到阳极支撑电池，其机械强度不如 YSZ，电解质支撑结构的电池因厚度较厚，工作温度方面没有体现出应有的优势，日本关西电力公司开发过千瓦级 LSGM 电堆，但后续没有报道。

质子导体 SOFC 的研究目前处于初级阶段，目前使用最广泛的两类电解质为锆酸钡（$BaZrO_3$）和铈酸钡（$BaCeO_3$）。$BaCeO_3$ 的离子电导全面高过 $BaZrO_3$，但 $BaCeO_3$ 在 H_2O 和 CO_2 中较差的稳定性使得这类材料不能够在含 H_2O 或 CO_2 条件下单独使用。通常在 B 位掺杂一定浓度的 Zr 离子来提升体系的稳定性。$BaZr_{0.1}Ce_{0.7}Y_{0.1}Yb_{0.1}O_{3-\delta}$（BZCYYb）是典型的具有较高质子传导能力的钙钛矿电解质，是目前质子导体 SOFC 研究中普遍采用的电解质材料。因开发周期较短，质子导体电解质尚未形成大规模制造的供应商，产品的一致性和烧结活性不足，应加强批量制造技术开发和品质管控。

7.1.4 发展现状和趋势

1.国内外现状

目前平板式 SOFC 的单电池以阳极支撑和电解质支撑两种结构为主流。对于阳极支撑型 SOFC，通常采用流延成形制备支撑体，材料选择 NiO 和电解质材料混合，在获得的流延素坯上通过丝网印刷或喷涂等方式依次制备厚度在 10 μm 量级的阳极功能层、电解质层和阴极功能层后进行高温共烧成形。由于这种制造流程成本相对低廉，产量大适合量产，因此成为制造阳极支撑平板式 SOFC 的主流方案。在阳极支撑体中，NiO 在工作环境下由还原性气氛的燃料还原成金属镍提供电子导电性，而电解质材料构成的三维网络骨架提供与电解质层相匹配的热膨胀特性，缓解金属 Ni 和陶瓷电解质之间的热膨胀差异，减小从室温到工作温度范围内产生的热应力。目前，国内采用阳极支撑构型的企业有徐州华清京昆技术和武汉华科福赛。徐州华清京昆技术背景是清华大学，2019 年在徐州建立 25 MW 的电池生产线。华科福赛的技术背景是华中科技大学，该公司也打通了粉体到系统的技术路线，目前正在筹建 20 MW 的电池生产线。

电解质支撑型 SOFC 最常用于电极材料的研究评估，通过干压法将电解质粉体压制成纽扣电池尺寸的电池片，烧结成型后在其两侧涂敷功能电极或参比电极。由于在电池中电解质构成主体结构，两侧电极在烧结和工作过程中的热膨胀差异不会对电池尺寸带来影响，因此结构稳定性高于阳极支撑型 SOFC。基于此优点，以 Bloom Energy 公司为代表的企业采用了电解质支撑作为产品构型制造大尺寸电池。由于电解质是 SOFC 中欧姆阻抗的主要贡献者，电解质支撑型 SOFC 需要亚毫米量级的厚度提供电池足够的强度，而阳极支撑型 SOFC 的电解质厚度约 10 μm，因此电解质支撑型 SOFC 通常具有较高的欧姆阻抗，为了获得与阳极支撑型接近的电化学性能和能量转化率，需要工作在更高的温度以提高电解质离子迁移率，这可能对电堆组件材料的选择提出更高要求，如高温强度和耐氧化腐蚀性，以及热膨胀系数的匹配性。潮州三环集团目前是全球 SOFC 电解质膜主要供应商之一，2005 年开始给 Bloom Energy 供应电解质片。

除阳极支撑和电解质支撑型以外，目前还有金属支撑型 SOFC 正在快速发展，以英国 CeresPower 公司为代表的技术方案是使用激光在不锈钢金属板上制备密集的微孔，再在该多孔不锈钢金属板上制备阳极功能层、电解质层和阴极功能层。该构型的 SOFC 电池由于支撑体为金属，可以承受热冲击，因此具有进行快速启动和快速热循环的能力。除激光打孔工艺外，目前还有通过粉体烧结的支撑体制备方案在开发中，该方案沿袭阳极支撑型 SOFC 的制备工艺，采用 Fe_2O_3+NiO 粉体和流延成形方式制备支撑体，完成电池制备后在电池升温工作过程中将支撑体还原成 Fe+Ni 结构，获得与电解质热膨胀系数接近的支撑体。

管式 SOFC 在发展过程中产生了多种不同的构型，如以提高单位体积功率密度和结构强度的微管式，借鉴平板型结构电流路径短、集流面积大等优点的扁管型，以及具有良好扩展性的分段管型 SOFC。管式 SOFC 由于其结构特点通常采用挤压成形工艺制备支撑体，采用浸渍法在其表面制备功能层，平管型具有平整表面，也可以采用丝网印刷法制备功能层。目前采用平管型的有浙江氢邦科技有限公司，其技术来自中科院宁波材料所燃料电池团队，核心技术是高性能、长寿命、高可靠性的大面积平管型 SOFC。此外还有浙江臻泰新能源公司，其反应温度约 650℃

目前单电池技术的瓶颈在于原材料的供应，典型的 SOFC 原材料以日本 Tosoh 公司供应的 8YSZ 和加拿大 Inco 公司的 NiO 为主，一方面价格相对昂贵，另一方面在目前的全球贸易环境下，原材料的获取开始变得困难。因此需要更多适合 SOFC 制备工艺的原材料供应商参与以保障产业的健康发展。SOFC 的制备工艺要求粉体具有准确的元素比例，均匀狭窄的粒径分布特性，适合的比表面积以方便调控流延浆料流变特性，减少有机物用量，降低制造过程中的碳排放，以及良好的烧结特性，产品的批次间需要保有高度一致性，以保证电池量产过程中的工艺稳定性。电解质粉体需要保证可靠的高温离子电导率。

2. 未来发展趋势

经济社会不断发展，我国对能源的需求日益增大，并且面临着严重的环境问题，因此，SOFC 技术具有非常广阔的应用市场前景。为了能够尽快替代传统火力发电高污染发电方式，SOFC 应该着力向以下方向发展。

（1）低碳排放的制备方式。现有的 SOFC 制备技术以较为传统的功能陶瓷制备技术为主，包括成形和烧结两部分，其中成形过程一般需要采用大量有机物包裹陶瓷颗粒形成浆料，在烧结过程中所有有机物均会挥发裂解，从而产生碳排放，而烧结过程一般采用电炉获得 1400℃左右的高温环境，耗电量巨大，其电能的产生在清洁能源大规模替代化石能源前也会产生大量的碳排放。因此需要通过材料和工艺过程的优化和开发，降低制备过程中有机物的使用，提高有机物回收再利用比例；降低单电池烧结温度，加快烧结速度以降低生产能耗。

（2）降低 SOFC 工作温度。SOFC 工作温度受限于电解质材料的离子电导率和电极材料的反应活性，通过材料掺杂改性等手段提高离子电导率，增加电极反应活性，如能将 SOFC 的工作温度降低至 500℃范围，可以进一步降低对电堆组件其他材料如不锈钢和密封材料的性能要求，从而降低 SOFC 的发电成本。在更低温度运行也意味着对保温材料需求的降低，以及启动时间可以进一步压缩。更低的工作温度也意味着对SOFC系统中热工元件如燃烧室和换热器及其连接管道服役条件的放宽，有助于整个系统的成本控制。

目前国内多家企业开始建设或已经建成兆瓦级SOFC单电池产线，但产能没有得到充分利用，主要原因在于产业链其他部分不完整，如构建SOFC系统所需的热工部件等元件尚缺乏专门针对SOFC开发的成熟企业和产品，因此SOFC发电系统的整合技术尚不成熟，产品稳定性不高，发电的经济性未能充分体现。此外SOFC发电技术尚未找到适合的市场突破口，导致接受度不高。种种因素限制了SOFC产业的发展。

7.1.5 单电池产业化发展路线

1. 关键技术指标及影响因素

1）SOFC单电池的关键技术指标

单电池峰值功率：电池放电工作状态下输出电功率的峰值。

$$P_{max} = U \times I$$

单位活性面积峰值功率密度：单电池峰值功率与电池活性面积之比。

$$PD = \frac{P_{max}}{S_{ActiveArea}}$$

能量转换效率：电池在工作状态下输出的电能与向电池供应的总燃料的燃烧热之比。

$$\eta = \frac{P_{elec}}{H_{fuel}}$$

发电性能衰减速率：电池在额定电流密度放电条件下，输出电压的每千小时衰减百分比。

$$DR = \frac{\Delta U}{U \times 1000h}$$

2）单电池产业化的关键技术指标

单电池国产化率：单电池生产过程中所需要的设备和原料国产化率。

单电池生产成本：包含原料和生产能耗及设备折旧在内的平均单片电池生产成本。

单电池检测技术：对单电池电解质致密度、电池几何尺寸的检测评估，对单电池良品率的评估和检测技术，以及单电池电化学性能的检测评估技术。

2. 产业技术发展路线

固体氧化物燃料电池市场规模随着下游行业需求规模不断扩大而增加，2016年中国固体氧化物燃料电池行业市场规模3.12亿元，2020年中国固体氧化物燃料电池行业市场规模5.76亿元。2016—2021年中国固体氧化物燃料电池行业市场规模如图7.10所示。

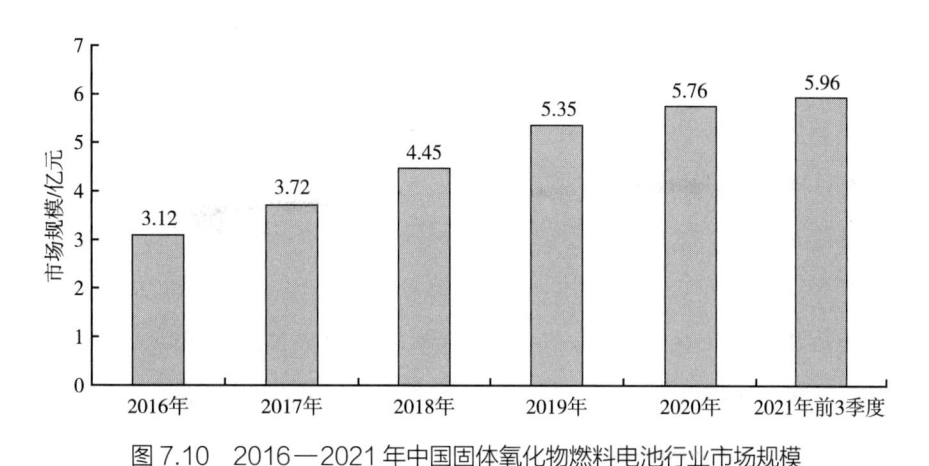

图7.10　2016—2021年中国固体氧化物燃料电池行业市场规模

固体氧化物燃料电池应用前景广泛，既能实现煤炭、天然气等化石能源的高效低碳利用，还能实现氢能的绿色高效利用，因此，以固体氧化物燃料电池为代表的燃料电池技术是未来能源转型的重要技术支撑，也是新兴产业发展的重要方向。

从保障我国能源安全和发展战略性新兴产业的国家战略需求出发，发展固体氧化物燃料电池技术及产业有利于优化能源结构、带动产业转型升级、推动能源生产与消费革命、壮大绿色低碳产业体系、培育出新的经济增长点。因而，我国未来相当长一段时间需要持续加强固体氧化物燃料电池基础与应用技术研究，掌握固体氧化物燃料电池理论、材料创新体系；重视固体氧化物燃料电池相关的工程、工艺与装备开发，推进固体氧化物燃料电池产业的形成，健全与完善固体氧化物燃料电池产业链；逐步扩大固体氧化物燃料电池系统示范规模，提升固体氧化物燃料电池技术水平；完善固体氧化物燃料电池法规标准建设，加强顶层规划与设计，发挥政策对固体氧化物燃料电池产业的引导作用，最终建立低成本的固体氧化物燃料电池材料、部件、系统的制备与生产产业链，实现固体氧化物燃料电池在无补贴的情况下商业化运行。

7.2 电解质材料

7.2.1 简介

固体电解质是 SOFC 的核心材料,其性质(电导率、稳定性、热膨胀系数、致密化温度、厚度等)直接影响着电池的工作温度和转换效率,并决定所匹配的电极材料及制备技术。SOFC 对电解质有以下要求:①具有高的离子电导率,低的电子电导率;②在高温下的氧化、还原气氛中,结构、尺寸、形貌等具有良好的稳定性;③在制备和操作条件下与电池其他组件具有化学相容性,不发生界面扩散;④从室温到操作温度下与电池其他组件热膨胀系数相匹配;⑤具有高致密度和足够的机械强度,从室温到电池的运行温度,电解质材料必须保证燃料气体和空气不发生串气,在电池制备和操作条件下不会开裂。

根据电解质的导电离子不同,可以分为氧离子传导型电解质、质子传导型电解质。根据结构的不同,目前主流的电解质有萤石结构、钙钛矿结构。

7.2.2 分类及作用

1. 氧离子导体电解质

能斯特发现的 Y 稳定氧化锆是最典型的氧离子导体电解质。目前在 SOFC 的研究和开发领域广泛应用的是 8 mol% Y_2O_3 稳定的立方相 ZrO_2(YSZ),在 1000℃下其电导率数量级为 10^{-1} S/cm。在 Y_2O_3 稳定 ZrO_2 固溶体中,Y^{3+} 占据了 Zr^{4+} 点阵位置,并产生了氧空位,如图 7.11 所示,其缺陷反应式为

$$Y_2O_3 \xrightarrow{ZrO_2} 2Y'_{Zr} + V_O^{\cdot\cdot} + 3O_O^{\times}$$

除 Y_2O_3 外,ZrO_2 还可以和多种稀土氧化物形成固溶体,表 7.1 所示为不同稀土氧化物稳定的 ZrO_2 的电导率数据。这些电解质材料中,Sc_2O_3 具有最高的氧离子电导,其在 1000℃下的电导率为 0.25 S/cm,是 YSZ 的 2.5 倍,并且在较大的氧分压范围内保持着相对稳定性。因此与 YSZ 相比,ScSZ 可作为中低温 SOFC 电解质材料。有研究表明,ScSZ 中掺入少量 Ce 时,ScSZ 的物相及电导率的长期稳定性得到明显提升,是电解质的理想候选材料。

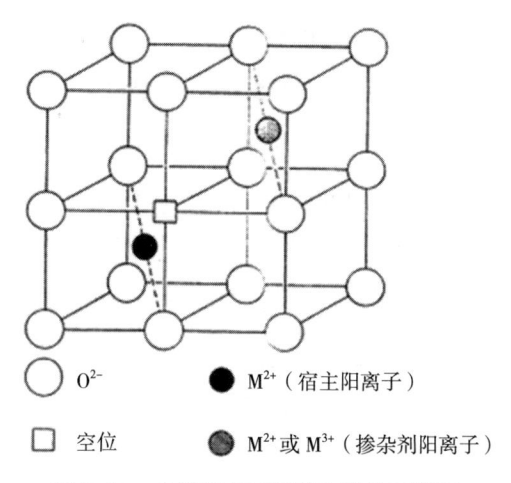

○ O²⁻ ● M²⁺（宿主阳离子）
□ 空位 ◉ M²⁺或M³⁺（掺杂剂阳离子）

图 7.11 含掺杂离子的萤石结构示意图

表 7.1 不同稀土氧化物稳定的 ZrO₂ 的电导率

掺杂物 M₂O₃	掺杂量/mol%	电导率（1000℃）/（×10⁻² S/cm）	活化能/（kJ/mol）
Nd₂O₃	15	1.4	104
Sm₂O₃	10	5.8	92
Y₂O₃	8	10.0	96
Yb₂O₃	10	11.0	82
Sc₂O₃	10	25.0	62

通过掺杂引入氧空位，从而实现高的氧离子传导。该原理可以推广到其他类型的萤石结构材料（氧化铈、氧化铋），或者钙钛矿结构材料（镓酸镧等）。尽管人们开展了大量的工作，试图找到电导率更高的新型电解质材料，但实际应用时除了电导率还需要考虑离子迁移数、化学相容性、机械强度、粉体烧结活性等综合指标，到目前为止，得到广泛使用的仍然是氧化锆基电解质。氧化铈基电解质在阴极阻挡层、阴极复合添加材料、阳极浸渍催化层等方面得到普遍使用，而其他如氧化铋、镧锶镓镁等材料仍然在研究之中。

2. 质子导体电解质

1981年，Iwahara 等人发现掺杂 SrCeO₃ 材料在中温条件下具有良好质子导电性能，质子导体电解质材料便受到了广泛关注。前述氧离子导体 SOFC 需要在较高的温度下工作，这样会带来一系列问题，例如启动时间长、密封材料易老化、电池寿命低，成本高等。质子导体电解质在中低温环境（400~700℃）下拥有较高的质子导电性，可以在中低温下工作，可以更好地缓解上述问题；另外，由于水在空气极生成，不会对燃料造成稀释，因此，质子导体电解质在 SOFC 表现出巨大的应用前景。

研究人员提出了两种质子在质子型导体电解质中的传导方式，分别是 vehicle 和 Grotthuss 机制。在 vehicle 传导机制中，质子不作为单个质子（H^+）迁移，而是附着在氧离子上形成 OH^-，如图 7.12（a）所示。这一机制是通过氧空位将质子传输转化为氢氧化物离子的运动。然而，实验证明，在钙钛矿氧化物当中，质子主要通过相邻晶格氧之间的跃迁扩散（Grotthuss 传导机制），如图 7.12（b）所示。Grotthuss 传导机制本质是一个两步机制，涉及氢离子的重新定向和相邻氧离子之间的质子转移。在 Grotthuss 传导机制中，质子是唯一的可移动电荷载体，而氧则固定在晶格点附近。

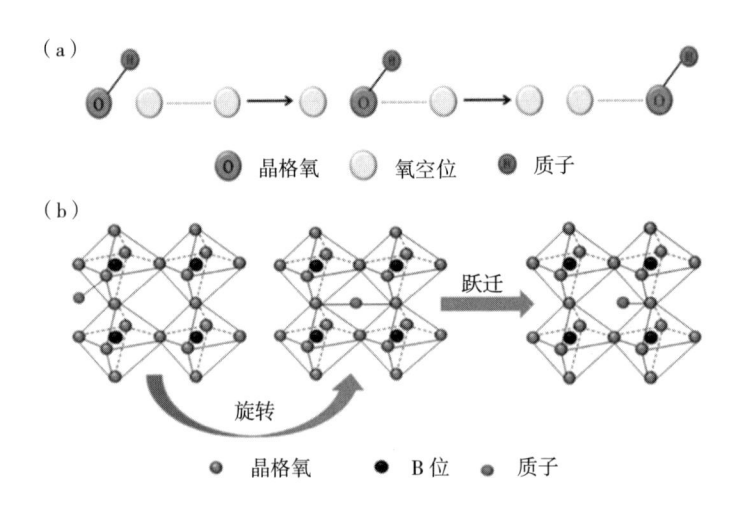

图 7.12 质子传导方式：(a) vehicle 传导机制；(b) Grotthuss 传导机制

目前研究最多的质子导体电解质是钙钛矿质子型电解质，主要分为 $BaCeO_3$ 基和 $BaZrO_3$ 基材料。目前发展最为成熟的电解质材料是基于 $BaCeO_3$ 开发的电解质材料，它具有较大的晶胞自由体积和较高的几何对称性，因而具有优异的质子电导率。通过离子掺杂（如 Y^{3+}、Gd^{3+}、La^{3+}、Sc^{3+}），$BaCeO_3$ 基化合物可以获得较高的电导率，近些年，掺杂 $BaCeO_3$ 基单电池性能都获得了很大提高，陈仿林等用 In 和 Y 对 Ce 元素进行共掺杂得到 $BaCe_{0.7}In_{0.1}Y_{0.2}O_{3-\delta}$（BCIY）和 $BaCe_{0.7}In_{0.2}Y_{0.1}O_{3-\delta}$，并将其作为电解质，以 NiO-BCIY 和 $La_{0.6}Sr_{0.4}Co_{0.2}Fe_{0.8}O_{3-\delta}$-$BaZr_{0.1}Ce_{0.7}Y_{0.2}O_{3-\delta}$ 分别作为阳极和阴极，在 700℃功率密度分别达到 385 mW/cm^2 和 269 mW/cm^2。但是此类电解质材料存在稳定性差的问题，在 CO_2 和 H_2O 的环境中很容易被腐蚀分解及产生杂相。其化学反应方程式如下：

$$BaCeO_3 + CO_2 \longrightarrow BaCO_3 + CeO_2 \quad (1)$$

$$BaCeO_3 + H_2O \longrightarrow Ba(OH)_3 + CeO_2 \quad (2)$$

研究者们一般使用电负性大的元素取代 B 位置的 Ce^{4+} 元素来增强材料的稳定性。相比之下，$BaZrO_3$ 基材料机械性能好，熔点高（2700℃），在质子导体 SOFC 的 400~700℃中温范围内更加稳定，不与 CO_2 以及水蒸气反应。但是 $BaZrO_3$ 基电解质材料的烧结性能差，即使在 1700℃也难以烧结致密。长时间的高温烧结容易导致 Ba 元素挥发，改变材料的组分，进而降低材料的电导率，另外，由于难以烧结，烧结之后的样品晶粒较小，晶界密度高，$BaZrO_3$ 材料的晶粒电导率远远高于晶界电导率，低的晶粒密度使得 $BaZrO_3$ 材料的电导率较低。

3. 界面传导型电解质

2011 年，朱斌等提出了一种改进型 SOFC，即单组分燃料电池，它是通过使用由半导体和具有混合导电性的离子导体组成的单个层而不是使用三层来构建的。《自然·纳米技术》强调它是"三位一体"的燃料电池。该电池的单组分特征将阳极、电解质和阴极的功能同时集成到一个组分中，实现了低温下离子沿着半导体电解质界面的快速传输。这些界面通常具有一个空间电荷层，并呈现出能带弯曲和诱导的内建电场（BIEF），进而促进离子的传输/转移，电导率远超很多的单相材料。单组分 SOFC 可以实现相同的电化学反应（氢氧化 – 氧还原）。在传统的膜电极组件中，电解质层夹在阳极和阴极之间，如图 7.13（a）所示，电解质在传导离子和防止电子穿过电池方面发挥着关键作用。然而，如图 7.13（b）所示的单组分 SOFC 与 SOFC 的传统三层结构相比有显著不同。

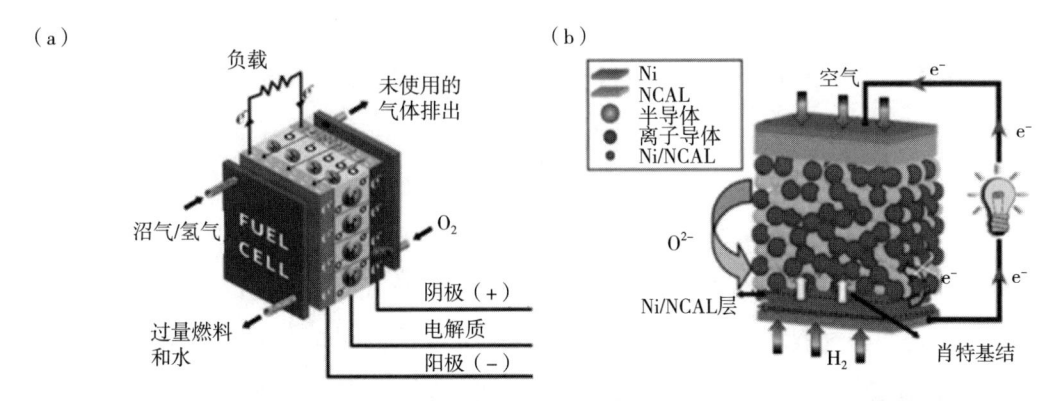

图 7.13 传统和改进型 SOFC 结构对比：（a）三层传统燃料电池由阴极、阳极和电解质组成，用于离子传输；（b）由单层和肖特基结组成的单组分 SOFC 的新型结构，用于分离电荷分布

半导体-离子导体复合材料不但集电解质和电极的功能于一体,而且表现出比单相离子导体更好的离子导电性。半导体和离子导体相之间的界面在这种离子导电性增强中起着重要作用。例如,朱斌等通过透射电子显微镜和光谱分析发现,SCDC-LSCF界面区富氧,氧空位的耗尽明显减轻,认为这是600℃时离子电导率提高到0.188 S/cm的原因。

该类电解质的显著缺点是不能高温烧结,因而其致密性受到制约,难以保证燃料和空气不会相互渗透而发生直接燃烧,此外,电解质强度很低,在组装和长期运行时受到很多限制,严重影响电池的稳定性。

7.2.3 发展现状和趋势

1. 国内外现状

电解质是燃料电池的重要组成部件,起到传导离子和隔绝两侧气体的作用,电解质的性能好坏很大程度上直接决定了燃料电池的性能,好的电解质应该具有以下特点:①高的离子电导率(>0.1 S/cm)和可以忽略的电子电导率(<10^{-3} S/cm);②在工作气氛下可以保持热稳定性和化学稳定性;③烧结活性高,致密度高,具有较高的机械强度;④与电极材料有匹配的热膨胀系数和化学相容性。

相比于氧离子导体电解质,质子导体电解质则更加符合低温燃料电池发展的需求,在400~700℃的中低温下具有更高的离子电导率。近年来,以$BaCeO_3$和$BaZrO_3$基材料发展而来的一系列质子导体电解质得到了研究者们的广泛关注和研究。$BaCeO_3$基电解质具有较高的质子电导率,研究者一般使用元素掺杂对其进行改性。但是,$BaCeO_3$电解质在CO_2和H_2O的环境中很容易被腐蚀分解,进而产生杂相,对其电导率产生较大影响。与之相比,$BaZrO_3$基材料虽然质子电导率较低,但是稳定性高,因为$BaCeO_3$和$BaZrO_3$之间可以形成无限固溶体,因此,研究者开始研究$BaCeO_3$-$BaZrO_3$体系,研究发现,随着Zr含量的升高,离子电导率会降低,但是化学稳定性会升高。例如利用$BaZr_{0.8}Y_{0.2}O_{3-\delta}$(BZY20)为电解质而制备的燃料电池可以在500~600℃下稳定工作超过6000 h,足以说明$BaZrO_3$基电解质优异的稳定性。适当的Zr含量可以使其拥有较高离子电导率的同时具有较好的化学稳定性。现在比较主流的质子电解质材料是$BaZr_{0.1}Ce_{0.7}Y_{0.2}O_{3-\delta}$(BZCY172),Yeong Yoo等制备了由BCZY($Ba_{0.98}Ce_{0.6}Zr_{0.2}Y_{0.2}O_{3-\delta}$)电解质组成的单电池,在600℃最大功率密度达493 mW/cm^2。

2. 未来发展趋势

作为支撑产业发展的电解质应该是综合性能优良的电解质，不能片面追求高电导率的单项指标。ScSZ 由于其综合性能与 YSZ 相似，电导率是 YSZ 的 2~3 倍，制造技术成熟，因而得到广泛的应用。Bloom Energy、Sunfier 公司等都大量使用 ScSZ。我国近年来也涌现出一批 ScSZ 供应商，如江西赛瓷、潮州三环等，ScSZ 的生产规模和粉体品质不断提升，足以支撑我国 SOFC 事业的发展。在 GDC 电解质方面，来自金属支撑电池的需求日益强烈，但国产粉体的烧结活性、性能一致性还难以支撑相关需求。因此应大力开发 GDC 粉体的优化技术，提高产能，提升性能。

质子导体电解质的研究方兴未艾，是未来的重要发展方向。为此，需进一步研究传导机制，提高离子电导率，抑制电子电导。特别是针对实际应用需求，应重点关注电解质在高浓度水蒸气和 CO_2 下的稳定性；应开发粉体的批量化制造技术，保证烧结活性和电导率的一致性。

7.2.4 电解质材料产业化发展路线

1. 关键技术指标及影响因素

我国拥有丰富的稀土资源，完全能够支撑 SOFC 事业的发展。在开发的初期，使用一些进口粉体（如日本 TOSO 的 YSZ）的原因是国产粉体的烧结活性和产品一致性受限。随着近年来国产粉体性能的提升，电解质材料的国产化率已经得到显著提升，约占 70 %。今后我国在电解质粉体的国产化率、成本方面应该没有障碍。但是，应加强相关检测规范和标准的制定，在粉体组成、晶相、粒径、比表面积、烧结活性等理化检测指标，以及烧结后的晶粒、晶界电导率、强度等指标的检测方面实现规范化，最好有第三方检测机构实施监管。

2. 产业技术发展路线

争取在 2025 年有相关标准发布，形成检测方案，建立第三方检测机构；电解质粉体的国产化率达到 80% 以上，产能足以支撑相关单电池产品的开发需求，ScSZ 电解质的成本希望低于 2500 元 /kg；GDC 的烧结致密化温度应低于 1400℃；一致性得到保证。2030 年，电解质粉体的国产化率达到 90% 以上，产能足以支撑相关单电池产品的开发需求，ScSZ 电解质的成本希望低于 2000 元 /kg；国产 GDC 电解质粉体应完全满足金属支撑电池的开发和生产需求；质子导体电解质的烧结致密化温度应低于 1400℃；一致性得到保证。2035 年，电解质粉体的国产化率达到 100%，产能足以支撑相关单电池产品的大批量生产需求。

7.3 阳极材料

7.3.1 概况

固体氧化物燃料电池因电解质不同划分为氧离子传导型固体氧化物燃料电池和质子传导型固体氧化物燃料电池,其中阳极是燃料电池的重要组成部分之一,它的主要作用是对电化学反应进行催化。SOFC通过阳极提供燃料气体,并且阳极为燃料气体的电化学氧化反应提供了反应场所。阳极又被称为燃料极,从阳极的功能和结构考虑,阳极必须能够在还原性气氛中保持良好的化学稳定性和性能稳定性,并应具有足够高的电子电导率和催化活性。另外,对于传统的燃料电池而言,由于电池是在较高的温度下运行,阳极材料还必须具有与电池其他部件的热匹配性。因此SOFC的阳极必须符合一系列严格的标准。

7.3.2 固体氧化物燃料电池阳极材料的分类

在SOFC中,适合作为阳极材料的包含贵金属材料、Ni基金属陶瓷材料和混合导体氧化物材料等。阳极材料在选取时通常与电解质材料相匹配,在保证电池稳定性的同时以减少SOFC在制造和使用过程中与电解质材料之间的反应。具有电子电导的材料,如Pt、Ag等贵金属,石墨,过渡金属Fe、Co、Ni等都曾被作为阳极材料加以研究。对于贵金属而言,不仅成本高,经济性低,还存在一些缺陷。在较高的温度下存在Ag的挥发问题;Pt电极在SOFC运行中,反应产生的水蒸气会使阳极和电解质发生分离。过渡金属也有一定的局限性,如Fe可以作为阳极材料,但是Fe在高温下不可避免地被氧化而失去活性,导致催化失效。采用Ni代替Pt、Ag等贵金属,然而Ni颗粒的表面活性高,在烧结过程中面临团聚等问题,不仅会降低阳极的催化活性,而且由于电极烧结、孔隙率降低,会对燃料气体向三相界面的扩散产生不可逆的负向影响,增加电池的阻抗。Co的催化活性高于Ni,但其昂贵的价格,使Co在大规模生产和实际应用中局限性明显。因此,金属材料不适合直接作为SOFC阳极,但由于其优异的电导率和催化性能,可以在金属材料基础上进一步设计制备成复合电极,或用于对阳极的修饰。

1. 氧离子传导型固体氧化物燃料电池

1) Ni 基金属陶瓷

金属氧化物复合阳极是通过将具有催化活性的金属分散在电解质材料中得到的。以 H_2 为燃料时,阳极通常通过将一定比例的 NiO 与电解质和造孔剂混合制备而成。为了达到预定所需,将混合物单轴压制或流延,然后与电解质和阴极热压并烧结成型。当暴露于 H_2 氛围中时,NiO 被还原成元素 Ni,形成多孔阳极结构。这样既保持了金属阳极的高电子电导率和对还原气体的催化活性,同时又提高了材料的离子电导率,并且改善了阳极与电解质热膨胀系数不匹配的问题。YSZ 是 SOFC 在 973~1273 K 工作时使用的电解质,因此,多孔 Ni-YSZ 是传统燃料电池最为广泛使用的复合阳极材料,在 1123 K 和 1273 K 时,YSZ 的离子电导率约为 10^{-2} S/cm 和 10^{-1} S/cm。Ni-YSZ 中 Ni 不仅能催化 H_2 发生氧化,还能提供从三相界面到集流体的电子传导。因此,Ni 必须在阳极上形成一条电子传导通道。而 YSZ 则构成阳极的骨架,以支撑 Ni 颗粒并防止 Ni 颗粒在烧结和运行过程中的团聚现象。另外,YSZ 为复合阳极提供了足够高的离子电导率,同时可以很好地调节体系的热膨胀系数。

简单而言,Ni 基金属陶瓷推动了 SOFC 发展。从当前来看,各种新型 Ni 基复合阳极的发展为进一步开发价格低廉、原料更广泛及性能更优良的阳极材料提供了新思路。

2) 钙钛矿型阳极

钙钛矿结构是 ABO_3,简单立方点阵,空间群为 Pm3m(图 7.14)。由于钙钛矿结构具有高度的几何和化学匹配性,使得钙钛矿型导电陶瓷在导电材料领域引起了高度

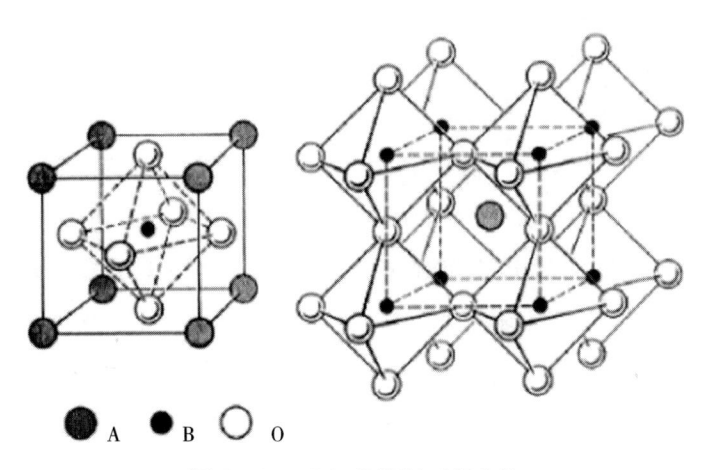

图 7.14 ABO_3 型钙钛矿氧化物

的重视和研究。钙钛矿结构氧化物能在宽氧分压窗口和宽温度范围内实现高结构稳定性和高化学稳定性,虽然严格配比的钙钛矿氧化物的电导率很低,不过由于其在 A 位和 B 位有很强的掺杂能力,可以对其进行掺杂改性,使得其受到人们的广泛关注。在该类材料中,$SrTiO_3$ 基氧化物材料和 $LaCrO_3$ 基氧化物材料表现出优异的性能。

$SrTiO_3$ 基氧化物材料通过 A 位掺杂或者 B 位共掺杂,可以增强材料的电导率和催化活性。目前用于 A 位掺杂的元素主要是碱土金属元素和镧系元素,主要有 La、Y、Ba、Na、K 等元素。研究表明,把高价态金属离子掺入 Sr 位,可以提高 $SrTiO_3$ 的电子电导率。La^{3+} 作掺杂剂时,由于与 A 位 Sr^{2+} 价态不同,B 位会产生 Ti^{4+} 向 Ti^{3+} 转变的电价补偿,并在还原条件下,随着晶格氧扩散到外界环境中,产生氧空位。Ti^{3+} 的浓度决定了材料的电子传导特性,氧空位浓度决定了离子传导特性。A 位 La^{3+} 的掺杂使 Ti^{3+} 增多,电子电导率远大于离子电导率,从而提高 $SrTiO_3$ 电导率。此外,Y^{3+} 也具有极其良好的掺杂性。$Y_{0.09}Sr_{0.91}TiO_3$ 不仅具有优异的电导率也具有良好的稳定性,并且在低于 1573 K 的温度下与 YSZ 具有优异的化学相容性。在 $SrTiO_3$ 的 B 位掺杂 Fe、Sc、Mn、Ru、Nb 等过渡金属元素,可以提高阳极材料的催化活性。但在实际应用过程中一般采用 A、B 位共掺杂,在提高材料电导率的同时增强材料的催化性能。以 Mn 作为掺杂剂,具有 $La_{0.4}Sr_{0.6}Ti_{0.4}Mn_{0.6}O_{3-\delta}$ 复合阳极在 1129 K 的湿 H_2 中极化电阻低至 $0.320\ \Omega\cdot cm^2$,在 0.7 V 的端电压下产生 $365\ mW/cm^2$ 的最大功率密度。

$LaCrO_3$ 基氧化物材料也具有较高的热稳定性和化学稳定性,与 $SrTiO_3$ 类似,通过 A 位和 B 位的掺杂,可以有效改善其电化学性能和机械性能。在 B 位掺杂过渡金属元素,使得 $LaCrO_3$ 基氧化物可以作为碳氢燃料的电催化剂。以 $La_4Sr_8Ti_{11}Mn_{0.5}Ga_{0.5}O_{3.75}$ 为阳极,在 1223 K 时得到与 Ni-YSZ 相媲美的性能,以潮湿 CH_4 为燃料气,当开路电压 1.2 V 时,电池的最大功率密度为 $350\ mW/cm^2$。

3) 溶出型阳极

SOFC 阳极材料在长期运行过程中会发生严重的团聚,尤其是金属纳米颗粒。为了调整和优化微观结构,发展了原位脱溶法,以在钙钛矿电催化剂表面形成均匀分布的纳米颗粒。通常,脱溶过程包含四个物理化学过程,即扩散、还原、形核和生长。金属离子首先扩散到材料表面,随后它们被还原成金属。被还原的金属聚集成簇甚至纳米颗粒,其尺寸随着处理时间和温度而不断增大。Gao Y. 等研究了 Ni 在 $La_{0.4}Sr_{0.4}Sc_{0.9}Ni_{0.1}O_{3-\delta}$ 上的成核生长过程,其成核可以用经典的等温成核理论来描述。实验结果表明,成核受样品表面形态的影响很大。在边界和凹陷部位观察到的颗粒密度较高。丁锡锋等研究发现颗粒更倾向于在表面或次表面成核，而不是在体中成核。A 位点缺陷型氧化物钙钛矿材料（$Ba_{0.9}La_{0.1}$）$_{0.95}Co_{0.7}Fe_{0.2}Nb_{0.1}O_{3-\delta}$ 作为 SOFC 阳极，能够原位溶解生成 Co-Fe 纳米颗粒。Co-Fe 纳米颗粒嵌在氧化物骨架结构中，形成稳定的锚定结构，并且实现了较高的抗积碳能力。电池以甲烷作为燃料，在 200 mA/cm² 电流密度下，单个电池的输出电压在工作 200 h 过程中没有降低，因此在固体氧化物燃料电池中是一种具有前景的阳极材料。

2. 质子传导型固体氧化物燃料电池

质子传导型 SOFC 中阳极在还原气氛下进行燃料的氧化反应。因此，阳极材料需要具有高电子电导率及优异的离子传导性能，在电流输出的同时保证高效的质子传输行为；高孔隙率，保证燃料气体及氧化产物的自由扩散；以及良好的结构稳定性和化学稳定性，以保证 SOFC 高效的耐久性。在阳极，与没有任何功能层的电池相比，阳极和电解质之间添加一层以较低孔隙率为特征的功能层，可进一步提高电池性能。事实上，通过这种策略可获得更多的活性位点，并减少阳极和电解质之间的不匹配。一般而言，理想的氧离子传导型 SOFC 阳极材料对于质子传导型 SOFC 阳极也有很好的适配性。在质子传导型 SOFC 中，为了降低厚电解质部分引起的较大的欧姆电阻，阳极通常也被用作薄电解质膜的支撑层。

在过去几十年中，镍基金属陶瓷作为阳极对还原性燃料具有优异的化学稳定性，从而有助于维持高水平的连续功率输出。Ni-YSZ 是一种极具代表性的复合材料，理想的 Ni-YSZ 金属陶瓷阳极应由 YSZ-YSZ 骨架包围的 Ni-Ni 颗粒形成三维网络。Ni 有 YSZ 离子导体耦合，Ni 是高效的电导体和催化剂，YSZ 作为骨架能充分协调阳极与电解质或功能层的热匹配性，能够满足燃料电池阳极的所有基本要求。但受到 Ni 金属和 YSZ 之间的热膨胀系数失配、碳沉积、氧化还原耐受性低和 Ni 金属结块的阻碍，用于碳氢燃料和 NH_3 氧化的 YSZ 金属陶瓷阳极通常是不合适的。GDC 和 SDC 在中低温条件下展现出比 YSZ 更高的离子电导率。因此 Ni-GDC 或 Ni-SDC 的可作为 Ni-YSZ 金属陶瓷阳极的替代品，它们的阳极活性高，电化学性能优越。相对于传统的 Ni 基金属陶瓷，在寻找质子传导型 SOFC 理想的阳极材料过程中，钙钛矿氧化物作为替代阳极，对杂质具有更好的耐受性（例如硫、磷）及在各种燃料条件下较好的氧化还原循环稳定性，展现出蓬勃的发展前景。

综合考虑以上因素，无论是氧离子传导型还是质子传导型 SOFC，阳极材料的性能与组分和材料的结构都有着密切关系，制备高性能的 SOFC 阳极应该充分考虑和评估各种因素的影响。材料的形貌、电子结构、催化性能之间的依赖关系等，都是制备性能优良阳极材料、优化阳极结构的重要研究方向。

7.3.3 发展现状及趋势

1. 国内外现状

1) Ni 基金属陶瓷阳极

金属陶瓷阳极是指具有电子电导的金属（Ni、Cu等）和具有氧离子电导/质子电导的电解质组成的复相电极。在 SOFC 开发的早期阶段，石墨、铂族和过渡金属等单相材料被研究为阳极材料。石墨面临电化学腐蚀的问题，铂在使用中会发生剥落，另外的几种金属，诸如 Fe、Co、Ni、Pt 和 Ru 作为阳极材料也有所研究。在过渡金属中，当操作电池的阳极室中的氧化产物的分压超过临界值时，铁随着氧化铁的形成而腐蚀；钴在某种程度上更稳定，但价格昂贵。在 Ni、Co、Fe、Pt、Mn 和 Ru 中，Ni 对 H_2 氧化反应表现出最高的电化学活性，并且与铂、钌等贵金属相比，金属 Ni 价格更便宜，因此众多单相金属中 Ni 是阳极的优先选择，镍用作 SOFC 阳极材料更具有经济适配性和稳定性。然而，当单独使用 Ni 作为阳极材料时，由于 Ni 的熔融温度相对较低，具有较高的可烧结性，孔隙可能会闭合。此外，Ni 的热膨胀系数远高于高温 SOFC 中常用的电解质材料 YSZ 电解质（0.5×10^{-6}），这会影响电极和电解质的结合及容易在电解质和电极之间产生热应力，使得电池在使用时性能下降。基于此，Spacil 等于 1970 年首次将纯金属 Ni 和电解质陶瓷氧化物 YSZ 复合开发了 Ni-YSZ 金属陶瓷阳极，YSZ 分布在阳极中可以有效地防止 Ni 颗粒在烧结过程中粗化，并可以扩宽阳极反应的三相边界，因此 Ni-YSZ 金属陶瓷阳极后续被广泛用作氧离子传导型 SOFC 的阳极。

2) 钙钛矿阳极

钙钛矿基材料具有优异的氧化还原稳定性、好的电导率和对燃料分解的高活性，以及对碳沉积和硫中毒的抵抗力，是以碳氢化合物为燃料的 SOFC 潜在阳极候选材料。最实用的钙钛矿氧化物是混合离子和电子导体（MIEC），其导电特性对于增强燃料氧化的电化学活性至关重要。此外，MIEC 钙钛矿氧化物具有促进碳氢化合物燃料氧化的 C—H 键活化的位点，可以通过调节氧空位的浓度及其迁移率来增强碳氢燃料吸附和活化，从而减少碳沉积。尽管 MIEC 钙钛矿氧化物具有多种有益特性，但它们作为阳极材料的实际应用受到以下问题的限制：①电子电导率低于镍基材料；②热膨胀系

数高于传统电解质 $[(11\sim13)\times10^{-6}/K]$；③电化学活性位点比镍基阳极少。

关于钙钛矿氧化物阳极的工作主要集中在提高催化活性和导电性。常用的策略包括：与固体电解质复合、溶液浸渍法进行表面修饰、原位脱溶。可以通过优化钙钛矿阳极的合成方法来提高阳极的催化活性。孙毅飞等提出了改进的溶剂热合成法制备 $La_{0.43}Ca_{0.37}Ti_{0.94}Ni_{0.06}O_{3-\delta}$ 阳极，与固相合成法制备的粉体相比，具有更小的粒径、更大的比表面积、更高的总电导率及与电解质更好的界面接触，组装成电池后单电池性能提高了约 2.5 倍。丁汉平等合成并表征了双钙钛矿氧化物 $Sr_2FeNb_{0.2}Mo_{0.8}O_{6-\delta}$，其表现出稳定的晶体结构和强的氧化还原稳定性。

3）溶出型阳极

目前关于溶出型阳极的制备方法主要有固相法和溶胶-凝胶法。固相法是制备溶出型阳极时最常使用的合成方法之一，约占论文库的 38%。在传统的固相合成法中，将按照一定化学计量比的 A 位和 B 位金属离子（通常是氧化物、碳酸盐和硝酸盐）的前驱体混合，后经长时间的高温处理以形成钙钛矿相。然而，由于所需的反应温度较高（>1200℃），这种方法通常会产生晶粒尺寸较大（>1 μm）的钙钛矿。溶胶-凝胶法是另一种常用的合成技术，其可以在低至 700℃的温度下成相，从而产生更小的晶粒（几十到几百纳米）。还有少量研究报道了通过水热法、冷冻干燥前体法或使用熔盐的方法合成钙钛矿，与之相比，所有这些方法都能够产生更小的颗粒。应该注意的是，一些新颖的合成路线也被用于生产独特的结构，如 3D 有序微孔材料或纳米纤维。为了生产钙钛矿纳米纤维，采用了静电纺丝法，并通过使用金属前体溶液润湿并随后热处理的聚甲基丙烯酸甲酯微球胶体晶体模板合成了 3D 有序大孔 $La_{0.95}Ag_{0.05}FeO_{3-\delta}$ 和 $LaAl_{0.92}Ni_{0.08}O_3$。这种结构被认为在出溶过程中提高了质量和离子运动，从而使更多可出溶的离子能够到达表面。A 位缺位的钙钛矿氧化物有利于还原气氛下的金属脱溶，因为其降低了 B 为金属元素向表面的迁移势垒。Neagu 和 Irvine 等研究了 $La_{0.3}Sr_{0.7}Ni_{0.06}Ti_{0.94}O_{3.09}$ 及 A 位缺位的 $La_{0.52}Sr_{0.28}Ni_{0.06}Ti_{0.94}O_3$ 在 950℃，5%H_2-Ar 下的 Ni 脱溶情况。发现 A 位缺位样品表面形成了均匀的 Ni 颗粒，而表面仅观察到了少量 Ni 颗粒。金属脱溶显著提高了钙钛矿阳极的性能。陈仿林制备了阳极 Ni-Fe 合金脱溶的阳极电池 $Sr_{1.9}Fe_{1.4}Ni_{0.1}Mo_{0.5}O_6$|LSGM|LSCF，800℃以 H_2 为燃料最大输出功率密度可达 968 mW/cm^2，以丙烷为燃料时可达 227 mW/cm^2。牛冰冰等采用 $Sr_2Ti_{0.8}Co_{0.2}FeO_{6-\delta}$ 钙钛矿陶瓷作为阳极，还原后 Co-Fe 合金纳米颗粒析出，电池输出功率提高了约 40%，使用氢气、甲烷、甲醇和乙醇作为燃料的电池在 800℃时的峰值功率密度分别为

0.82 W/cm²、0.59 W/cm²、0.43 W/cm² 和 0.33 W/cm²。

2. 未来发展趋势

1) Ni 基金属陶瓷

尽管在开发具有混合导电性、优异的抗积碳性的钙钛矿阳极和溶出型阳极方面取得了令人印象深刻的进展，但由于 Ni 基对氢氧化、甲烷重整的高催化活性、高电子和离子导电性和稳定性，其仍然是高温 SOFC 应用中最受欢迎的阳极。因此为了实现 Ni 基阳极的规模化应用，但还需要在以下方面进行深入研究。

（1）提高抗积碳性。已经提出了许多提高 Ni 基金属陶瓷阳极抗积碳性的策略。提高 O/C 比，在燃料中引入水蒸气、氧气和二氧化碳；或者将离子/质子导电陶瓷相浸渍到镍基阳极中，添加离子导电相也增加了燃料氧化反应的三相界面（TPB）。图 7.15 显示了镍基金属陶瓷作为未来 SOFC 阳极材料的前景。未来可以继续扩展和完善这些策略，研究可以集中在两个不同的目标上：第一，减轻 Ni 基金属陶瓷阳极的碳沉积；第二，寻找接近镍活性（和成本）而不易发生碳沉积的催化剂。

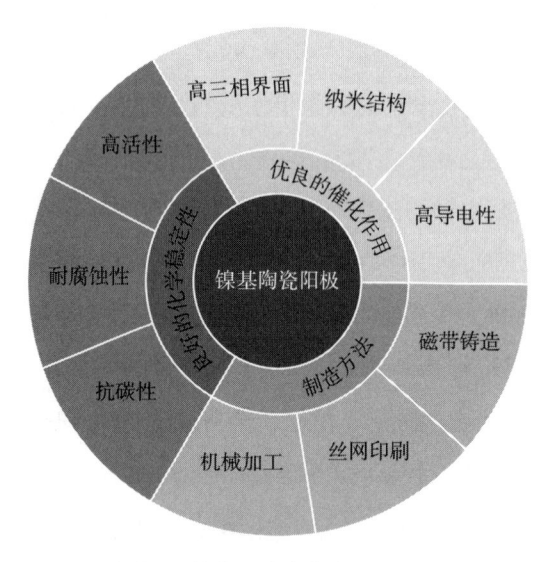

图 7.15 未来 Ni 基金属陶瓷作为 SOFC 阳极的前景

（2）抑制 Ni 颗粒的粗化。Ni 颗粒的粗化主要表现为电池运行中阳极 Ni 颗粒的平均半径随时间的增长。研究表明，这种现象是相互连接的 Ni 颗粒之间的表面扩散引起的。由于较高的界面能，Ni 相与 YSZ 相之间的浸润性很差，导致 Ni 会在 YSZ 表面发生扩散。在表面扩散的作用下，多个相互连接的 Ni 颗粒彼此融合形成一个颗粒，导致 Ni 颗粒的平均半径增大。随着 Ni 颗粒的粗化，阳极的三相线长度减小，电导率也逐渐降低，导致 SOFC 发生性能退化。温度对于 Ni 的粗化有很大的影响，温度较低时 Ni 的表面扩散较慢，颗粒粗化也被抑制。同时研究也表明，增加 YSZ 的含量可以有效抑制 Ni 颗粒的粗化。

（3）Ni 的抗氧化还原循环性。SOFC 在运行寿命中会经历多次开关机，当 SOFC 的燃料供给被切断时，阳极的 Ni 相会被氧化成 NiO，而当回到正常的工作条件下，NiO 又会被还原成 Ni。由于 Ni 与 NiO 颗粒的体积差异，Ni 的再氧化和还原会导致颗粒体积的不断改变，造成结构破坏，从而引起阳极中裂纹的形成，导致阳极破裂，以及电解质和阳极交界面处的分层。

上述几个问题均可以通过 Ni 阳极的界面设计来优化，因此 Ni 阳极层中的界面设计对于开发能够超过传统器件极限的最先进的中温 SOFC 至关重要。为了寻求中温 SOFC 新突破，需要制造、微观分析和理论模型等多领域的交叉合作。

2）钙钛矿阳极

在过去的五年里，人们进行了快速的研究，重点是改变合成方法、改性传统阳极组分，以及将催化剂与传统阳极结合。双钙钛矿氧化物在还原和氧化气氛中都具有优异的导电性。掺杂元素的类型和数量对不同材料有不同的影响。SOFC 钙钛矿阳极材料的未来工作可以集中在以下方向。

（1）开发新材料。扩大掺杂的元素种类和原子比例、掺杂位置。钙钛矿的 A 位和 B 位中经常掺杂多种元素，以调整其性质。稀土、碱土或碱金属元素通常被掺杂到 A 位中。将几种具有不同氧化态的过渡金属或贵金属掺杂到 B 位中，以增强结构、氧化还原性能、导电性和电催化性能。在还原气氛中，高价态还原成低价态的同时形成氧空位和增强晶格氧的迁移率。可以将高熵的概念引入钙钛矿氧化物中，下一代钙钛矿氧化物可以将三种或更多种元素掺杂，以结合不同元素的优点。探索具有合理活性导体和钙钛矿复合阳极也需要进一步研究。未来，这些新型钙钛矿氧化物阳极应该在含有气化煤、合成气、天然气等多种污染物的燃料中表现出优异的性能。

（2）优化制备方法。制备方法会影响阳极的微观结构，随后影响三相界面附近的离子、电子传输和扩散，以及表面交换和本体氧化还原过程。将钙钛矿氧化物和其他导体或活性纳米颗粒结合形成复合阳极是提高电催化活性和增强抗积碳能力的有效方法。通常有三种方法用于增加活性表面积、构建纳米级结构：浸渍、复合材料和脱溶。可以进行更多的工作来改进钙钛矿阳极的制造方法。其中包括对现有制造方法的修改或优化，如最小化催化涂层的厚度、开发纳米晶体催化颗粒、形成异质结构薄膜，以及加速脱溶纳米颗粒的扩散速率。此外，应改进阳极粉末的合成方法，以获得窄的尺寸分布和扩大的三相界面，同时保留最大的表面催化活性位点。

对于具有优异抗积碳性能的钙钛矿阳极，相较于 Ni 基阳极，其面临的主要问题就是催化活性和电导率不足。因而近十年来，对钙钛矿的研究主要集中在提高钙钛矿阳极的催化性能和导电性能。原位脱溶金属或者合金纳米颗粒能够有效提高钙钛矿阳极的催化和导电性能。

3）溶出型阳极

自 2010 年第一份报告以来，已经发表了 300 多篇关于脱溶的研究，使其成为一个快速发展的领域。然而关于脱溶颗粒的形貌、数量的控制，结构变化与脱溶过程的研究及通过原位表征技术对成核驱动力的观测等领域还有许多需要解决的问题。未来将从以下几方面进行深入的研究。

（1）溶出机制的理解和建模。虽然已经有研究记录了颗粒和其对应的球窝的成核和生长过程，但是脱溶温度和时间等参数对颗粒大小和形貌的控制的确切作用仍还不明确。建模所需关于脱溶机制的原子尺度研究还不够深入，包括阳离子扩散、阴离子扩散、电子离域和电子能带结构态的填充，尤其是在严重缺陷的系统中。关于模拟和观察不同类型的驱动力（电场等）对脱溶的影响和大小的研究还很少。脱溶颗粒的另一个考虑的方面是颗粒嵌入钙钛矿基体中所产生的应变，这种应变程度与催化活性之间的联系很少有被量化考虑。最近有报告表明，可以控制颗粒嵌入的程度和产生的应变。

（2）脱溶材料结构和功能的多样。通过氧化还原脱溶能够开发出突破性的新材料。基于所需的功能性（离子、电子、催化等）来通过调控基体晶格，并结合一定的外部控制条件，制备一系列溶出型阳极。这种溶出型阳极可以实现多功能性的耦合，钙钛矿基体和脱溶金属纳米颗粒分别满足不同的需求。另外可以考虑其他晶体结构，进一步扩展溶出型阳极材料，比如被广泛应用于光催化的卤化物钙钛矿系统。还有尖晶石结构和萤石结构，由于它们更容易制备和不同的离子传输机制有望能实现更低温度的脱溶。

（3）应用领域的拓展。开发通过在还原气氛下在母体钙钛矿氧化物表面生长高活性金属纳米颗粒（如 Ru、Fe、Co 和 Ni）来提高钙钛矿阳极的电化学性能。钙钛矿上的锚定纳米颗粒催化剂显示出优异的抗积碳性。可以直接用来催化高级烃,如液化石油气或甘油重整,这样的工作还没有完成。

7.3.4 阳极材料产业化发展路线

1. 关键技术指标及影响因素

尽管研发中的阳极种类众多,考虑到电子电导率、催化活性、电池制备、材料匹配性,以及成本等问题,Ni基金属陶瓷阳极材料在中短期内仍然是SOFC产业化过程中的主要研究和发展对象。阳极材料国产化方面,随着近年来国产NiO和电解质粉体性能的提升,使用最为广泛的Ni阳极材料的国产化率已经达到了70%左右。国内有惠州瑞尔、宁波索福人、青岛天尧等公司生产,并且相关产品已经远销海外发达国家。随着产能的不断扩大,预计我国在Ni-YSZ阳极材料粉体的国产化率、成本方面应该没有障碍。目前还需要在如下三大方面继续突破。

首先,目前缺少相关检测规范和标准,在粉体组成、纯度、粒径、烧结活性等理化检测指标,以及烧结后的电子离子电导率、强度、电催化活性等指标的检测方面需实现规范化,最好有独立的第三方检测机构实施监管。

其次,Ni基金属陶瓷阳极是氢上运行的SOFC最有前途的阳极材料,以氢为燃料的SOFC工业化应用已经形成一定的规模。但是,基于碳氢化合物燃料(如甲醇、乙醇等)的Ni基阳极还处在实验室研究阶段。直接使用碳氢燃料是SOFC的发展方向,也是其相对于PEMFC的一大优势。因此,需要尽快开展基于碳氢化合物燃料(如甲醇、乙醇等)的Ni基阳极的产业化应用。

最后,合理的界面设计已经被证实可以提高Ni金属颗粒的抗烧结性能和抗氧化还原性能。但是这类方法极少在大面积单电池和电堆中应用,需要尽快开展阳极界面设计策略在工业级单电池和电堆中的应用。

2. 产业技术发展路线

当前,应尽快提高工业级电池中Ni阳极的抗积碳和催化活性,确保直接碳氢燃料SOFC发电系统可以稳定运行;实现国产Ni-YSZ阳极原材料的自给自足;钙钛矿阳极材料和溶出型阳极材料进入中试。2025年,争取制定相关标准检测规范和标准,建立第三方检测机构实施监管;实现基于Ni阳极SOFC系统直接对于醇类、氨为燃料的转化;Ni阳极国产化率达到80%,国产的氧离子传导型SOFC阳极(Ni-YSZ、Ni-ScSZ和Ni-GDC阳极)实现自给自足;钙钛矿阳极材料和溶出型阳极材料实现量产。2030 年，研制出可靠的金属支撑单电池的阳极材料；Ni 阳极国产化率大于 90%，国产的氧离子传导型 SOFC 阳极和质子传导型 SOFC 阳极实现自给自足；钙钛矿阳极材料和溶出型阳极材料国产化率达到 80%。2035 年，Ni 阳极材料单批次产量应突破 1000 kg，产能应足以支撑单电池和电堆的相关产能，Ni 阳极材料的长期稳定性和热循环稳定性应足以支撑电堆 10 万 h 工作寿命和 400 次热循环的需求；钙钛矿阳极材料和溶出型阳极材料国产化率达到 90%。

7.4 阴极材料

7.4.1 概况

阴极是固体氧化物燃料电池发生氧还原反应（ORR）的关键场所，其作用是将氧气（来源于纯氧或空气）通过电化学反应还原成氧离子。具体地，多孔的阴极表面从流动的空气中捕获氧气分子，氧气分子在活性位点与由外电路而来的电子结合变成氧离子完成氧化还原反应。

为使 SOFC 高效运行，良好的阴极材料应具备以下特点：①在工作温度及氧化气氛下保持结构、化学稳定性；②在烧结温度及电池长期操作温度下与电池其他组件化学相容；③从室温到操作温度和制备温度范围内，阴极材料都要与电池其他组件热膨胀系数相匹配，避免制备及操作过程中的开裂和剥落；④阴极材料在氧化气氛下的电导率要足够高，以减小电池的欧姆极化，并且电导率在电池操作温度下长期稳定；⑤有足够高的催化活性，以降低氧气的电化学还原反应活化能，减少阴极极化损失；⑥有足够的孔隙率来保证气体的扩散和迁移；⑦有足够长的三相界面来保证气体的催化反应。

由于贵金属在氧化气氛中具有良好的催化性能和电导率，所以，最先被用作 SOFC 的阴极材料，但是，因为其昂贵的成本很快被取代。目前 SOFC 使用的阴极材料一般为掺杂的氧化物（氧离子传导型 SOFC），价格低廉且性能优越。研究和使用较多的是钙钛矿结构 ABO_3 型和尖晶石结构 A_2BO_4 型氧化物，如掺杂的 $LaMnO_3$、掺杂的 $LaCoO_3$、掺杂的 $LaFeO_3$、掺杂的 $La(Nd)_2NiO_4$、掺杂的 La_2CuO_4、掺杂的 $LnBaCo_2O_{5+\delta}$ 等。为了有足够的三相界面反应区和更为匹配的热膨胀系数，它们一般与电解质材料复合作为阴极材料。

除了上述氧离子传导型 SOFC，还有质子传导型 SOFC，其具有许多独特的优势：①质子半径比氧离子小，在氧化物中传导更容易，质子传导相比于氧离子传导活化能更低；②具有更高的能斯特电位，质子导体基材料可在较低的温度下显示较高的电导率，应用于电池上时，可有效避免因温度降低、电导率降低而导致的欧姆电阻增加；③产物 H_2O 是在阴极侧生成，这有效地避免 H_2O 对阳极燃料气体的稀释，一定程度上提高了燃料利用率。

最近，将 SOFC 的操作温度从传统 1000℃ 的高温降低到 600~800℃ 的中间温度范围已经取得了重大进展。操作温度的降低可大大提高材料的长期稳定性，通过使用成本较低的合金连接材料和部件，降低系统成本。但是，降低操作温度会导致电解质和阴极电阻率及极化损耗增加。因此，开发高性能、高稳定性的阴极对中低温下 SOFC 技术的发展至关重要。

7.4.2 分类及作用

在阴极发生氧化还原反应的过程中，由于温度不仅影响着氧扩散过程，还影响化学反应的活性。因此，根据工作温度和传导机制的不同，将阴极材料划分为高温型、中温型和质子传导型。

1. 高温型阴极

高温型阴极的工作温度通常在 800℃ 以上，其典型的工作温度范围为 850~1000℃。高温型阴极的主要优点包括高电导率、良好的化学稳定性和较高的反应速率，这使得其具有较高的电导率，并有利于氧离子和电子的传输，从而使得 SOFC 具有较高的效率。

高温型阴极的种类包括钙钛矿型氧化物、尖晶石型氧化物和混合离子导电材料等。其中，钙钛矿型氧化物是最常见的类型，具有优良的电导性能和良好的化学稳定性。尖晶石型氧化物也具有稳定的晶体结构、良好的电导性和抗还原性，因此在 SOFC 中得到广泛应用。MIEC 材料结合了钙钛矿型氧化物和尖晶石型氧化物的特性，具有较高的电导率和良好的热膨胀系数匹配性，成为近年来研究的热点。具体来说，掺杂的 $LaMnO_3$（LSM）是目前研究和使用最多的 SOFC 阴极材料，主要应用于高温 SOFC 中在 1000℃ 的条件下，LSM 材料电子电导率和氧还原反应催化活性高，且与电解质的热匹配性好。

然而，高温型阴极也存在一些问题，如与电解质和电极的热膨胀系数不匹配、抗腐蚀性能差、制备工艺复杂等。为了解决这些问题，研究者们正在不断探索新型的高温阴极材料和制备方法。例如，采用先进的溶胶－凝胶法、化学溶液沉积法等制备技术，可以获得均匀、致密的阴极薄膜，提高其电导率和稳定性。此外，采用双层阴极结构、多孔基层设计等新型结构设计，可以进一步提高阴极性能。

2. 中温型阴极

上述传统的高温型 SOFC 系统的工作温度多在 800~1000℃，但过高的温度会导致系统成本高、电池启停缓慢、性能衰减速率快、高温热匹配性差、热循环机械稳定性差，高温时组件元素可能发生扩散及老化等一系列问题的产生，这就需要降低电池工作温度以降低成本。因此，中温型阴极应运而生。中温型阴极的工作温度在 600~800℃，典型的工作温度范围为 700~750℃。在中温下，阴极的电导率相对较低，但仍然能够满足 SOFC 的传输需求。中温型阴极的优点在于其具有良好的热膨胀系数匹配性和较高的抗还原性，使其在 SOFC 中得到广泛应用。

中温型阴极包括 LSCF、LSMO、LSCO 等尖晶石型氧化物以及一些 MIEC 材料。这些材料在中温环境下表现出良好的电导性能和化学稳定性，因而其常在中温 SOFC 中作为阴极材料使用。中温型阴极的主要优点包括良好的热膨胀系数匹配性和较高的抗还原性。通过对材料组成的调控，众多研究者陆续开发了一系列含 Co 高性能阴极，目前，应用于中低温 SOFC 的代表性钙钛矿材料包括 $La_{0.6}Sr_{0.4}Co_{0.2}Fe_{0.8}O_3$（LSCF）、$Ba_{0.5}Sr_{0.5}Co_{0.8}Fe_{0.2}O_3$（BSCF）、$Sm_{0.5}Sr_{0.5}Co_1O_3$（SSC）等。

然而，中温型阴极也存在一些问题，如较低的电导率和反应速率、与电解质和电极的热膨胀系数不匹配等。为了解决这些问题，研究者们正在不断探索新型的中温阴极材料和制备方法。例如，通过掺杂贵金属元素（Pt、Pd 等）来提高中温阴极的抗还原性，防止其在还原环境下被还原成金属。此外，采用抗还原性较好的材料（如 LSCO）作为阴极底层，可以进一步提高阴极的抗还原性。

3. 质子传导型阴极

区别于氧离子传导型阴极材料，质子传导型阴极具有质子传导的能力，使得氧化还原反应的活性位点由阴极－电解质界面扩展到阴极整体，理论上大大提高反应的速率，减小由于离子扩散所带来的极化阻抗。具体来说，在质子传导型阴极中，阴极反应可以分为氧气在阴极表面吸附解离，同时与电子反应生成氧离子，最后与质子反应生成水等过程。这种反应传输机制不同于传统的氧离子传导机制，因此具有独特的传输特性。因此，可以在较低温度下取得良好的性能，是未来 SOFC 低温化的一个重要途径。

在质子传导型 SOFC 中，整个电池的反应产物水会在阴极生成，因此相对氧离子传导型 SOFC 的阴极反应更为复杂，选择阴极需要考虑的条件更为苛刻。目前，已经有很多对氧气具有催化活性的单相阴极被应用在质子传导型 SOFC 中，从单相电极材料传导电荷的种类来分类可大致分为四类。

（1）只传递电子的单相电极以 Pt 为代表，在这一类电极中反应活性位面积有限，因此一般来说电性能较差，例如 $La_{0.6}Ba_{0.4}MnO_3$。

（2）单相电极可同时传导氧离子和电子，这类电极被广泛运用在氧离子传导型 SOFC 中，在此类电极中，氧气被还原的活性区拓展到整个电极的表面，而水产生的位置依然聚集在电极与电解质的交界处，最常见的有 $Ba_{0.5}Sr_{0.5}Co_{0.8}Fe_{0.2}O_{3-\delta}$（BSCF）和 $Sm_{0.5}Sr_{0.5}Co_{3-\delta}$（SSC）等。

（3）单相电极在传导电子氧离子的同时也能传递质子，阴极反应的三相界面则分布在整个电极的表面。通过掺杂可变价元素来改性 $BaCeO_3$ 和 $BaZrO_3$ 等质子导体可得到所谓的"氧离子 – 电子 – 质子混合导体"，如 $BaCo_{0.4}Fe_{0.4}Zr_{0.1}Y_{0.1}O_{3-\delta}$（BCFZY）、$NdBa_{0.5}Sr_{0.5}Co_{1.5}Fe_{1.5}O_{5-\delta}$（NBSCF）和 $LiNi_{0.8}Co_{0.2}O_2$（LNCO）等。

（4）单相阴极材料与电解质（氧离子导电和/或质子导电）构成的复合阴极。理论和实验均表明，质子导体 SOFC 中的最理想的阴极为质子电导率较高的复合阴极，其不仅可大幅提高复合电极传导质子的性能，也能对复合阴极的热膨胀系数进行一定程度的调控，使之与质子导体电解质相匹配。

7.4.3 发展现状和趋势

1. 国内外现状

如前所述，阴极作为发生氧化还原反应的关键场所，在很大程度上影响电池的性能。常见的阴极有单钙钛矿型、双钙钛矿型、R-P 类钙钛矿型和复合阴极材料等。下文简单介绍近年来国内外阴极材料的科研概况及进展。

就高温型 SOFC 阴极而言，锰酸锶镧（LSM）是比较经典的 SOFC 阴极材料，主要应用于高温 SOFC 中。但 LSM 材料的缺点是它的氧还原催化活性会随着温度降低而明显下降，低温下电池极化电阻显著增加。为了提高性能，研究者引入了离子导电性能较高的材料，以有效降低极化阻抗并提升电化学性能。但是，在电池工作温度降到中低温后，依然无法满足电池对氧电极的性能需求，其继续研究和优化性能的意义不大。

LSCF、钙钛矿型氧化物等被认为是中低温SOFC阴极材料的潜在替代者。Co不易与电解质良好匹配，且原料成本较高，推广应用受限；同时，易被还原，导致了阴极材料相结构稳定性的削弱；所以开发无Co基或Co含量较少的离子电子混合导电阴极材料成为SOFC的另一重要研究方向。此外，近几年，A位为La，B位为Ni的R-P型钙钛矿材料引起广泛关注。

就质子传导型SOFC阴极而言，性能优异的O^{2-}/e^-导体是H^+-O^{2-}/e^-导体的基础。由于缺少合适的阴极催化剂，相比于传统的氧化铈基SOFC，质子传导型SOFC在这一温度段并没有体现出明显的性能优势。因此，开发适合质子传导型SOFC的阴极催化剂势在必行。

2. 未来发展趋势

寻找综合性能优异的阴极材料，成为当今SOFC研究热点之一。为了提升阴极材料电化学性能，未来可从以下几个方面考虑。

（1）掺杂改性现有阴极材料。可以从微观结构的视角考虑，通过特定手段对那些部分电化学性能优异但稳定性不足的阴极材料进行改性优化。还可以采用其他手段如在A位或B位引入高熵组成，从而对材料结构和热化学/电学性能起到改善的作用。

（2）应用界面改性技术提高阴极电化学性能以及稳定性。利用原子层沉积（ALD）、脉冲激光沉积（PLD）等先进薄膜技术对改性界面原子结构进行精确控制，还可用先进的原位表征技术，进一步揭示改性界面在阴极电催化活性中的作用，以及电池工作条件下的界面演变规律。同时，通过建立一个系统全面的理论模型和仿真来描述改性界面在催化活性中的作用，并结合实验结果，为未来阴极材料设计提供指导。

（3）开发新型阴极材料。在开发新型阴极材料的过程中，除低极化阻抗、高离子电子导电率等电化学性能外，与电解质的化学相容性和热匹配性及其对空气中微量杂质的化学惰性和CO_2污染耐受性等都需考量。

（4）制备复合阴极材料。在阴极材料中引入纳米材料、在阴极与电解质界面浸渍纳米粒子修饰阴极表面等方法可以有效提高氧化还原反应活性。通过调控阴极材料微观结构、采用浸渍法等制备工艺、复合较低热膨胀系数或负膨胀系数的材料等手段，增强阴极材料的结构稳定性，提高催化活性和电化学性能。

（5）利用第一性原理计算及机器学习等方法对阴极材料进行结构设计和性能预

测。可以通过数据驱动的方法，结合以前的数据，发现模式，从模式中学习并预测材料属性，或是通过第一性原理计算在原子尺度上研究阴极材料在SOFC中的还原反应过程与机制等，确定材料发现的趋势，从而实现开发具有优异性能的阴极材料。

7.4.4 阴极材料产业化发展路线

1. 关键技术指标及影响因素

目前SOFC常用的阴极材料包括LSCF、LSM等，尽管研发中的阴极成分很多，但由于在热膨胀系数匹配性、长期稳定性等方面的问题，尚未大面积使用。阴极材料国产化方面，国内有青岛天尧、惠州瑞尔、宁波索福人等公司生产，国产化率达到80%以上，展现了国内的原材料优势。成本方面，随着产能的扩大会自然下降，不会有大的问题。因此，阴极材料的产业化路线应关注以下几个方面。

（1）中低温下具有良好催化活性和稳定性的阴极材料。SOFC工作温度的降低是今后的大趋势，其对于降低连接板的成本、提高热循环稳定性是有利的。然而温度降低必然带来阴极材料反应活性的降低。开发新型的阴极材料，在关注性能的同时，应避免其热膨胀系数过大、氧离子扩散过快等问题。

（2）质子导体电解质的三元导电阴极材料。质子导体电解质具有独特的优点，是未来的发展方向。但其阴极材料不能仅仅依靠传统的氧离子与电子混合导体。从机理上，需要引入质子导电机制，创造更加丰富的三相界面。与此同时，由于水蒸气在阴极侧生成，应关注阴极材料在高湿条件下的长期稳定性。

（3）阴极材料的批量化制造技术。溶胶凝胶法、共沉淀法等湿法生产阴极材料粉体可以得到纳米级的粉体，对改善烧结活性、提高电化学性能有利。然而，这些方法在放大产量的过程中会带来均匀性的问题。在大批量生产的过程中保持均匀性是制约阴极材料产品一致性的问题。需开发高效、可靠的生产技术，确保产品的性能一致性。

（4）阴极材料的检测标准。应形成阴极材料的检测标准，包括粉体成分、粒径、比表面积等理化检测，以及与电解质的化学相容性、热膨胀系数适配性、对称电池电化学阻抗谱等应用参数检测。应建立第三方检测机构，形成相关规范，保障不同生产商之间的公平竞争。

2. 产业技术发展路线

当前应同步开发适合于氧离子传导型SOFC和质子传导型SOFC的阴极材料，在保证热膨胀系数匹配，极化阻抗≤0.2 W/cm² 的前提下，逐渐降低工作温度。同时，应开发阴极材料的批量化制造技术，积极推动行业标准的发布和第三方检测机构的成立。2025年，阴极材料单批次产量应突破 10 kg，极化阻抗≤0.2 W/cm² 前提下工作温度应降低到700℃；同时布局有关标准的申报和撰写。2030年，阴极材料单批次产量应突破 50 kg，极化阻抗≤0.2 W/cm² 前提下工作温度应降低到600℃；阴极材料的长期稳定性和热循环稳定性应足以支撑电堆 50000 h 工作寿命和 100 次热循环的需求；相关检测标准得以发布，形成检测方案，并建立第三方检测机构。2035年，阴极材料单批次产量应突破 100 kg，产能应足以支撑单电池和电堆的相关产能。阴极材料的长期稳定性和热循环稳定性应足以支撑电堆 80000 h 工作寿命和 150 次热循环的需求。

7.5 电堆关键材料

7.5.1 连接体

连接体在SOFC电堆中起到串联电池、分隔燃料和空气的作用。连接体根据材料可分为两类：导电陶瓷材料（在900~1000℃的高温SOFC中使用）、金属合金材料（在800℃以下的低温SOFC中使用）。

1. 连接体材料

21世纪初期，SOFC工作温度在1000℃左右，广泛使用陶瓷作为连接体材料。$LaCrO_3$ 是最常用的传统高温SOFC连接体材料，主要有以下三个特点：在高温下具有出色的电子导电性，通过掺杂Mg、Sr或Ca可以进一步提高其导电性；熔点高达2783 K左右，在SOFC工作温度表现出良好的机械强度；热膨胀系数为 9.5×10^{-6} /K，与电解质YSZ的热膨胀系数（10.5×10^{-6} /K）相近。虽然 $LaCrO_3$ 在高温下性能出色，但由于制备难度大、成本高，不适合大规模商业化应用。

随着电解质薄膜成型工艺的成熟和高性能阴极材料被不断开发，SOFC工作温度逐渐降低至中温（600~800℃），金属合金因其高的电子导电性、良好的导热性、良好的机械加工性、低的成本，逐渐取代 $LaCrO_3$ 成为主要的SOFC连接体材料。目前，产业内常用的金属连接体有如下几种。

（1）Ni基合金。其具有良好的耐热性和抗氧化性，Ni-Cr系合金高温氧化后生成

NiO、Cr_2O_3 和锰铬镍氧化物，能够显著降低氧的外扩散，从而提高 Ni 基合金的抗氧化性能。其主要问题在于其热膨胀系数较 SOFC 其他组件，如电解质 YSZ 大很多，在电池启动与停止的热循环过程中，易造成电解质损坏。

（2）Cr 基合金。其热膨胀系数能够与 SOFC 其他组件匹配，机械稳定性良好，高温下能够生成稳定的 Cr_2O_3，具有良好的抗氧化性能。如奥地利 Plansee 公司开发的铁含量为 5% 的铬基合金具有高的导电率。其主要问题在于其成本高，不易加工，长期工作稳定性下降。

（3）Fe 基合金。其热膨胀系数与 SOFC 其他组件较为接近，且制造工艺简单，使其超越奥氏体、马氏体不锈钢成为 SOFC 常用的连接体材料。如常见的 SUS 430、SUS 431、Crofer22H 等都是常见的金属连接体用铁素体不锈钢。

含 Cr 合金在高温下与氧气反应会在金属表面形成一层致密的氧化膜 Cr_2O_3，可阻止金属的进一步氧化，且该氧化物比一般金属氧化物具有更高的电子导电性，因此几乎所有 SOFC 金属连接体都含有一定量的 Cr。Cr 元素在高温下易挥发并沉积在电池三相界面处，影响电池性能。如何防止 Cr 毒化是目前金属连接体研究的热点，研究主要集中在涂层材料和工艺方面。

2. 连接体涂层及制备工艺

SOFC 电堆使用的合金连接体涂层应满足以下基本要求：①涂层材料应当具有和电极材料相匹配的热膨胀系数，避免电堆工作过程中热应力导致的电解质破裂；②涂层材料在电堆的工作温度下应当具有较高的电子电导率及化学稳定性；③涂层材料与金属连接体之间应当结合良好，减小接触不良造成的界面接触电阻；④涂层材料应当具有较高的致密度，要求能够有效阻止金属连接体中的 Cr 元素向内层扩散；⑤涂层材料的制作成本应当尽量低廉，以满足实际应用要求。

国内外对 SOFC 合金连接体涂层材料及涂层制备方法进行了一些卓有成效的研究，代表性涂层技术如下。

（1）含 Al 系列化合物涂层。将 MCrAlYO 系列氧化物材料（其中 M 为 Ti、Co 或 Mn 等）作为 SOFC 合金连接体涂层材料应用于铁素体不锈钢表面，用 TiAlN 系列材料作为涂层材料，这些材料通常采用物理气相沉积法进行涂层制备，所制备的涂层相对较薄，具有相对较好的抑制 Cr 氧化及挥发的能力。

（2）单一金属氧化物涂层。其中一类为反应元素氧化物（reactive element oxides）涂层，通过金属有机化合物，并利用化学气相沉积法在合金表面进行涂层制备。涂层经高温烧结后形成的金属氧化物（如 La_2O_3、Nd_2O_3 或 Y_2O_3）的电子电导率较低，涂层后 ASR 会超过合金连接体在电堆应用中可接受的值。还可采用将金属单质（Cu、Co 或 Ni 等）通过磁控溅射等方法涂覆在合金表面，进而氧化生成金属氧化物（CuO、CoO 或 NiO 等）作为涂层材料，此类涂层材料也表现出较好的抑制 Cr 挥发能力。

（3）钙钛矿结构氧化物涂层。钙钛矿结构复合氧化物涂层材料主要包括 $La_{0.8}Sr_{0.2}CrO_3$ 及常用的阴极材料，这些材料采用简单的涂层制备方法（如丝网印刷法）制备的涂层与合金结合较差，且很难烧结致密，因此必须采用更加昂贵的涂层制备技术，如射频溅射、等离子喷涂等方法进行制备。

（4）尖晶石结构氧化物涂层。常用的尖晶石结构氧化物或 Cu（或 Fe）-$MnCoO_4$ 系列氧化物可采用脉冲激光或等离子喷涂等方法制备涂层，还可采用如溶胶–凝胶法、浆料涂覆法、丝网印刷法、电泳沉积法及尖晶石粉末还原法等成本更加低廉的方法制备涂层，使之成为目前连接体涂层材料研发的主流。

3. 流场及其加工技术

典型的板式 SOFC 是由阳极—电解质—阴极（PEN）和阳极侧及阴极侧的连接体构成。连接体作为 SOFC 的重要组成部件，其流场设计直接影响电堆的传质阻力、电池的输出性能和长期稳定性。流场应使电堆气路的压降达到最小，同时为电化学反应提供从流道到电极表面均匀分布的反应物气体。图 7.16 展示了常规连接体的流场结构。

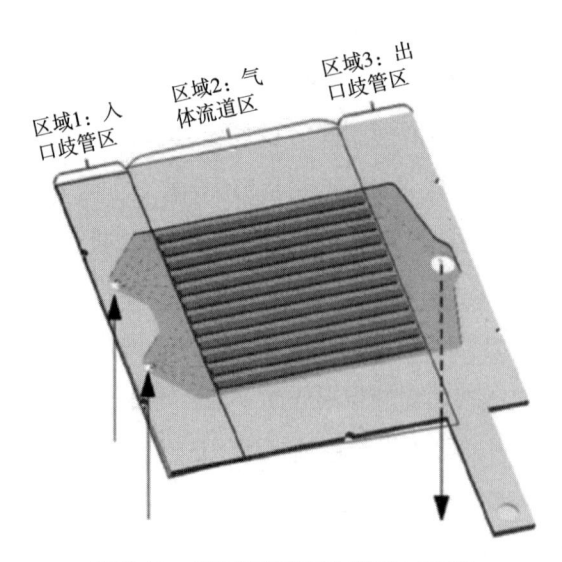

图 7.16 常规连接体流场结构示意图

4. 技术需求及瓶颈

SOFC 连接体技术在不断发展，但仍然面临一些技术需求和瓶颈。目前 SOFC 连接体领域的主要技术需求和瓶颈有以下几点。

（1）优异的抗氧化能力。金属材料在高温氧化气氛下会不可避免地发生氧化现象，在表面形成氧化层，氧化层厚度在电堆运行过程中会逐渐增加，导致接触电阻增大，电导率持续下降。

（2）有效阻止 Cr 元素向内层扩散。在电堆运行过程中，连接体合金中的 Cr 元素会以气相和离子的形式向阴极扩散，电池阴极 Cr 元素的富集会导致电池的性能持续下降。

（3）与电池相匹配的热膨胀系数。电池材料和连接体热膨胀系数不匹配会导致电堆在运行过程中的热冲击破坏电解质膜，造成不可逆的性能衰减。

5. 未来发展趋势

SOFC 金属连接体材料的未来发展趋势涵盖了一系列创新和改进，以满足高效、可持续、高性能的清洁能源需求。具体来说，主要有以下几点。

（1）提升稳定性。连接体在高温和湿度条件下容易发生氧化，因此，提升其在特定环境的稳定性是必要的，连接体必须在高温、高湿度和化学腐蚀环境下长时间稳定运行以减少更换和维护成本。

（2）降低成本。燃料电池连接体的制造成本仍然较高，这限制了燃料电池系统的商业竞争力。需要降低连接体的制造和材料成本，以实现更广泛的市场采用。实现燃料电池系统的模块化和集成需要创新的设计和工程解决方案，以提高系统的性能和可靠性。

（3）材料创新。开发更稳定的连接体和涂层材料。

7.5.2 界面接触材料

为获得足够的输出电压和功率，需将多片电池串联组装成电堆，在连接体和电池阴极、阳极的界面处需要使用一层导电性良好的接触材料以减少电堆的内阻，同时避免连接体直接接触电极导致电极结构破坏。

SOFC 阳极为 Ni-YSZ 金属陶瓷，且处于还原气氛，一般使用泡沫镍（网）搭配 Ni 浆即可达到满意的集流效果。

电堆的阴极接触电阻是接触电阻的主要来源，考虑到高温和氧化环境，SOFC 阴极接触材料需要具备以下几个条件：工作条件下足够高的电子导电性；与阴极和连接体有良好的热匹配性和化学相容性；工作条件下良好的结构和化学稳定性；合适的烧结活性、孔隙率和机械结合强度；低的生产制备成本。SOFC界面接触材料主要分为三大类：贵金属、导电陶瓷、复合材料。贵金属（Ag、Au、Pd、Pt等）在高温下有良好的抗氧化性、高的导电性、良好的烧结性和延展性，是一种优良的SOFC阴极接触材料，但由于成本过高，不利于商业化运用。钙钛矿型导电陶瓷不仅可用作SOFC阴极材料，也被广泛用作阴极接触材料。其中ABO_3（A：La、Y，B：Mn、Co、Fe、Ni，或者多元素掺杂）作为阴极接触材料得到了广泛研究，这些材料在高温下有较好的P型电子导电性，且在低的氧分压下有良好的稳定性。另外一些传统的阴极材料（LSM、LSC、LSF、LSCF、LNF等）也被用于SOFC阴极接触材料。尖晶石结构的导电陶瓷材料[$(Mn,Cr)_3O_4$、$(Mn,Co)_3O_4$等]常被用作连接体涂层，这类材料防止Cr挥发的同时还能作为接触材料使用。为了进一步降低阴极的接触电阻，研究者将具有高导电性的贵金属与稳定的相对廉价的导电陶瓷混合制备了复合接触材料，如Ag-LSM、LSC等。

7.5.3 密封部件及其材料

1. 概述

平板式SOFC电堆工作温度为600~800℃，密封材料需在高温条件下实现封接，是电堆的关键组件和难点之一。密封材料的主要作用是防止燃料气和氧化气直接接触，并将电堆的不同组件结合在一起，且保证各组件之间的绝缘。根据密封材料的工作环境和功能性要求，其需具备良好的气密性、绝缘性、热稳定性、高温化学稳定性、与相邻组件之间的相容性、可变形屈服以消除应力及良好的力学稳定性等。目前，密封的主要方式有压密封和硬密封。

2. 基本要求

SOFC的阳极侧暴露于燃料气体中，阴极侧暴露于空气中，并且所有组件都处在600~800℃的工作环境当中，所以，SOFC的密封材料对电堆的长时间稳定运行有着重要意义。密封材料需要满足以下条件（表7.2）。

（1）良好的气密性。需确保能完全隔绝燃料气和氧化气以免二者混合在高温下爆炸，同时密封材料还要能隔绝电堆和外部大气，以免影响发电效率和燃料利用率。此外，由于SOFC电堆通常会面临急停启动的工作状态，会造成短时间内温度梯度和压强的急剧变化，因此密封材料在温度和内部压强剧变的情况下应保持极低的气体泄漏率，以保证电堆正常运行。

表 7.2 密封材料的基本要求

气密性	·具有良好的气密性，漏气率 $<10^{-8}$ N·m/s ·密封负载 <35 kPa，在单电池的电堆可承受 14~35 kPa 的压差 ·在电池服役期内泄漏率 <1%
化学性能	·在氧化/还原双重氛围和湿热环境中保持成分稳定且不与相邻组件发生反应 ·具有抗氢气的腐蚀能力
力学性能	·在电堆运行和运输过程中，能承受一定的静态和动态压力 ·在电堆长期运行过程中，具有与相邻组件良好的结合强度
热学性能	·与相邻组件的热膨胀系数匹配，为 $(9.0~12.0)\times10^{-6}/℃$ ·在电堆长期运行过程中，具有良好的热循环稳定性，不易结晶
电绝缘性	·高温下具有电绝缘性，电阻率 $>10^4$ Ω·cm，在电堆运行环境（0.7 V，500~700 mA/cm²）下，密封材料电阻率 >500 Ω·cm
制造性	·原料来源广且制造成本低廉 ·易于装配

（2）良好的化学稳定性和相容性。密封材料处于强氧化和还原的双重氛围中，密封材料的组分应保持稳定，不被 H_2 所腐蚀。此外，密封材料与电池电极和连接体直接接触，若密封件和组件之间发生化学反应则降低电极的催化活性，生成物也会造成欧姆电阻急剧增大。在 SOFC 长期运行过程中，还会不可避免地发生相邻组件之间的元素扩散，密封材料应保持物相完整性，尽可能降低高温下元素扩散对相邻组件的损坏。

（3）良好的力学性能。在 SOFC 电堆运行和运输的过程中，不可避免地会受到热冲击，所以密封材料需能承受一定的静态和动态压力。在电堆频繁的启动和关闭下，密封材料需具备一定的强度以抵抗应力，以维持电堆结构的完整性。此外，密封材料需要与相邻组件比如电池电极和连接体具有较强的黏结强度和界面浸润性，以追求密封的牢靠性。

（4）热稳定性。在 SOFC 运行过程中组件之间的热膨胀系数错配会导致热应力的产生，界面处就会有裂纹扩展，进而造成密封失效。密封材料应具有与相邻组件接近的热膨胀系数［一般要保持在 $(9.0~12.0)\times10^{-6}/℃$］。此外，在 SOFC 电堆长期热循环过程中（移动设备 4000 h，固定设备 50000 h），密封材料内部微观组织应不易结晶，保持界面热力学和结晶动力学的稳定性。商业化的 SOFC 需要达到 40000 h 的运行寿命和经历近 1000 次的热循环。

（5）高温绝缘性。为防止单电池和连接体之间互通导电，密封材料在运行温度下的电阻率应大于 $10^4\ \Omega \cdot cm$，在电堆运行环境（0.7 V，500~700 mA/cm^2）下，密封材料电阻率应大于 500 $\Omega \cdot cm$。在 SOFC 电堆的长期工作中，密封材料的电阻率不会受高温和氧化还原环境的影响而出现明显衰减，引起内部短路。

3. 研究现状及进展

多年来，美国、日本、德国及其他发达国家投入了大量资金，对 SOFC 密封技术进行了深入研究和探索，并成功应用到 SOFC 电堆中。国外对 SOFC 电堆密封材料进行研究的机构主要有美国西北太平洋国家实验室、西屋电气公司、阿尔贡国家实验室，日本的电子综合技术研究所、环球热电公司和德国西门子公司等。对密封材料的研究机构众多，涵盖范围较广，主要包括云母材料、高温合金材料、玻璃类材料、玻璃陶瓷类材料、复合密封材料等，其中部分密封材料取得了显著的密封效果。目前，国内有清华大学、中国科学技术大学、华中科技大学、中科院上海硅酸盐研究所、中科院过程研究所、中科院大连化学物理研究所、中国矿业大学等单位开展了 SOFC 密封材料开发方面的工作。

到目前为止，国内外的学者已经开发出多类型的 SOFC 密封材料，达到了密封要求。按照密封方式，密封材料可分为压密封和硬密封两种。

1）压密封材料

压缩式密封材料是指通过负载压缩密封材料，使之变形而达到密封效果。这类密封材料优势在于它们不用结合电堆的其他组件，能更方便修理电堆中电池及连接体等，但是却不能满足电堆频繁启动暂停的恶劣工作环境。已研究并应用在电堆中的压缩式密封材料主要分为四类，分别是云母及云母基复合密封材料、陶瓷基复合密封材料（如氧化铝基）、陶瓷纤维基复合密封材料及金属压密封材料。

云母基密封材料主要采用白云母 [KAl$_2$（AlSi$_3$O$_{10}$）(OH$_2$)] 和金云母 [KMg$_2$（AlSi$_3$O$_{10}$）(OH$_2$)] 作为 SOFC 的密封材料。云母主要以云母纸片的形式应用在电堆中，其密封方式主要依靠外加压力来达到密封效果，对热膨胀系数匹配性要求较低。然而，在实际应用中发现当热循环次数不断增加时，云母与电堆组件间的漏气率会逐渐上升，故有研究者提出云母与金属、陶瓷及玻璃等复合形成云母基复合密封材料来降低密封材料漏气率，改善电堆热循环的密封性能。

陶瓷基密封材料同样是利用压密封原理来制备的一种密封材料，根据其材料种类可以归为两大类：第一类是陶瓷纤维压缩密封材料，主要是氧化铝和二氧化硅制陶瓷纤维；第二类是氧化铝基压缩密封材料。上述纤维、陶瓷粉体主要是通过添加分散剂、黏结剂和增塑剂等，采用流延法制备厚度均匀、表面光滑的流延素坯以供使用。

金属压密封材料是采用延展性较好的金属（Au、Ag 等）作为密封材料，在高温、高载荷下实现电堆的密封。受制于成本、稳定性等因素，该类密封材料已不被使用。

2）硬密封材料

硬密封材料的一个很大优点是在实际应用中不需要施加压，只需要将密封的组件直接黏结起来，方便简单。现有的硬密封材料主要分为玻璃和玻璃陶瓷密封材料两大类。这类密封材料成本低、易制备，且玻璃转变温度（T_g）和热膨胀系数可通过玻璃成分来调节，因此，玻璃和玻璃陶瓷基复合密封材料是目前最常用的密封材料。

目前研究的几类玻璃密封材料主要包括磷酸盐、硼酸盐、硅酸盐三种体系。

磷酸盐玻璃以 P_2O_5 为主骨架，与 CaO、Na_2O、MgO、Al_2O_3 和 ZnO 等中一种或多种形成可应用于 SOFC 电堆的玻璃密封材料。在 SOFC 电堆工作温度下，磷酸盐玻璃易于挥发。在空气侧，P_2O_5 以 P_2O_5 气体形式挥发；而在还原性气氛侧，P_2O_5 以 P_2O_5 和 P_2O_3 气体的形式挥发，当气体挥发量到一定程度时，易结晶形成偏磷酸盐，偏磷酸盐在湿还原性气氛中稳定性较差。同时，挥发组分会与相邻单电池阳极 Ni-YSZ 发生反应，生成磷酸镍和磷酸锆，造成 SOFC 电堆性能的衰减。由于以上问题的存在，研究者主要对其他体系的玻璃进行研究。

在 SOFC 玻璃密封材料应用中，B_2O_3 可调节玻璃的热膨胀系数、转变温度和软化温度，适量的 B_2O_3 还可提高玻璃密封件与相邻组件之间浸润性，同时会抑制富钡相玻璃与 Cr_2O_3 生成 $BaCrO_4$。但是，硼酸盐玻璃密封材料在应用中仍然存在很多问题，玻璃中的 B_2O_3 在湿还原气氛中，容易挥发成气体 B_2O_3 或生成高挥发性物质[$B_2(OH)_2$ 和 $B_2(OH)_3$]，引发严重的密封失效。

硅酸盐玻璃密封材料主要有 SiO_2-Al_2O_3-CaO 体系、SiO_2-Al_2O_3-B_2O_3-BaO（AF45）体系、B_2O_3-Al_2O_3-SiO_2（BAS）体系及 AO-B_2O_3-SiO_2-Al_2O_3（A 为 Mg、Ca、Si）体系等。相比于磷酸盐和硼酸盐玻璃体系，硅酸盐玻璃体系的化学稳定性是最好的，是目前研究重点。在硅酸盐玻璃体系中，Si 以[SiO_4]四面体形式存在。硅酸盐玻璃体系材料的性质可通过添加各种功能性组分实现。例如，通过调整 BaO-CaO-Al_2O_3-SiO_2

玻璃体系中 BaO/CaO 比例，使热膨胀系数稳定在 $(9.5\sim13)\times10^{-6}$/K；将 CaO 添加到 BaO-CaO-SiO$_2$ 玻璃体系中，会结晶生成 Ba$_3$CaSi$_2$O$_8$ 相，其热膨胀系数约为 $(12\sim14)\times10^{-6}$/K，与 YSZ 热膨胀系数相接近；加入细颗粒 MgO 时，会加速 BaO-CaO-SiO$_2$ 玻璃体系的析晶速率，且析晶相中没有低热膨胀系数的堇青石（Mg$_2$Al$_4$Si$_5$O$_{18}$）生成等。

针对玻璃密封材料中存在的诸多问题，研究者发现将玻璃复合陶瓷作为密封材料可有效提高密封性能和机械性能。目前，玻璃-陶瓷复合密封材料主要有两大类：玻璃-YSZ 复合密封材料和玻璃-Al$_2$O$_3$ 复合密封材料。

在 SOFC 电堆中，与密封材料直接接触的电池材料为电解质（YSZ）和阳极（Ni-YSZ）。将 YSZ 复合玻璃作为密封材料时，与阳极具有相匹配的热膨胀系数，可减少热失配引起的密封失效。但在 YSZ-玻璃复合密封材料的长期稳定性测试中，发现经 750℃保温 100 h 后，生成了 Y$_{0.15}$Zr$_{0.85}$O$_{1.93}$ 和 BaMg$_2$Si$_2$O$_7$ 相，可能会造成玻璃密封的失效，导致电堆性能的衰减。此外，有研究表明，YSZ 陶瓷相会与玻璃反应生成 BaZrO$_3$ 相，造成密封材料的热膨胀系数的大幅度降低，而影响气密性和热机械稳定性。研究者尝试将 Al$_2$O$_3$ 与玻璃复合作为 SOFC 密封材料，发现 Al$_2$O$_3$ 复合 50 wt% 玻璃，在 750℃下，通气压力在 3.5~10.5 kPa，具有良好的热循环稳定性，气体泄漏率均低于 0.021 sccm/cm。在单电池测试中，经 6 次热循环，开路电压稳定在 1.16 V，证明了这种复合材料在 SOFC 电堆中的可适用性，为这种材料的继续研究提供了良好的基础。但是关于此类密封材料的机械强度、长期稳定性及与相邻界面之间相容性仍需深入研究。

4. 技术发展趋势

目前国内 SOFC 的技术水平基本成熟，正在努力实现产业化。密封问题是 SOFC 产业化进程中需要关注的主要问题之一，平板式 SOFC 密封材料和技术应达到稳定运行 50000 h 以上，未来 SOFC 密封材料除具有良好的密封效果外，还必须在长期稳定性方面进行深入研究。因此，未来必须从以下几个方面努力，才有可能满足 SOFC 长期稳定运行对密封材料的要求。

（1）必须不断探索可用于 SOFC 密封的新材料体系。鉴于现有的密封材料中的一些不足，在选材时应注意材料的热膨胀系数及与相邻电池组件间的化学相容性，尽量避免碱金属元素的过度引入。选择合适的层状无机材料、将多种材料进行复合制成复合密封材料是未来值得关注的研究方向。

（2）需要探索新型的 SOFC 电堆结构设计，尽量减少需要密封的面积，并通过梯度、复合等结构设计缓解密封材料与相邻组件间的热应力。设计时还应该尽可能考虑到密封过程的装配因素对密封性能的影响。

（3）必须关注密封材料在 SOFC 工作环境下的长期稳定性。开发加速老化的测试技术，分析失效机理，为低成本、长寿命的 SOFC 密封材料研发提供检测和分析手段。

7.5.4　金属连接体与密封材料产业化发展路线

1. 关键技术指标及影响因素

金属连接板材料在中国的发展相对处于短板，国内尚没有 Crofer22、ZMG232，或者类似 Plansee 为 Bloom Energy 开发的电解质支撑电池对应的连接板材料生产商。基于该原因，我国大多数企业的电池被限制在阳极支撑电池，工作温度 700~750℃，从而能够使用一些 430、441 系列的不锈钢，其成本相对较低，国产化率相对较高。尽管如此，从连接板的刻蚀加工到涂层、检测等，各公司形成了自己的检测技术，支撑了电堆开发。但尚未形成第三方检测平台，相应的标准也还在撰写之中。

2. 产业技术发展路线

当前应布局和鼓励多品种连接板不锈钢材料的开发和国产化，积极推动行业标准的发布和第三方检测机构的成立。争取在 2025 年有相关标准发布，形成检测方案，建立第三方检测机构；在不锈钢连接板生产上出现国产化的产品。2030 年，应使连接板材料国产化率达到 80% 以上，能够对应电解质支撑、阳极支撑、阴极支撑、金属支撑型的各类电池，包括氧离子导体和质子导体电解质电池。连接板成本下降到 5000 元 /kW 以内，产能应足以支撑电堆的相关产能。2035 年，连接板材料国产化率达到 95% 以上，连接板成本下降到 3000 元 /kW 以内，产能应足以支撑电堆的相关产能。

密封材料方面，各企业有自主的密封材料与技术，或者对应的供应商。总体而言，密封材料的发展应坚持 100% 国产化路线，与电堆开发完全同步，足够对应电堆产能；性能方面应能够适应电堆在漏气率、冷热循环寿命和长期稳定运行寿命方面的相关指标。

参考文献

［1］陈建颖，曾凡蓉，王绍荣，等. 固体氧化物燃料电池关键材料及电池堆技术［J］. 化学进展，2011，23（增刊1）：463-469.

［2］顾庆文. 固体氧化物燃料电池关键材料研究［D］. 淮南：安徽理工大学，2013.

［3］张莉. 固体氧化物燃料电池一些关键材料的性能研究［D］. 广州：华南理工大学，2014.

［4］AZNAM I, MUCHTAR A, SOMALU M R, et al. Advanced materials for heterogeneous catalysis: A comprehensive review of spinel materials for direct internal reforming of methane in solid oxide fuel cell［J］. Chemical Engineering Journal，2023: 144751. DOI:10.1016/j.cej.2023.144751.

［5］CHEN T, LU Z, ZENG G, et al. Development of a tubular direct carbon solid oxide fuel cell stack based on lanthanum gallate electrolyte［J/OL］. Journal of Power Sources，2024，591: 233886. https://doi.org/10.1016/j.jpowsour.2023.233886.

［6］DING H P, TAO Z T, LIU S, et al. A redox-stable direct-methane solid oxide fuel cells (SOFC) with $Sr_2FeNb_{0.2}Mo_{0.8}O_{6-\delta}$ double perovskite as anode material［J］. Journal of Power Sources, 2016（327）: 573-579.

［7］DUAN C C, KEE R J, ZHU H Y, et al. Highly durable, coking and sulfur tolerant, fuel-flexible protonic ceramic fuel cells［J］. Nature, 2018（557）: 217-222.

［8］GAO J, CHEN K, AKBAR M, et al. Development of high-performance perovskite La (Mg2/3Nb1/3)O3 electrolyte with hybrid protonic/oxide ion conduction for low-temperature solid oxide fuel cells［J/OL］. International Journal of Hydrogen Energy，2023. https://doi.org/10.1016/j.ijhydene.2023.08.172.

［9］GAO Y, CIUCCI F. High performance anode material for solid oxide fuels: Ni exsolution on a-site deficient $La_{0.4}Sr_{0.45}Sc_{0.9}Ni_{0.1}O_3$［C］. ECS Meeting Abstracts, 2016, MA2016-01: 1403.

［10］HAI T, ALENIZI F A, MOHAMMED A H, et al. Solid oxide fuel cell energy system with absorption-ejection refrigeration optimized using a neural network with multiple objectives［J/OL］. International Journal of Hydrogen Energy，2023. https://doi.org/10.1016/j.ijhydene.2023.07.115.

［11］HU H, LI M, MIN H, et al. Enhancing the catalytic activity and cokong tolerance of the perovskite anode for solid oxide fuel cells through in situ exsolution of Co-Fe nanoparticle［J］. ACS Catalysis, 2022（12）: 828-836.

［12］LI Z S, PENG M L, ZHANG X X, et al. Preparationg of SOFC anodes at lower temperature with boosted electrochemical performance［J］. ACS Applied Energy Materials, 2023（6）: 3616-3626.

［13］LIAO C, TANG Y, LIU Y, et al. Life cycle assessment of the solid oxide fuel cell vehicles using ammonia fuel [J/OL]. Journal of Environmental Chemical Engineering, 2023: 110872. https://doi.org/10.1016/j.biortech.2012.10.074.

[14] LIU G, WANG Z, LIU X, et al. Transient analysis and safety-oriented process optimization during electrolysis-fuel cell transition of a novel reversible solid oxide cell system [J/OL]. Journal of Cleaner Production, 2023: 139000. https://doi.org/10.1016/j.jclepro.2023.139000.

[15] LONG Q, SHA R, WANG R, et al. Research progress of composite cathode materials for Solid oxide fuel cells [J/OL]. Progress in Natural Science: Materials International, 2023. https://doi.org/10.1016/j.pnsc.2023.08.016.

[16] MA B, CHEN Z, LIN Z, et al. Nanostructured Mg-doped Mn-Cr spinel oxide cathodes for solid oxide fuel cells with optimized performance [J/OL]. Journal of Power Sources, 2023, 583: 233580. https://doi.org/10.1016/j.jpowsour.2023.233580.

[17] MEHRAN M T, KHAN M Z, SONG R H, et al. A comprehensive review on durability improvement of solid oxide fuel cells for commercial stationary power generation systems [J/OL]. Applied Energy, 2023, 352: 121864. https://doi.org/10.1016/j.apenergy.2023.121864.

[18] NEAGU D, TSEKOURAS G, MILLER D N, et al. In situ growth of nanoparticles through control of non-stoichiometry [J]. Nature Chem., 2013 (5): 916-923.

[19] NIU B, LU C, YI W, et al. In-situ growth of nanoparticles-decorated double perovskite electrode materials for symmetrical solid oxide cells [J]. Applied Catalysis B: Environment, 2020 (270): 118842.

[20] PACIL H S. Electrical device including nickel-containing stabilized zirconia electrode: US Patent 3, 558, 360 [P]. 1970.

[21] SAMANTN S, ROY D, ROY S, et al. Modelling of hydrogen blending into the UK natural gas network driven by a solid oxide fuel cell for electricity and district heating system [J/OL]. Fuel, 2024, 355: 129411. https://doi.org/10.1016/j.fuel.2023.129411.

[22] SINGHAL S C, KENDALL K. High Temperature Solid Oxide Tuel Cells Chapter 8.4 [M]. Oxford: Elsevier, 2003: 219-225.

[23] WANG B, WANG Y, FAN L, et al. Preparation and characterization of Sm and Ca co-doped ceria-$La_{0.6}Sr_{0.4}Co_{0.2}Fe_{0.8}O_{3-\delta}$ semiconductor-ionic composites for electrolyte-layer-free fuel cells [J]. Journal of Materials Chemistry A, 2016 (4): 15426-15436.

[24] XIAO G, WANG S, LIN Y, et al. Ni-doped $Sr_2Fe_{1.5}Mo_{0.5}O_{6-\delta}$ as anode materials for solid oxide fuel cells [J]. J. Electrochem. Soc., 2014 (161): F305.

[25] YOO Y, LIM N. Performance and stability of proton conducting solid oxide fuel cells based on yttrium-doped barium cerate-zirconate thin-film electrolyte [J]. Journal of Power Sources, 2013 (229): 48-57.

[26] YU Z, LIU Y, DONG W, et al. Study on the key materials for realizing electrolyte-free fuel cell and semiconductor-ionic membrane fuel cell [J/OL]. Journal of Alloys and Compounds, 2023,

965: 171310. https://doi.org/10.1016/j.jallcom.2023.171310.

[27] ZAINON A N, SOMALU M R, BAHRAIN A M K, et al. Challenges in using perovskite-based anode materials for solid oxide fuel cells with various fuels: a review [J/OL]. International Journal of Hydrogen Energy, 2023. https://doi.org/10.1016/j.ijhydene.2022.12.192.

[28] ZHAO F, CKEN F L. Performance of solid oxide fuel cells based on proton-conducting BaCe$_{0.7}$In$_{0.3-x}$Y$_x$O$_{3-\delta}$ electrolyte [J]. International Journal of Hydrogen. Energy, 2010, 35（10）: 11194-11199.

附 录

燃料电池关键材料产业技术路线图

附表1 质子交换膜燃料电池产业总体目标路线图

	电堆技术	现在	2025年	2030年	2035年
商用	冷启动温度 /℃	-30	-40	-40	-40
	单堆额定功率 /kW	≥70	≥70	≥110	≥110
	体积功率密度 /(kW/L)	≥4	≥5	≥7	≥8
	寿命 /h [①]	11000	16500	22000	30000
	成本 /（元/kW）[①]	≤2500	≤1200	≤600	≤400
乘用	冷启动温度 /℃	-30	-40	-40	-40
	单堆额定功率 /kW	≥70	≥110	≥120	≥130
	体积功率密度 /(kW/L)	≥3	≥4	≥5	≥6
	寿命 /h [①]	5000	5500	7000	8000
	成本 /（元/kW）[①]	≤3500	≤1800	≤900	≤500

续表

	电堆技术	现在	2025年	2030年	2035年
发电	冷启动温度/℃	-30	-40	-40	-40
	额定效率/%[2]	38~52	40~55	40~55	45~60
	寿命（衰减≤10%）/h	30000	30000	35000	35000
	成本/(元/kW)	≤4000	≤2100	≤1200	≤800
	发展方向[3]	低铂催化剂、低成本耐用膜	膜材料适用于≥120℃运行温度	更高效率铂族催化剂材料	
		优化双极板涂层以提高耐用性	优化双极板以降低成本，适应量产		开发新型双极板材料
		高透氧性电极离聚物			
		高导电性和低成本的电极和扩散层	新型扩散层材料、新的电极技术		
交通	性能提升	电堆一致性技术；电堆组装匹配技术	改进电极材料；改进电堆结构	新型电极材料；新型电堆结构	
	寿命提升	优化运行条件；耐久性控制策略	在线水管理监控；耐久性控制策略	新型耐久性材料；耐久性控制策略	
	成本降低	低成本材料部件；提升电堆功率密度	材料与部件批量生产；电堆组装自动生产线；提升电堆功率密度	低成本材料部件；材料与部件批量生产；提升电堆功率密度	
	结构优化	电堆结构优化	系统整体结构优化	系统封装与集成优化	
	环境适应	高温、高海拔	高温、高海拔、高污染、高腐蚀环境中的应用		环境适应性
	生命周期	可回收材料技术在膜电极和催化剂制造中的应用		高效回收高价材料，如铂、碳纤维	聚焦全寿命周期的价值链
		净零和拆卸设计			
发电	发展方向	性能提高，降低系统成本，提高耐用性，提高对燃料杂质的耐受度	小型化，发电高效率化，支持家庭能源管理系统	高度脱碳、高能效的制造和回收、高输出化、智能控制	净零二氧化碳生产系统
					大幅小型化，设备简单化
		提高不同环境的稳健性	低成本产品、独立系统产品		降低产品的成本

注：表中①②③数据来源如下：
①中国汽车工程学会. 节能与新能源汽车技术路线图2.0 [M]. 北京：机械工业出版社，2020.
② NEW ENERGY AND INDUSTRIAL TECHNOLOGY DEVELOPMENT ORGANIZATION. FCV・HDV 用燃料電池技術開発ロードマップ [R/OL]. (2023-02) [2023-10-09]. https://www.nedo.go.jp/library/battery_hydrogen.html.
③ AUTOMOTIVE COUNCIL UK, ADVANCED PROPULSION CENTRE UK. Fuel Cell Roadmap 2020 [R/OL]. https://www.apcuk.co.uk/media-type/roadmaps/.

附表2 质子交换膜燃料电池关键材料产业技术路线图

电堆技术		现在	2025年	2030年	2035年
双极板	技术进程[①]	提高双极板的耐腐蚀性、导电性、耐久性、降低接触电阻	新型双极板材料	优化量产工艺，降低成本
		表面涂层材料和工艺开发，改善流场设计	新型流场设计开发	创新的机械结构设计，提高功率密度和诊断能力	
金属双极板	技术参数	·抗弯强度 ≥ 25 MPa ·接触电阻 ≤ 8 mΩ·cm^2 @1.4MPa ·腐蚀电流 ≤ 10.00×10^{-7} A/cm^2 @80℃ ·电导率 ≥ 100 S/cm	·抗弯强度 ≥ 25 MPa ·接触电阻 ≤ 8 mΩ·cm^2 @1.4MPa ·腐蚀电流 ≤ 10.00×10^{-7} A/cm^2 @80℃ ·电导率 ≥ 100 S/cm	·抗弯强度 ≥ 32MPa ·接触电阻 ≤ 5mΩ·cm^2 @1.4MPa ·腐蚀电流 ≤ 7.00×10^{-7} A/cm^2 @80℃ ·电导率 ≥ 150 S/cm	·抗弯强度 ≥ 45MPa ·接触电阻 ≤ 3mΩ·cm^2 @1.4 MPa ·腐蚀电流 ≤ 5.00×10^{-7} A/cm^2 @80℃ ·电导率 ≥ 200 S/cm
	技术进程	1. 双极板表征技术（接触电阻、缺陷检测、亲疏水性能） 2. 精密流道成型技术 3. 高速、高精度成型方法 4. 提高定位精度，批量生产设备 5. 高耐久低电阻表面材料技术 6. 低成本表面涂层技术	1. 表面亲水疏水控制技术 2. 高耐久性和高强度的黏结剂 3. 高速固化黏结剂 4. 减少黏结剂中使催化剂中毒的成分 5. 膜电极组装的高精度定位技术 6. 量产流程与设备开发	1. 基于计算科学的设计开发 2. 新型双极板材料开发 3. 降低生产成本
石墨双极板	技术参数	·抗弯强度 ≥ 25 MPa ·石墨板厚度 ≤ 2 mm ·透气率 ≤ 2×10^{-6} Std·cm^3/(s·cm^2·Pa) @80℃，3atm，100%RH ·寿命 ≥ 8000 h	·抗弯强度 ≥ 25 MPa ·石墨板厚度 ≤ 2 mm ·透气率 ≤ 2×10^{-6} Std·cm^3/(s·cm^2·Pa) @80℃，3atm，100%RH ·寿命 ≥ 8000 h	·抗弯强度 ≥ 32 MPa ·石墨板厚度 ≤ 1.5 mm ·透气率 ≤ 1.5×10^{-6} Std·cm^3/(s·cm^2·Pa) @80℃，3atm，100%RH ·寿命 ≥ 15000h	·抗弯强度 ≥ 45 MPa ·石墨板厚度 ≤ 1.2 mm ·透气率 ≤ 1.3×10^{-6} Std·cm^3/(s·cm^2·Pa) @ 80℃，3atm，100%RH ·寿命 ≥ 22000h
	技术进程	改进石墨板制作工艺	1. 降低成本和提高功率密度 2. 量产工艺与设备开发	降低生产成本

续表

电堆技术		现在	2025年	2030年	2035年
复合双极板	技术参数	·复合板厚度≤1 mm ·电导率≥150 S/cm ·透气率≤2×10⁻⁸ Std·cm³/（s·cm²·Pa）@80℃, 3atm, 100%RH ·接触电阻≤10 mΩ·cm² ·寿命5000 h	·复合板厚度≤1 mm ·电导率≥150 S/cm ·透气率≤2×10⁻⁸ Std·cm³/（s·cm²·Pa）@80℃, 3atm, 100%RH ·接触电阻≤10 mΩ·cm² ·寿命5000 h	·复合板厚度≤0.8 mm ·电导率≥200 S/cm ·透气率≤1.5×10⁻⁸ Std·cm³/（s·cm²·Pa）@80℃, 3atm, 100%RH ·接触电阻≤5 mΩ·cm² ·寿命10000 h	·复合板厚度≤0.5 mm ·电导率≥250 S/cm ·透气率≤1.2×10⁻⁸ Std·cm³/（s·cm²·Pa）@80℃, 3atm, 100%RH ·接触电阻≤3 mΩ·cm² ·寿命15000 h
	技术进程	优化工艺，提高复合板导电性	优化工艺，提高复合板导电性，降低接触电阻，提升复合极板的机械性能与气密性	开发多功能层复合板及其制备工艺，量产流程与设备开发	降低生产成本
膜电极	技术进程②	开发高导电率和高耐久性的薄质子膜	无加湿膜和水管理优化		
		开发用于高性能膜电极的催化剂和扩散层	膜电极一体化成型技术的开发	替代铂族金属的催化剂	改进量产工艺，降低膜电极制造成本
		开发高温（120℃）工况下的膜电极及其组件	开发适用于广泛温度（-40~120℃）的膜电极及其组件		
		适用广泛温度湿度范围的边框和黏结剂技术	优化膜电极活化条件，降低活化时间	提高膜电极抗污染能力	
		高透氧性、高质子导电性的电极离聚物的开发	卷对卷的膜电极量产技术开发；双极板、边框的高速成形工艺技术，扩散层、边框等部件的低成本化制造技术	优化膜电极设计，提高整体性能	

续表

电堆技术		现在	2025年	2030年	2035年
交通					
	技术参数	·铂载量≤0.2 g/kW（乘用车/商用车） ·额定功率密度>1.2 W/cm² ·寿命>16500 h	·铂载量≤0.125 g/kW（乘用车/商用车） ·额定功率密度≥1.5 W/cm² ·寿命≥22000 h	·铂载量≤0.05 g/kW（乘用车/商用车） ·额定功率密度≥1.5 W/cm²； ·寿命>30000 h
	技术进程	1. 高功率、高耐久性膜电极开发 2. 卷对卷膜电极量产技术的开发 3. 高温（100℃、<30%RH）工作的膜电极开发 4. 减小（气体、水分、电荷等）传输阻力的先进技术开发 5. 提高催化剂利用率的技术开发	1. 高耐久性膜电极开发（预计50万 km） 2. 膜电极量产技术 3. 低温（-40℃）启动技术开发 4. 降低铂用量（0.05~0.1g/kW） 5. 开发无杂质污染的膜电极制造工艺 6. 高电位耐久性膜电极技术开发	1. 更高的性能、高耐久性和低成本化 2. 极低铂载量的膜电极技术开发 3. 高温（120℃）工作的膜电极技术开发 4. 高电位工作（0.85V@最大负载点）膜电极技术开发
催化剂	技术参数	·氧气还原反应质量比活性>0.48 A/mgPt ·电化学活性面积>80 m²/gPt ·电压循环（0.6~1.0 V，30000循环）催化剂质量活性衰减≤40%，活性面积衰减≤40% ·启停循环（1.0~1.5 V，5000循环）催化剂质量活性衰减≤40%，活性面积衰减≤40%	·氧气还原反应质量比活性>0.57 A/mgPt ·电化学活性面积>80 m²/gPt ·电压循环（0.6~1.0 V，30000循环）催化剂质量活性衰减≤30%，活性面积衰减≤30% ·启停循环（1.0~1.5 V，5000循环）催化剂质量活性衰减≤30%，活性面积衰减≤30%	
	技术进程	1. 电极催化剂量产技术开发 2. 低铂载量技术开发 3. 提高阴极催化剂活性和耐久性的技术 4. 降低碳载体的衰减，非碳载体的技术开发 5. 抗污染物的催化剂开发	1. 电极催化剂量产技术 2. 废旧产品中的催化剂回收利用技术 3. 高耐久性催化剂活性大幅降低 4. 铂载量大幅降低 5. 提高催化剂高电位活性的技术开发 6. 提高催化剂高电位耐久性的技术开发	1. 高性能、高耐久性、低成本的催化剂 2. 实现电极催化材料和制造技术的分级和通用化 3. 极低铂载量的技术开发 4. 催化剂工作高电位化

续表

电堆技术		现在	2025年	2030年	2035年
质子膜	技术参数	· 质子膜渗氢电流≤1.5 mA/cm² · 最高运行温度≥100℃ · 质子膜强度≥45 MPa · 质子膜耐久性>20000 湿度循环（湿度循环测试条件：2分钟0%RH至2分钟90℃露点） · 质子膜耐久性>500 h OCV（OCV, 90℃）		· 渗氢电流≤1.0 mA/cm² · 最高运行温度≥120℃ · 强度≥50 MPa · 耐久性≥30000 湿度循环（湿度循环测试条件：2分钟0%RH至2分钟90℃露点） · 质子膜耐久性>750 h OCV（OCV, 90℃）	· 更高的性能、高耐久性、低成本化
	技术进程	1. 氟磺酸膜低成本合成工艺开发 2. 抑制 H₂O₂ 产生技术的开发 3. 高温低湿度工作膜的开发 4. 质子膜耐久性技术（加强层、自由基消除剂、低气体渗透率、抗污染物）开发 5. 提高质子导电率 6. 碳氢化合物类膜材料的技术开发		1. 质子膜量产工艺技术 2. 高耐久性膜技术开发 3. 污染物耐受性的提升 4. 广泛温度湿度范围的膜材料开发 5. 提高质子导电率 6. 碳氢化合物膜技术开发	1. 更高的性能、高耐久性、低成本化 2. 实现质子膜制造技术的分级和通用化 3. 提高质子导电率（现行的4~5倍） 4. 120℃无加湿质子膜的开发
气体扩散层	技术参数	· 金属气体扩散层： 厚度≤200 μm，偏差≤±0.75%； 拉伸强度≥30 MPa，弯曲强度≥20 MPa； 接触电阻≤5 mΩ·cm²； 电导率≥1600 S/m； 孔隙率≥70% · 碳纤维气体扩散层： 厚度 120~500 μm，偏差≤±2.5%； 拉伸强度≥10 MPa，弯曲刚度≥0.8 N/mm；		· 碳纤维气体扩散层： 碳纸可控厚度 50~200 μm，偏差≤±1.5%； 拉伸强度≥16 MPa，弯曲刚度≥1.4 N/mm； 面电阻≤4 mΩ·cm，接触电阻≤2 mΩ·cm²； 垂直热导率≥2 W/(m·K) 气体扩散阻力<10 s/m@80℃，80%RH	

续表

电堆技术		现在	2025年	2030年	2035年
气体扩散层	技术参数	面电阻≤8mΩ·cm，接触电阻≤6.5mΩ·cm²；垂直热导率≥0.35 W/(m·K)；气体扩散阻力<25 s/m@80℃, 80%RH			
气体扩散层	技术进程	1. 低成本的扩散层制造技术 2. 扩散层/微孔层的优化设计 3. 扩散层疏水处理工艺 4. 提高扩散层的耐蚀性和导电性 5. 支持高温工作（120℃）的扩散层材料开发	1. 低成本的扩散层材料开发	1. 低成本量产技术和质量监控方法 2. 高电位、高温（120℃）条件下耐腐蚀扩散层材料的开发 3. 降低气体传输阻力和接触电阻的扩散层技术开发 4. 开发适用于广泛温度范围（-40~120℃）的边框组合技术 5. 高速黏合技术	1. 适用更广泛工况的扩散层材料 2. 更低成本的扩散层

发电②

	现在	2025年	2030年	2035年
技术进程	1. 具有杂质（CO浓度500 ppm）稳定性的膜电极开发 2. 高温工况下的膜电极开发		1. 污染物耐受性高、耐久性高的膜电极开发 2. 建立大规模膜电极生产技术	更高的性能、高耐久性，降低部件成本
催化剂	高温（90℃）、低湿度（<30%RH）工况下的膜电极开发		耐久性控制技术开发	
离聚物（质子膜、电极）	降低铂载量的技术开发；开发高CO浓度耐受性的催化剂		电极催化剂批量生产技术的确立；废旧产品中的贵金属回收技术	
扩散层	碳氢化合物质子膜的制造工艺开发；氟材料质子膜低成本合成工艺的开发		质子膜量产制造工艺技术的确立	污染物耐久性大幅提升技术开发
	高温（90℃）、低湿度（<30%RH）工况的质子膜；氢性能提高技术开发			
	降低气体传输阻力的技术开发；扩散层/微孔层与其他部分结合的功能优化		低成本材料的应用；低成本批量生产技术	

续表

电堆技术	现在	2025年	2030年	2035年
密封材料				
技术参数	・成型精度偏差≤0.02 mm ・温度适应性 −30~95℃ ・耐久性≥15000 h ・气体泄漏率≤10×10^{-8} Pa・m^3/s		・成型精度偏差≤0.02 mm ・温度适应性 −40~120℃ ・耐久性≥22000 h ・气体泄漏率≤5×10^{-8} Pa・m^3/s	・成型精度偏差≤0.01 mm ・温度适应性 −40~120℃ ・耐久性≥30000 h ・气体泄漏率≤3×10^{-8} Pa・m^3/s
技术进程	高速成型密封材料，低成本密封材料开发			
端板				
技术进程	轻型金属端板	复合材料端板		新型无端板集成

注：表中①②数据来源如下：

① FLY ZERO AEROSPACE TECHNOLOGY INSTITUTE. fuel cells roadmap report [R/OL]. (2022-03) [2023-10-09]. https://www.bing.com/ck/a?!&&p=14f4bca648d6a1a2JmltdHM9MTcwMjk0NDAwMCZpZ3VpZD0zZWU3Nml0OC1MmNmLTZkN2EtMzQxNS03OTI3ZTMxZDZjYmImaW5zaWQ9NTE3MW&ptn=3&hsh=3&fclid=3ee76b48-e2cf-6d7a-3415-7927e31d6cbb&psq=FLY+ZERO+AEROSPACE+TECHNOLOGY+INSTITUTE+fuel+cells+roadmap+report&u=a1aHR0cHM6Ly93d3cuYXRpLm9yZy51ay93cC1jb250ZW50L3VwbG9hZHMvMjAyMi8wMy9GWk8tQUlOLVJQVDAwMDMzLUZ1ZWxDZWxscy1Sb2FkbWFwUmVwb3J0Lnk5ZGY1ay8xQkxZWEsvVkZyL0RURW10S0pvMjdxYnhmZlV3bmh4VFJvMmZVVFo&ntb=1.

② NEW ENERGY AND INDUSTRIAL TECHNOLOGY DEVELOPMENT ORGANIZATION. FCV・HDV 用燃料電池技術開発ロードマップ [R/OL]. (2023-02) [2023-10-09]. https://www.nedo.go.jp/library/battery_hydrogen.html.

附录 燃料电池关键材料产业技术路线图 227

附表3 质子交换膜燃料电池产业资源平台建设路线图

资源平台建设	现在	2025年	2030年	2035年
生产工艺[①]	·建立高品质的涂层面形成技术 ·确保单电池的连续可靠性	·建立高性能流路形成技术 ·高精度		·确立低成本、高耐久性的表面处理技术 ·缩短老化工序
质量保证	·优化制造流程管理 ·表面处理缺陷测量	·开发高速异物金属检查技术 ·基于MI、PI的流程和项目管理，检查项目的最佳最小化 ·高速电路检查技术		开发量产设备
人力资源[①]	·确保研究人才（对年轻研究人员的重点投资、职业发展库的完善、确保就业机会、海外合作、人才流动） ·跨学科融合的团队型研究、高层次综合研究项目经理的培养 ·产学研联动，通过人才流动培养以年轻人为中心的研究人员			
设计开发	在课题组的支撑下，推进技术开发	PEFC数据表的构建、运用、通过利用实现研究开发标准化		系统地、持续地开发集成数据的系统，健全开发体制，构筑、使用数据和机器学习，实现数据驱动型开发的标准化

注：表中①数据来源如下：
① NEW ENERGY AND INDUSTRIAL TECHNOLOGY DEVELOPMENT ORGANIZATION. FCV・HDV 用燃料電池技術開発ロードマップ [R/OL].（2023–02）[2023–10–09]. https://www.nedo.go.jp/library/battery_hydrogen.html.

附表4 固体氧化物燃料电池关键材料产业技术路线图

产业技术		现在	2025年	2030年	2035年
市场目标		· 国际上商用天然气燃料的100 kW级SOFC市场应用中（Bloom Energy, Sunfire） · 国内在开发数十千瓦样机	分布式热电联供系统示范运行（200~500 kW）	· 结合可再生能源、储电、高温储热系统等，实现智慧社区控制的智慧社区 · 使用多燃料系统的普及 · 超高效率发电系统的实现	· 热电、高温储热等，实现电力、热力供需优化（兆瓦级） · 多燃料系统的自主分散能源系统的实现
	发展阶段	市场导入期		批量化	规模化
预期指标	小容量（100千瓦级以下）	示范样机：效率55%，>100000元/kW	效率>60%，50000 h，<40000元/kW	效率>65%，80000 h，<20000元/kW	
	中容量（100千瓦级至兆瓦级）	示范样机：效率50%，>80000元/kW	效率>55%，50000 h，<25000元/kW	效率>60%，80000 h，<10000元/kW	
	大容量（兆瓦级以上）	尚属空白	效率>55%，50000 h，<20000元/kW	效率>60%，80000 h，<8000元/kW	
关键技术	电堆模块	· 改善单电池结构，改进电堆性能，提高发电效率 · 增长电堆寿命，减少启停和热循环衰减 · 降低关键材料和组件的成本	· 开发新型结构单电池 · 优化电堆模块集成技术 · 完善批量化生产技术 · 制定相关标准/法规	扩大产能，降低成本	
	单电池材料	· 电解质：提高导电率和长期化学稳定相容性 · 阳极：抑制Ni烧结、积碳和硫毒化等 · 阴极：提高活性、抑制衰减、抗铬/硫毒化等	· 降低工作温度 · 适应燃料变化 · 提高耐久性 · 制定相关标准/法规	· 开发可逆操作（发电/电解）的阳极/阴极材料 · 降低成本，实现关键材料国产化	

续表

产业技术		现在	2025年	2030年	2035年
关键技术	金属连接体材料	·增强高温氧化抗力和导电性 ·开发高导电性防护涂层	·国产化金属连接体材料 ·开发批量化涂层制备技术	·国产化率达到80%以上 ·降低规模化生产成本	
	密封材料	·提高热稳定性和化学相容性 ·提高热膨胀匹配性	提高批量化制造产品的一致性	热循环寿命≥100次	
	BOP热工部件与材料	换热器、重整器、燃烧器处于样件阶段	·开发相关金属材料 ·优化部件性能和集成度 ·提高批量化、规模化生产能力 ·制定相关标准/法规	·提高燃料多样化技术 ·推动热工部件通用化、模块化及标准化 ·提升产能，降低成本	
	下一代单电池	金属支撑型单电池：提高金属支撑体的抗氧化性，电解质的电导率；突破电池的耐久性；创新制造技术，降低制造成本 质子传导型单电池：提高电解质的电导率和烧结活性；改善电质和电极材料在CO_2和水蒸气气氛中的稳定性；优化电池的机械强度			